감정노동
이렇게
대응하라

감정노동자와 기업 모두를 위한 실무 지침서

감정노동 이렇게 대응하라

초판 1쇄 발행일 2018년 6월 7일
초판 2쇄 발행일 2023년 5월 10일

지은이 한국감정노동인증원
펴낸이 양옥매
디자인 표지혜
교 정 조준경, 허우주

펴낸곳 도서출판 더문
출판등록 제2012-000376
주소 서울특별시 마포구 방울내로 79 이노빌딩 302호
대표전화 02.372.1537 **팩스** 02.372.1538
이메일 booknamu2007@naver.com
홈페이지 www.booknamu.com
ISBN 979-11-961321-6-3(13320)

이 도서의 국립중앙도서관 출판시도서목록(CIP)은 서지정보유통지원 시스템
홈페이지(http://seoji.nl.go.kr)와 국가자료공동목록시스템
(http://www.nl.go.kr/kolisnet)에서 이용하실 수 있습니다.
(CIP제어번호 : CIP2018015945)

* 저작권법에 의해 보호를 받는 저작물이므로 저자와 출판사의 동의 없이 내용의 일부를
  인용하거나 발췌하는 것을 금합니다.
* 파손된 책은 구입처에서 교환해 드립니다.

감정노동자와 기업 모두를 위한 실무 지침서

감정노동 이렇게 대응하라

한국감정노동인증원 지음

더문

머리말

국내에서 발생하는 감정노동문제는 소비자를 비롯한 사회적인 인식의 개선은 물론 기업과 정부 차원의 노력에 의해서 개선될 수 있음에도 불구하고 감정노동자에 의한 개인적인 차원에서 해결하려는 것이 대부분입니다. 감정노동문제를 해결하기 위한 방법을 모르는 것이 아니라 해결하기 위한 행동이 구체화되지 않고 실제 행동으로 옮기지 않기 때문에 갈수록 감정노동 문제는 개선되지는 않고 심해지고 있는 것이라고 생각합니다.

다행히 최근 감정노동 관련 보호법안의 핵심은 권고가 아닌 처벌규정을 법제화하자는 것이 주요 골자입니다. 올해 3월에 국회 환경노동위원회 소위를 통과한 감정노동자 보호법(산업안전보건법 개정안)의 경우도 만족스럽지는 않더라도 이러한 처벌규정을 법제화하자는 데 일치를 보고 있어 다행이라고 생각합니다.

이번에 선을 보이는 〈감정노동 이렇게 대응하라〉는 감정노동을 해결하는 데 있어 기업과 사회적인 인식의 개선은 물론 감정노동자 개인이 감정노동에 어떤 식으로 맞서야 하는지를 구체적으로 제시하고자 했습니다. 이 책은 크게 5가지 영역으로 구성이 되어 있으며 각 영역별 주요 내용은 아래와 같습니다.

'감정노동을 이해하다'에서는 감정노동에 대한 이해 및 현황을 주로 다루었습니다. 왜 우리나라에서 유독 감정노동이 심한 것인지 그리고 현재 국내에서 일어나고 있는 감정노동 해결을 위한 지식과 정보는 물론 다양한 노력들을 공유하였습니다. 감정노동에 대한 기본적인 이해를 바탕으로 감정노동 문제는 어떻게 접근하는 것이 바람직한 것인지를 설명하고자 하였습니다.

'감정노동을 대비하라'에서는 기업에 있어서 감정노동은 리스크 매니지먼트 차원에서 접근해야 한다는 관점을 가지고 집필하였습니다. 위에서 말씀드렸다시피 최근 나오는 감정노동 관련 법안의 핵심은 처벌규정을 법제화하자는 것이 주요 골자라고 할 수 있는데 이와 관련하여 기업입장에서는 감정노동과 관련하여 어떻게 대응해야 하는지에 대한 방향성을 제시하고자 하였습니다.

'감정노동을 해결하다'에서는 개인이 아닌 기업이나 정부가 감정노동 해결을 위해 알아야 할 내용들과 주요 실천 과제들을 주로 다루었습니다. 관리보다는 예방이 중요한 이유와 함께 업무 재량권과 리더의 감성역량이 필요한 이유와 방법을 제시하였습니다.

'감정노동을 치유하다'에서는 말 그대로 현장에서 감정노동자가 받은 다양한 상처를 제대로 치유하기 위한 방법들을 제시하였습니다. 자존감 회복이나 스트레스 자가 진단법을 소개하고 더 나아가 스스로 감정을 케어하는 방법이나 감정을 자제하는 법은 물론 블랙컨슈머로부터 자신을 보호하기 위한 대응기법 등 현장에서 활용할 수 있는 다양한 방법 등을 제시하였습니다.

'감정노동을 다스리다' 편에서는 감정노동자들이 감정노동을 수행할 때 가져야 할 기본적인 자세와 태도는 물론 감정노동에 당당히 맞서기 위해 필요한 마음가짐(Mind set)에 초점을 맞췄습니다. 이를 위해 학습된 무력감을 극복하거나 감정노동의 주도권을 확보하고 감정노동으로부터 자신을 지키는 선택을 해야 하는 등 인식이나 태도의 전환을 제시하였습니다.

빅터 프랭클(Victor Frankl)이 수용소에서의 경험을 토대로 집필한 《죽음의 수용소에서》라는 책 내용중에는 감정노동으로 고통 받는 우리가 주목해야 할 말이 있어 공유하고자 합니다.

"한 인간에게서 모든 것을 빼앗아 갈 수는 있지만, 한 가지 자유는 빼앗아 갈 수 없다. 바로 어떠한 상황에 놓이더라도 삶에 대한 태도만큼은 자신이 선택할 수 있는 자유이다."

개인이 감정노동을 해결하고 현명하게 대처하는 데 있어 가장 핵심이 되는 자세나 태도가 바로 여기에 있지 않나 싶습니다. 《프레임》의 저자 최인철 교수는 이를 '의미 중심의 프레임'이라고 했는데 감정노동이라는 상황은 일방적으로 주어지기 마련이지만 그 상황을 통제하고 대처하는 프레임은 온전히 나를 포함한 감정노동자 자신의 몫이라는 사실입니다. 감정노동이 가져다 주는 다양한 부작용을 그대로 안고 폭발하여 장렬히 산화할 것인지 아니면 그러한 상황을 과감히 떨쳐내고 주체적으로 살아갈 것인지는 순전히 감정노동을 수행하는 자들의 몫이라는 점은 분명히 인식해야겠습니다.

그간 시중에 나온 서적들은 정신과 의사나 심리 상담사로 활동하시는 분들이 집필한 것이 대부분이었고 그나마 현장에서 활동하신 분들이 집필한 내용은 실질적인 지침서로 활용하기에는 한계가 있었다고 생각합니다. 이번에 출간하게 된 〈감정노동 이렇게 대응하라〉는 기업은 물론 현장에서 감정노동을 수행하는 사람들을 대상으로 직접 감정노동 문제를 해소하기 위한 구체적인 자세와 태도 그리고 실무적인 방법을 제시하려고 노력하였습니다.

  필자가 독립한 지도 벌써 7년이 되었습니다. 독립한 이후 정말 많은 분들의 도움이 있어 나름대로 꾸준히 성장을 하왔다고 생각합니다. 먼저 내 인생에 있어서 선한 영향력을 주신 영원한 멘토 백선자 전무님과 前 큐릭스 원재연 회장님께 항상 감사를 드립니다. 이외에도 장정빈 소장님, 이원희 교수님, 최덕호 상무님께 감사를 드립니다. 이번에 책을 공동 집필하는 과정에서 성실한 태도와 삶에 대한 열정을 보여준 고해리 씨에게도 감사함을 전합니다. 끝으로 항상 나를 위해 걱정해주시는 어머니와 아내 정성희 그리고 내게는 정말 소중한 지상이, 지한이, 막내딸 서정이에게도 무한한 감사와 사랑을 전합니다.

2018. 6월
박종태

CONTENTS

머리말 • 4

Part 1 감정노동을 이해하라

- 나는 감정노동자입니다 • 12
- 기업이 감정노동자를 보호해야 하는 이유 • 18
- "고객님! 대접받을 행동 좀 하시죠?" • 23
- 피로를 권하는 사회 • 29
- '남의 집 귀한 자식' 프로젝트 • 35
- 감정노동과 똘레랑스 • 41
- 감정노동자의 권리 • 47
- 고객의 태도는 기업 하기 나름 • 55

Part 2 감정노동을 대비하라

- 국내 감정노동자 보호법 및 전망 • 62
- 제대로 된 보호 매뉴얼을 갖추어라 • 66
- 감정노동자 보호 매뉴얼, 이렇게 작성하라 • 72
- 감정노동완화를 위한 선행 조건들 • 78
- 감정노동자 보호법, 이것만은 확실히 알아두자! • 84
- 감정노동자 보호법, 무엇을 준비해야 하는가? • 90
- 작업중지권을 허(許)하라! • 99
- 감정노동자 보호, 작은 것부터 실행하라 • 105

Part 3 · 감정노동을 해결하라

- 관리보다 예방이 우선이다 · 112
- 직무 스트레스 예방과 감정 완화 기법 · 120
- 스트레스 검사 의무화 법안 · 127
- 진정성 있는 조치가 최고의 무기 · 133
- 업무 재량권을 보장하라! · 140
- 리더의 감성 역량이 중요하다 · 147
- 스트레스에는 공감이 최고 · 154
- 빌리지 효과와 로제토 효과 · 158

Part 4 · 감정노동을 치유하라

- 감정노동 치유는 자존감 회복부터 · 164
- 감정노동에 의한 스트레스 자가 진단법 · 170
- 우리가 감정을 조절해야 하는 이유 · 175
- 셀프 감정 케어법 · 181
- 화내지 않고 적절히 감정 표현하기 · 187
- 파괴적인 스트레스 해소법이 위험한 이유 · 193
- 번아웃 증후군으로부터 탈피하는 방법 · 199
- 감정을 효과적으로 자제하는 방법 · 205
- 지친 당신이 할 수 있는 가장 좋은 감정노동 치유법 · 210
- 감정노동에 대한 내성 키우기 · 215
- 작지만 확실한 휴식 방법 · 222

Part 5 **감정노동을 다스리라**

- '갑질러'의 정신적 폭력에 대처하기 · 230
- 학습된 무력감에서 벗어나기 · 236
- 나를 지키는 선택 · 245
- 감정노동에 맞설 용기 · 250
- 감정노동의 주도권을 확보하라 · 256
- 긍정과 자기 암시 · 262
- 부정적인 정서를 극복하라 · 269
- 분노를 참기 어려울 때 · 274
- 마음속 깊은 곳의 부정적인 감정 정리하기 · 282
- 내 안의 분노가 독이 되지 않으려면 · 287
- 한 걸음 뒤에서 바라보기 · 294

Part 1

감정노동을 이해하라

나는 감정노동자입니다

세상에는 반드시 필요한 업무를 수행하면서도 그에 따른 합당한 대접이나 최소한의 대우조차도 받지 못하는 사람이 있습니다. 사람은 저마다 자신만의 색을 가지고 살지만, 자신의 고유한 색을 버린 채 철저히 고객의 색에 자신을 맞추며 살아가는 사람들이 있습니다. 바로 감정노동자들입니다.

언젠가부터 이들이 제공하는 서비스가 부담스러울 때가 있습니다. 이들이 제공하는 친절이 자의건 타의건 결국에는 감정노동자들을 영혼을 갉아먹는 행위라는 것을 알고 있기 때문입니다.

실제로 한 조사자료에 의하면 '불편할 정도로 과도한 친절을 경험한 적이 있는가?'라는 질문에 응답자의 60%가 '그렇다'고 답하였습니다. 불편한 친절 유형으로는 너무 과도하게 웃는 얼굴이나 목소리로 얘기하거나 꿇어앉아서 서비스를 제공할 때 또는 응대 도중 계속해서 '죄송하다'라는 말을 반복하거나 고객 앞에서 관리자가 하급 직원을 꾸짖거나 질책을 할 때 그렇게 느낀다고 답변을 하였습니다.

감정노동자들이 고객으로부터 겪는 감정노동은 상상할 수 없을 정도로 심하다는 것은 누구나 알고 있을 겁니다. 과도한 감정노동은 스트레스 유발은 물론 직무 만족도 및 몰입을 어렵게 하며, 심할 경우 정신적인 탈진이나 공황장애, 적응장애와 우울증을 유발하기도 합니다.

이렇게 감정노동이 심화되는 이유는 무엇일까요? 여러 가지 이유가 있겠습니다만 먼저 우리가 일상에서 자주 사용하는 '고객은 왕'이라는 말에서 찾아야 할 것 같습니다.

1980년대부터 줄기차게 시도되었던 '고객만족경영', '고객감동경영', '고객졸도경영'과 같은 경영사조들은 감정노동을 더욱 견고하게 고착화시키는 데 일조하였습니다. 기업 입장에서는 성장을 위해서 고객은 왕이 아니라 신과 같은 존재일 수밖에 없습니다. 그러한 기업의 경영 사조가 이제는 역으로 기업들을 옥죄고 있습니다. 일부이긴 하지만 '무조건 억지를 부리거나 소리를 지르면 기업이 요구조건을 수용한다'는 인식을 확산시켰고, 이러한 관행에 따른 피해는 고스란히 감정노동자에게 전가되고 있습니다.

필자는 틈날 때마다 '고객은 왕'이라는 말에 대한 허구를 지적해 왔고, 그러한 말을 사용하지 말아야 한다고 강조해 왔습니다. 우리에게 기분과 감정이 있듯이 그들에게도 분명 기분과 감정이 있다는 사실을 알아야 합니다. 고객은 왕이라는 말도 안 되는 캐치프레이즈로 감정노동자들의 희생을 통해 이윤을 창출하는 행위는 이제 더 이상 멈추어야 한다고 생각합니다.

몇 년 전 인권위가 실시한 감정노동자 건강권 실태 조사 결과, 국내 감정노동자의 51%가 1년 동안 폭언·폭행·성희롱 등 '괴롭힘'을 경험하였으며, 96%가 고객에게 부정적인 감정을 표현하지 않았다고 합니다. 그뿐만 아니라 86%는 실제 느끼는 감정과 실제 표현하는 감정이 다르다고 답변하였습니다.

일부 고객에 해당하는 행위이긴 하지만 다짜고짜 반말을 하거나 인격을 모욕하는 욕설을 퍼붓고, 심할 경우 갑질을 하면서 무릎을 꿇을 것을 요구하거나 폭력을 휘두르는 등의 일도 발생합니다. 정말 고객 같지도 않은 모습으로 고객의 탈을 쓰고 갑질 하는 것을 보면 답답하기 그지 없습니다.

그러나 감정노동 문제는 단순히 고객의 비이성적인 행위에 의해서만 발생하는 것은 아닙니다. 기업에 의한 부당한 행위도 이에 못지않습니다. 친절과 웃음을 강요하는 '미스터리 콜'이나 '미스터리 쇼퍼'와 같은 모니터링 제도를 통해 감정노동자를 평가하고 이에 따라 직급은 물론 급여에 영향을 줌으로써 감정노동을 더욱 고착화시키고 있습니다.

예전 모 전자회사의 '또 하나의 가족' 캠페인을 기억하시나요? 2000년대 중·후반 3D 애니메이션을 이용해 가족의 소중함을 일깨운 광고로서 수작이라고 할 수 있는 캠페인으로 기억합니다. 그러나 이렇게 '또 하나의 가족'을 외치는 회사가 실제로는 작업장에서 일하다가 병에 걸린 직원에 대해서 산업재해를 인정하지 않아 몇 년째 사회문제가 되고 있습니다.

이러한 기업의 행태가 감정노동자 문제와 자연스럽게 오버랩 됩니다. 직원은 기업의 가장 핵심적인 자산이라고 말은 하면서도 정작 이들에 대한 보호보다는 일방적인 희생을 강요하고 있지는 않은지 생각해 봐야 합니다.

아래 표는 2016년 감정노동 실태 조사 분석 결과 발표 자료입니다. 국내에서 제기되고 있는 감정노동 문제에 대해 감정노동자와 소비자(고객)가 생각하는 개선 대책에 관한 내용입니다. 감정노동자 입장에서는 '고객이 욕을 하거나 폭력을 행사할 때 피할 수 있는 권리가 필요하다'라는 개선 대책이 가장 높은 동의 수준을 보이는 것으로 나타납니다.

그리고 소비자(고객) 입장에서는 '고숙련자 배치를 통해서 고객 불만을 신속하게 처리할 수 있도록 해야 한다'와 '응대 매뉴얼 개발 및 활용' 그리고 '적절한 업무 시간과 휴식 시간 제공' 등에 대한 개선 대책에 가장 높은 동의 수준을 보이고 있습니다.

:: 감정노동자 보호에 대한 인식 [감정노동자 대상] ::

감정노동 문제 개선 대책(감정노동자 대상)	평균[1]
고객이 욕을 하거나 폭력을 행사(하려)할 때 피할 수 있는 권리가 필요하다.	1.1
악성고객 전담 부서(전담자)가 있었으면 좋겠다.	1.2
과도하고 불필요한 CS교육을 줄여야 한다.	1.5
제대로 된 직무교육을 통해 고객 서비스를 잘할 수 있도록 해야 한다.	1.5
고객을 대하는 중간중간 쉴 수 있는 짬이 있으면 좋겠다.	1.3
고객 컴플레인이 내 인사고과에 반영되지 않도록 해야 한다.	1.5
정신적으로 힘들 때 심리상담을 받을 수 있는 구조가 있었으면 좋겠다.	1.3
업무매뉴얼이 제대로 만들어져 제공해야 하는 서비스와 제공하지 않아도 되는 서비스가 구분되어야 한다.	1.3

:: 감정노동자 보호에 대한 소비자(고객)의 인식 ::

감정노동 문제 개선 대책(소비자 대상)	평균[2]
고숙련의 책임자를 배치해 고객의 불만이 신속하고 정당하게 해결될 수 있도록 해야 한다.	1.4
부당한 요구를 하는 고객들에 대해서는 요구를 들어주기보다는 단호한 조치를 취해야 한다.	1.5
고객 응대 매뉴얼을 제대로 만들어 원칙과 합리성이 존재하는 고객 응대가 이루어져야 한다.	1.4
서비스 노동자들에게 친절교육이 아니라 전문적인 직무훈련을 제공해야 한다.	1.5
지친 서비스 노동자들을 대상으로 적절한 업무량과 휴게 시간을 제공해야 한다.	1.4

그렇다면 기업 입장에서 감정노동자를 보호하기 위해 필요한 것은 무엇일까요? 개인적으로 기업의 감정노동자 보호를 위한 의지가 가장 중요하다고 생각합니다. 위에서 언급한 '고객만족경영', '고객감동경영'과 같이 무조건 감정노동자의 희생만을 강요하는 식의 경영 형태에서 벗어나 감정노동자를 보호할 수 있는 경영 방식의 도입이 필요합니다. 이를 위해 감정노동자를 보호하기 위한 시스템 및 프로세스 개선은 물론, 인적 자원에 대한 교육 및 실질적인 감정노동자 보호 프로그램을 마련해야 합니다.

또한 비이성적인 서비스를 요구하는 고객에 대해서는 이유 여하를 막론하고 응대를 거부할 수 있도록 하는 규정을 두거나 현실적인 응

---

[1] 평균은 '매우 동의' 1점~'매우 반대' 4점까지 부여한 점수임. 중간값인 2.5점을 넘을수록 반대가 높아지는 것으로 해석함. 위 표에서 보면 모든 질문에 대해 모든 응답자가 높은 수준의 동의를 나타내고 있으며 특히 '욕이나 폭력에 대해서 피할 수 있는 권리가 필요하다'가 가장 높은 동의 수준을 나타냄.
[2] 평균은 '매우 동의' 1점 ~ '전혀 동의하지 않음' 4점까지를 부여했을 때 산출된 값으로 중간값 2.5점보다 낮아질수록 동의 수준이 높은 것으로 해석함. 감정노동자 보호를 위해 기업이 해야 하는 역할에 대해서 모두 동의하고 있음을 나타냄.

대 매뉴얼을 만들어 대응할 수 있도록 해야 합니다. 말 그대로 '비정상의 정상화'가 이루어져야 한다는 얘기입니다.

그렇다면 감정노동자 보호를 위해 고객 입장에서는 어떤 자세나 태도가 필요할까요? 일부이기는 하지만 아직도 공감능력은 물론 배려심이라고는 찾아볼 수 없는 고객들로 인해서 상처받는 감정노동자들이 많은데, 이들에 대한 관심과 배려가 필요하다고 생각합니다. 법이나 제도 개선 이전에 이들을 위해 가장 필요한 것은 따듯한 말 한마디와 관심이며, 그들이 수행하는 업무에 대해서 전문성을 인정해 주는 것도 선행되어야 한다고 생각합니다.

흔히 말에 의한 상처도 뇌에 고통을 안겨 준다고 합니다. 힘들어하는 그들에게 따듯한 말 한마디를 건네는 용기가 감정노동자를 보호하는 첫걸음입니다.

기업이 감정노동자를
보호해야 하는 이유

"건설 노동자는 떨어져서 죽고 감정노동자는 미쳐서 죽는다."라는 말을 들어 보신 적이 있으신가요? 며칠 전 감정노동과 관련하여 어떤 기사를 읽다가 읽은 글인데, 우리나라 노동 현실을 극명하게 보여 주는 말이라고 할 수 있겠습니다.

실제로 안전보건공단 자료에 의하면, 건설업 공사 현장에서 발생한 사망자 수는 꾸준히 증가하고 있다고 합니다. 특히 건설노동자의 사망 원인 중 40%는 추락사인 것으로 밝혀졌습니다. 그렇다면 감정노동자들은 어떨까요? 고객 응대 업무 중 다양한 스트레스로 인해 발생하는 신체적·정신적 고통은 이루 말할 수 없을 만큼 증가하고 있습니다.

작년에 국내 통신사의 현장실습을 나가 고객 응대 업무를 하던 특성화고 학생이 직장에서 받은 압박과 스트레스를 이기지 못해 결국 자살하는 사건이 발생했습니다. 얼마 전에는 도시가스 콜센터 직원이 하루 평균 5시간의 욕설과 폭언을 듣다가 졸도한 사건도 있었지요. 보상금을 목적으로 있지도 않은 자식이 있다고 속이면서 가스누출로 아이가 죽을 뻔했다면서 행패를 부렸습니다. 이로 인해 14명의 피해자가 발생했는데, 이 중에 보상을 요구하는 남자의 욕설과 폭언을 듣던 한 여직원이 결국 졸도를 한 사건입니다.

위의 두 가지 사례에서 보듯이 우리나라의 감정노동은 정말 심각한 수준입니다. 감정노동에 대한 인식 부족은 물론, 이들을 보호하는 제도적 장치도 미비해 감정노동자들이 육체적·정신적으로 큰 상처를 받고 있습니다.

많은 학자들이나 전문가들은 기업 성장에 있어서 핵심은 시스템, 프로세스, 인적 자원이라고 하며 이 중 가장 중요한 것은 바로 인적 자원이라고 강조하고 있습니다. 또한 선진국일수록, 3차 서비스가 차지하는 비중이 높을수록 인적 자원이 더 중요하다는 데 입을 모으고 있습니다. 우리나라도 마찬가지로 3차 서비스 산업의 비중이 갈수록 증가함에 따라 감정노동에 종사하는 직원들도 더 늘어날 수밖에 없는 상황이어서 감정노동자 보호는 더욱 중요해질 수밖에 없습니다.

'최고의 기업은 사람에게 집중한다'고 합니다. 결국 사람이 기업의 성장과 변화의 중심에 있다는 말이지요. 흔히 기업이라는 것은 사람이 만들어 낸 조직체이고 그 기업을 구성하는 것도 사람이며 사람을 상대로 사업을 하기 때문에 기업은 결국은 사람 중심으로 움직이는 유기체라고 전문가들은 이야기합니다. 문제는 이렇게 직원(사람)이 중요하다고 이야기하고는 있지만, 실제 이를 위해 적극적이고 지속적인 노력을 기울이는 기업들은 그리 많지 않다는 것입니다. 고객과 직원 사이에 문제가 발생하면 양측의 이야기를 다 들어 보고 적절한 조치를 취해야 함에도 불구하고 대부분의 기업들은 고객의 입장과 이야기만 들어 줄 뿐, 절대 직원들의 이야기에는 귀를 기울이지 않습니다.

실제 현장에서 컨설팅을 진행하는 과정에서 직원 미팅 및 인터뷰를 진행하다 보면 가장 아쉬운 부분은 바로 최고 책임자들이 한 번도 현장에 가 보질 않는다는 것이고, 더 큰 문제는 현장 직원들의 말에 귀를 기울이지 않는다는 것입니다.

한때 잉글리쉬 프리미어 리그(English Premier League) 최고의 감독이었던 맨체스터 유나이티드의 퍼거슨경은 1996~1997년 팀의 주축이었던 선수들이 다른 팀으로 이적하거나 핵심이었던 선수가 출전 정지 징계로 인해 어려움을 겪었습니다. 이러한 상황에 당황할 법도 한데, 그는 전혀 당황하지 않고 새로 영입한 신예들을 중심으로 최고의 시즌을 이끌어 냈습니다. 당시 퍼거슨이 가장 중요하게 생각했던 일은 시즌 내내 선수들과 끊임없이 대화하는 것이었습니다. 축구에 관해서건 축구 외적인 일에 관해서건 선수들에 관한 모든 것을 알고 있었고, 이러한 그의 태도는 그가 감독을 그만두는 날까지 계속되었습니다.

감정노동자보호법이 국회를 통과해서 실행된다고 하더라도 경영진이나 실제 영향력을 행사할 수 있는 위치에 있는 사람들의 의식이 변하지 않는 이상, 감정노동자 문제는 절대 해결되지 않습니다. 일부 고객에 의해서 저질러지는 일탈행동은 그렇다 치더라도 정작 그들을 보호해야 할 위치에 있는 사람들이 오히려 감정노등자의 편이 아닌 일부 못된 고객의 입장에서 접근하는 것은 문제가 있어 보입니다.

특히 감정노동자를 보호하자고 하면 비용 문제로만 접근하는 사람들이 있습니다. 그러나 실제로 감정노동자를 보호하는 것이 오히려 기업 입장에서는 보다 더 긍정적인 효과를 거둘 수 있다는 사실은 간과하는 것 같습니다.

아시다시피 기업에 있어 현장의 중요성은 아무리 강조해도 지나치지 않습니다. 감정노동으로부터 보호받지 못하면 접점에 있는 직원들은 신체적·정신적으로 고통받을 것이고, 위의 사례에서 보신 바와 같이 극단적인 방법으로 자살이나 졸도를 하는 행위로 이어져 개인의 불행을 넘어 기업의 이미지에도 악영향을 미치기도 합니다. 이와 같은 사례는 너무도 많아 추가로 언급하지 않아도 잘 아실 것으로 생각합니다.

또한 감정노동자를 보호하지 않은 조직에서는 직원들의 충성도는 물론, 업무에 대한 몰입을 이끌어 내기 힘듭니다. 이러한 충성도나 몰입 저하는 결국 생산성이나 서비스의 질을 저하시키는 주요 요인으로 작용하기도 합니다.

어차피 이제는 '고객은 왕이요 신과 같은 존재다'라는 개념 없는 80년대식 패러다임으로는 감정노동 문제를 해결하기 어렵습니다. 결국 감정노동으로부터 보호를 받는다는 것은 업무를 수행하는 과정에서 자신의 소중함은 물론 업무에 대한 가치를 인식하게 되는 출발점이 되며, 이러한 인식이 감정노동자에게 각인되면서 자연스럽게 더 좋은 고객서비스를 수행할 수 있다는 믿음이나 확신으로 전환되는 것입니다.

  이러한 서비스 업무나 자신의 가치를 인식하는 과정은 기업이 감정노동자를 보호하기 위한 적절한 조치를 취하는 과정에서 자연스럽게 충성도나 업무 몰입도를 향상시키는 방향으로 이어진다고 생각하시면 될 것 같습니다.

"고객님! 대접받을 행동 좀 하시죠?"

외부에서 고객에 대한 강의 제의가 들어오면 고객이 갖추어야 할 자세나 태도를 얘기할 때 자주하는 얘기가 있습니다. 이 이야기가 실제로 있었던 일인지는 확인할 길이 없으나, 얘기가 전하는 메시지는 명확합니다. 무슨 메시지일까요?

> 조선시대에 박상길이라는 백정이 있었다고 합니다. 푸줏간에서 열심히 일하고 있는 상길에게 어느 날 한 양반이 와서 아래와 같이 말했습니다.
> "야! 상길아~ 어서 고기 한 근 내놔라!"
> 백정 박상길은 아무 말없이 양반이 주문한 대로 고기 한 근을 썰어 주었습니다. 뒤이어 또 다른 한 명의 양반이 푸줏간을 들어와서 주문을 했습니다.

"박 서방, 여기 나도 고기 한 근 주시게."

"네, 알겠습니다."

라고 기분 좋게 웃으며 고기를 내주었습니다.

옆에서 지켜보고 있던 고기를 먼저 주문한 양반이 고기의 크기가 다른 것을 보고 괘씸해서 한마디 합니다.

"야! 이 육시럴 놈아, 같은 한 근을 주문했는데 어찌 내 고기의 크기가 저 양반 것과 다르단 말이냐?"

듣고 있던 백정 박상길은 조용히 한마디 합니다.

"손님 고기는 육시럴 상길이 놈이 자른 것이고, 저 어르신의 고기는 박 서방이 잘라 준 고기입니다."

별것이 아닌 얘기임에도 불구하고 오늘을 살아가는 우리에게 시사하는 바가 큽니다. 먼저 상대방을 존중해 주면 상대도 존중을 해 준다는 상식이 무너지지 않았으면 합니다. 위의 얘기가 실제인지 아니면 허구인지는 모르지만, 상대방을 존중해 주면 상대도 존중해 준다는 사실은 틀림없다는 것을 증명해 보인 프로그램이 있었습니다. 작년인가 한 TV 채널에서 하는 프로그램을 본 적이 있는데, 위의 상황과 동일하게 실험을 진행하였습니다.

손님이 식당에 와서 주문할 때 한 실험자에게는 반말로 "여기 보쌈정식 하나!"라고 주문하게 했고, 또 다른 실험자에게는 음식점에 들어갈 때부터 "안녕하세요?"라고 인사한 후 "지인으로부터 소개받고 왔는데 맛있는 보쌈정식 하나 주세요."라고 말하게 했습니다. 결과는 어땠을까요? 같은 정식을 시켰는데 반말로 얘기한 실험자에게는

출처 : 채널 A. 먹거리 X파일 "당신은 착한 손님입니까?" 방송 캡처

굴이 하나도 없었고 추가 주문할 때도 양도 적었습니다. 반면에 존중을 해 준 고객의 보쌈 정식의 배추에는 굴이 무려 8개 더 들어 있었습니다.

또 다른 실험은 서울 모처에 떡볶이 가게 10곳을 돌아다니며 진행되었습니다. 떡볶이를 주문할 때 무례하게 했던 실험자들과 친절하게 주문했던 실험자들이 가져온 떡볶이의 합을 세어 보니, 무려 35개나 차이가 났습니다.

아래 도표는 실험했던 각 가게별 떡볶이의 개수입니다. 언뜻 보기에도 친절한 손님이 무례한 손님보다 더 많은 떡볶이를 제공받은 것을 알 수 있습니다. 'I' 가게의 경우는 무려 9개가 더 많았습니다. 실험 후 손님이 먼저 대접해 주면 하나라도 더 주고 싶은 마음이 생길 수밖에 없다고 말하는 떡볶이 사장님의 말을 귀담아들을 필요가 있습니다.

∷ 각 가게별 떡볶이 개수 ∷

	A	B	C	D	E	F	G	H	I	J	합계
친절한 손님	21	31	24	19	31	23	11	29	37	25	258
무례한 손님	23	28	18	15	31	15	10	30	28	25	223

고객이라고 다 같은 고객이 아닙니다. 타인에 대한 존중이 없는 사람이 대접받는 것은 부당하다고 생각합니다. 사람에게는 모두 인격이라는 것이 있는데, 이러한 인격을 무시한 채 대접만 받으려는 사람들이 많다면 그 사회는 절대 건강한 사회라고 할 수 없습니다.

그러나 이러한 생각과는 달리 현실에서는 상호 존중은 고사하고 '갑질'이 판치고 있습니다. 일부이긴 하지만 갈수록 남을 존중하지 않는 태도는 전방위적으로 확산되고 있으며, 이는 단순히 고객에만 국한되는 것이 아니라 대기업과 중소기업의 대표는 물론 지식이나 권력을 소유한 사람들을 비롯해 갑의 위치에 있는 사람들에 의해서 빈번히 발생하고 있습니다. 얼마나 정도가 심했으면 우스갯소리로 '갑질공화국'이라는 말이 나왔을까요?

이렇게 현실에서 갑질을 하는 사람들은 타인에 대한 배려나 존중이 없는 좀비와 다를 바 없습니다. 타인에 대한 배려나 존중이 없고 타인에 대한 공감능력이 없는 사람들은 흔히 '사이코패스(Psycho path)' 또는 '소시오패스(Socio path)'라고 합니다. 이들은 "인간을 수단화하지 말고 목적으로 대하라."는 칸트의 말을 정면으로 뒤집는 사람들입니다.

　존중이라는 것은 '어떤 대상을 공손하고 소중하게 대함으로써 그 가치를 인정하여 높여 주는 태도'를 의미하는데, 우리가 남을 존중해야 하는 이유는 타인을 존중해야 자신의 인격도 보호받을 수 있기 때문입니다. 우리가 타인을 존중하라고 귀에 못이 박히게 배운 이유는 인간은 인간 스스로 존엄하기 때문이며 인간에 대한 존중이 바로 인간의 의무를 실천하는 출발이 되기 때문입니다. 인간에 대한 존중이나 배려가 없다는 것은 인간으로서의 권리나 의무를 포기하는 것과 같습니다.

　그렇다면 존중과 함께 '고객은 왕이다'라는 의미를 잘 생각해 봐야 합니다. 과연 고객은 왕이라고 해서 막무가내로 행동해도 되는지, 그리고 감정노동자들을 함부로 대해도 되는지를 생각해 봐야 합니다. 먼저 자신이 대접받고 싶다면 상대방도 왕으로 대우해야 합니다.

　극단적인 예로 사람들을 웃기게 하는 TV 코미디 프로그램이 있습니다. '갑과 을'이라는 프로그램인데, 여기서 못된 고객으로 나오는 갑질 사장은 서비스를 제공하는 직원들에게는 공포의 대상입니다. 예를 들어 목욕탕 주인으로 나오는 사장은 정수기 AS를 하러 온 AS기사에게 폭언과 폭력을 행사합니다. 이렇게 굴욕을 당하면서도 AS를 마치고 난 후, 이들 AS기사들은 더운 날씨에 목욕이나 하고 가자고 합니다.

　여기서 상황은 역전됩니다. 이젠 더 이상 그들은 AS기사가 아니라 목욕탕을 이용하러 온 고객이 된 것입니다. 이후부터는 갑질 하던 목욕탕 사장은 을의 입장이 되어 목욕하러 온 고객(AS기사)에게 자신이 했던 모욕과 폭력을 그대로 돌려받습니다.

　제대로 된 서비스 그리고 정성이 깃든 서비스를 받으려면 서비스를 받을 자세와 준비가 되어 있어야 합니다. 그 출발점은 바로 존중과 배려에 있다고 해도 과언은 아닙니다.

피로를 권하는 사회

얼마 전 인터넷에서 아주 재미있는 기사를 읽었습니다. 제조업 부문 평균 1주일간 근무 시간이 35시간으로, 선진국 중 근무 시간이 가장 짧은 나라이며 게다가 연간 법적으로 보장된 휴가 기간이 최소 4주이고 유가 유급 휴직이 최대 14개월인 나라가 있습니다. 이것으로도 모자라 임금수령액의 약 70%가 지급되는 72주간의 병가를 법적으로 보장한다고 합니다. 우리나라 얘기냐고요? 아쉽겠지만 당연히 아닙니다.

더 놀라운 것은 한국에서는 꿈도 꿀 수 없는 좋은 노동 조건을 가진 이 나라의 노동자들이 번아웃 증후군(Burn-out syncrome)에 시달린다면 믿겠습니까? 게다가 이러한 문제가 점차적으로 확산이 되어서 사회문제화되고 있다고 합니다. 도대체 이 나라는 어디일까요? 바로 유럽의 모범적인 선진국이라고 인정받는 독일의 이야기입니다.

한 조사기관이 조사한 결과에 의하면, 독일 노동자 약 4천만 명 가운데 10%인 410만 명이 정신적·감정적으로 고통을 겪은 경험이 있다고 응답했다고 합니다. 번아웃 증후군에 빠진 노동자들은 무기력과 우울증에 시달리고 있으며 허무감을 느꼈다고 소식지는 전합니다.

이와 같은 현상이 걱정이 많고 잘못될 수도 있다고 생각하며 일하기 위해 산다고 생각하는 독일 사람 특유 가치관과 함께 근면성이 어우러져 발생하는 것 같다고 분석하는 전문가도 있습니다. 이와 함께 독일 내에서 발행된 조사 자료에 의하면, 이와 같은 현상이 발생하는 주요 원인으로 숨막히는 직장에서의 직급제도와 과도한 목표 설정 그리고 리더의 인색한 칭찬이나 몰인정을 꼽고 있습니다. 또한 잘못된 경영환경이 과도한 스트레스를 야기시켜 번아웃 상태에 이르게 한다고 분석하는 전문가도 있는데, 좀 더 설득력이 있어 보입니다. 이러한 현상이 가중되자 기업들은 직원들의 스트레스와 번아웃을 예방하고 해소하기 위한 다양한 프로그램을 앞다투어 도입하고 있다고 기사는 전하고 있습니다.

휴가 기간 중 받는 이메일은 자동삭제 처리하거나 반려견을 직장에 데리고 올 수 있도록 허용하며, 위기에 처했을 때 별도로 상담할 수 있는 상담실을 운영하는 등 스트레스를 완화시키기 위한 노력을 아끼지 않는다고 합니다.

그렇다면 문제는 과연 근무 시간이 짧으면 직무소진이 줄어들까 하는 것인데, 독일에서 실시한 실제 조사에 의하면 노동 시간은 짧지만 과로가 번아웃의 주요 원인은 아니라는 사실입니다. 일반적으로 번아웃 상태라고 하면 장기적인 스트레스를 받기 때문에 나타나는 신체적·정서적인 고갈을 의미하며, 좀 더 자세히 설명하자면 장기간 사람들을 대상으로 하는 직업을 전문으로 하는 종사자들이 지속적이고 반복적인 정서적 압박의 결과로 발생하는 탈진 상태를 의미합니다.

여기서 장시간이라는 기준을 어떻게 설정했는지는 모르지만 '짧거나 혹은 길다고 해서 번아웃이 발생하지는 않는다'는 것은 확실해 보입니다. 물론 독일의 경우는 말입니다. 그러나 우리나라에서 나온 자료를 보면, 장시간 근무하는 것도 번아웃이 발생하는 원인으로 작용하지 않을까라는 생각이 듭니다.

이와 관련하여 2015년 통계청 조사자료에 의하면 우리나라 국민의 81.3%가, 특히 30대의 경우 90.3%가 일상에서 피곤함을 느낀다고 합니다. 근로 시간을 따져 봐도 OECD국가의 평균 근로 시간은 7시간 12분인 반면 우리나라는 8시간 22분이며, 업무에 직간접적인 영향을 미치는 수면 시간의 경우 OECD국가의 경우 평균 8시간 48분인 반면 우리나라의 경우 7시간 49분으로 더 일하고 적게 쉬는 전형적인 과로사회에 살고 있습니다.

한 조사자료에 의하면 위의 통계보다 더 심각하게 나타나는데, 한국인 평균 근로 시간은 10시간 이상인 반면 평균 수면 시간은 3~4시간으로 '심각한 극단의 피로사회'라고 해도 과언이 아닐 정도로 업무 강도가 높은 편입니다. 아무래도 장기 불황과 함께 최근 구조 조정이 활발히 일어남에 따라 경쟁이 치열해지기 때문이라고 해석될 수 있겠습니다.

문제는 근무 시간이 번아웃에 영향을 미치는 정도가 낮다고 하는 독일 사례와 우리나라를 비교하는 것을 차치한다고 하더라도, 번아

:: 번아웃이 발생하는 원인 ::

분류	주요 내용
개인적인 특성	- 번아웃이 발생하는 가장 큰 원인 - 동일한 업무를 수행하더라도 개인에 의한 특성이 다르므로 직무 수행에 대한 반응도 다른 형태로 나타남 - 나이, 성별, 취미, 성향, 교육, 결혼 유무
고객에 의한 원인	- '고객은 왕'이라는 잘못된 소비자 인식 - 고객 응대 시 발생하는 고객의 무리한 사과 요구 말꼬리 잡기 및 인격 무시 욕설, 폭언, 각종 시설물 파손 행위 등
근무환경에 따른 원인	- 개인에게 주어진 환경 및 조건, 조직 및 주변 동료와의 관계를 포함 - 불분명한 업무 역할, 과도한 업무량, 저임금, 휴식 시간 및 휴게 공간의 미흡, 공정하지 못한 평가, 권한위임의 부재, 일관성 없는 정책 및 리더십 부재

웃이 발생하는 원인을 보면 우리나라가 좀 더 심각해 보이는 것은 사실입니다. 번아웃이 발생하는 요인은 매우 다양해서 단순히 어느 한 가지 원인으로 특정 지어 규명하기 어렵지만, 일반적으로 개인특성에 의한 원인, 고객에 의한 원인, 근무 환경에 의한 원인 등 3가지로 분류할 수 있습니다.

개인적인 특성으로 인한 번아웃은 그렇다 치더라도 나머지 두 가지 원인(고객과 근무 환경)이 국내 감정노동자들에게 미치는 영향은 크다고 할 수 있습니다. 최근에 직장인들이 가장 많이 받는 스트레스 중 하나가 시도 때도 없이 울리는 휴대폰 알림 소리와 문자 및 메일이라고 답할 정도로 많은 부담을 느끼고 있습니다. 이 때문에 회사의 연락을 피하기 위해 '위장 해외 휴가'를 떠나는 사람이 늘고 있으며, 수시로 울리는 업무 관련 알림으로 인해 수면 부족과 우울증에 빠지는 직장인들도 적지 않다고 합니다.

한국의 노동시간이 OECD국가 중 2위에 해당한다는 사실은 어제오늘의 일은 아니어서 전혀 새로울 것이 없지만, 최근에는 온전히 쉬어야 할 퇴근 시간에도 업무가 연장되어 제대로 쉴 수 없는 현상들이 갈수록 증가하고 있다는 것이 문제라고 할 수 있습니다. 퇴근 후 문자나 SNS와 같은 통신수단을 통해 추가 업무를 지시하거나 사생활을 침해하는 행위가 지속적으로 반복되고 있다는 것입니다.

실제로 한 조사에 의하면 직장인의 82%가 퇴근 후에도 업무 지시를 받는 것으로 알려져 문제가 심각한 수준에 이르렀으며, 주요 원인으로 인사권을 가진 직장 상사가 무서워 울며 겨자 먹기로 상황을 받아들이는 것으로 나타났습니다. 감정노동으로 인한 번아웃 상태도 문제지만, 직장에서 발생하는 퇴근 후 업무 지시도 심각한 문제이므로 이에 대한 대책이 필요해 보입니다.

이와 관련하여 다른 나라의 사례를 보면, 업무 시간 외에 직무와 관련된 연락을 받지 않을 권리가 보장되고 있으며 특히 독일의 경우 휴일 또는 휴가 기간에 직원에게 업무적인 접촉을 갖는 행위 자체를 금지하는 법을 제정하고 있으며, 프랑스의 경우 2014년부터 노사가 퇴근 후 이메일 발송을 금지하는 협정을 맺은 것으로 알려졌습니다.

최근 실효성에 의문이 제기되기는 하지만 국내에서도 퇴근 후 문자나 SNS로부터 스트레스를 받지 않고 자유로울 수 있는 권리를 반영한 근로기준법 개정안을 발의하였으며, 고용노동부의 경우 일·가정 양립 문화 확산을 위해 근무 시간 외 전화·문자·카톡 사용을 자제하는 캠페인을 벌이고 있을 정도입니다.

피로가 만연된 사회는 결코 건강한 사회라고 할 수 없습니다. 감정노동의 주요 원인이라는 것도 결국 근본적인 것이 지켜지지 않기 때문에 발생하는 문제이며, 갈수록 열악해져 가는 근무 환경으로 인해 번아웃이 발생하지 않도록 많은 노력과 개선이 필요한 시점입니다.

'남의 집 귀한 자식' 프로젝트

며칠 전 재미있는 카툰을 하나 봤습니다. 학원에서 수업을 끝내고 나오는 아들과 신호등을 건너가려고 신호를 기다리고 있는 한 아줌마가 아들에게 "너 공부 열심히 하지 않으면 나중에 저렇게 된다."라며 길거리를 청소 중인 환경미화원을 가리켰습니다. 이 모습을 지켜보던 또 다른 아줌마가 자신의 아이에게 "공부를 안 하면 이 아줌마처럼 무식한 사람이 된다."라고 말하는 만화였습니다.

단 1컷밖에 안 되는 만화임에도 불구하고 많은 생각을 하게 되었습니다. 우리는 태어나면서부터 지금까지 사회 관습이나 교육을 통해 누군가를 함부로 대하지 말라고 교육받아 왔습니다. 지위고하를 막론하고, 인간으로서 우리 모두는 누군가로부터 존중을 받아야 할 사람들이며 어느 누구도 우리 자신이나 또는 타인을 막 대하는 것에 대해서는 반대해야 한다고 생각합니다.

그러나 어느 순간부터 우리 주변에는 자신이 원하는 것을 얻기 위해 타인을 깎아 내리거나 욕설을 해대는 사람들이 늘어나고 있습니다. 모든 사람이 그런 것은 아니지만, 분명한 것은 그러한 사람들이 조금씩 조금씩 늘어나고 있다는 것이지요.

 타인이 나에게 못된 행동을 한다고 그대로 복수하는 것이 시원할지는 모르지만, 또 다른 부작용을 양산할 수 있으니 참고 현명하게 대처하자는 사람도 있습니다. 막돼먹은 고객이 막 대한다고 같이 막 대하면 손해는 고스란히 '을'에게 돌아오는 구조 속에서는 그냥 참는 것이 현명하다고 위안을 하게 됩니다. 그러나 참으면 스트레스를 받아 속이 쓰리고 심리적으로 위축되므로 이러한 상황을 타개해 나갈 수 있는 방법을 모색할 필요가 있습니다.

 흔히 강함과 강함이 부딪히면 상호 간에 큰 충돌이 일어나 서로 상처를 입고 부서지는 경우가 많습니다. 강함을 이기는 것은 부드러움과 유연함입니다. 감정노동을 대하는 우리의 자세가 '지렁이도 밟으면 꿈틀거린다'는 당당함과 『이솝 우화』에 나오는 「태양과 바람」에서 태양과 같은 부드러움이면 어떨까요?

 '지렁이도 밟으면 꿈틀거린다'라는 속담에서 지렁이는 한없는 약자지만 그렇다고 가만히 당하고 있지만은 않는 존재로 묘사됩니다. 최근 언론에 하루가 멀다 하고 오르내리는 갑질로 인해 마음고생이 심한 아르바이트생을 포함한 감정노동자들의 의미 있는 반격들이 바로 이러한 모습이 아닐까라는 생각을 해 보았습니다. 비이성적이고 정상적이지 않은 고객들의 갑질에 대해 정면 대응이 아닌 때로는 당당하게 때로는 재치 있는 대응을 통해 역으로 고객들이 자신의 태도를 한번 뒤돌아볼 수 있게 하는 이들의 호기가 놀랍습니다.

남의 집 귀한 자식 T셔츠 | 출처 : 식스닷츠(www.sixdotz.com)

갑질 하는 사람들에게 같이 감정적으로 맞대응하면 절대 문제를 해결할 수 없습니다. 매일 반복되는 인격 모독이나 모욕적인 언행을 일삼는 고객이나 잠재군에 속하는 고객들에게 '남의 집 귀한 자식'이라는 문구가 적힌 티셔츠를 입거나 '반말로 주문하시면 반말로 주문을 받습니다.'라는 문구를 적어 놓기도 하고 '주문에도 매너가 있다.', '안녕하세요. 우리 서로 인사해요. 돈 드는 거 아니잖아요. 쿨내 풍기지 말아요.'라고 알리는 문구도 있습니다. 또한 직원들에게 인격적인 모욕을 주거나 다른 환자들에게 피해를 주는 행위에 대해서는 의료 서비스를 중단할 수도 있다는 방침을 세우고 이를 안내문에 써 붙인 동물병원도 있습니다.

이와 같은 표현은 모두가 강함을 비웃기라도 하듯 부드럽게 혹은 재치 있게 고객의 행동을 꼬집고, 때로는 '지렁이도 밟으면 꿈틀거린다'는 식으로 당당함을 내세우기도 합니다. 이 모든 대응은 단순히 서비스를 주고받는 관계를 넘어 서로를 존중하고 배려하자는 의미를 담고 있습니다. 상호 존중의 기본 원칙이 지켜지지 않는 상황에서는 정상적인 서비스가 제대로 발휘되기 힘들기 때문에 정당하게 서비스 제공을 거부하겠다는 취지로 해석됩니다. 직접적인 마찰을 피하면서 직간접적으로 할 말은 하겠다는 당당함이 엿보입니다.

이러한 '을'의 반응에 부정적인 견해를 보일 것 같은 고객들도 문구를 보고 오히려 긍정적인 반응을 보이는 경우도 많고, 기존의 '무개념' 또는 '비매너' 고객의 수가 줄어든 것을 피부로 느낀다고 하니 과연 '을'의 당당한 반격이라고 해도 손색이 없습니다. 이러한 아이디어를 실행에 옮긴 사람들이 바라는 것은 큰 것이 아닙니다. 같은 사람으로서 일하는 사람에게도 인권이나 인격이 있으니 그에 걸맞게 인격적으로 대우해 달라는 것입니다.

여기서 중요한 것은 직원들을 보호하겠다는 고용주의 태도와 접근 방식입니다. 직원들을 보호하는 것이 결국 직원들로 하여금 스스로 건강한 직장 생활을 유지하게 하고 회사에 대한 충성심은 물론 소속감을 드높일 수 있으며, 이는 결국 서비스와 품질을 더욱 향상시키는 결과를 가져온다는 사실을 인식할 필요가 있습니다.

사람 사는 것이 그렇습니다. 가는 말이 고와야 오는 말도 곱습니다. 자신을 도와주려는 사람에게 모욕을 주거나 악의를 가지고 대하는 사람에게 제대로 된 서비스가 제공될 리 만무합니다. 감정노동을 포함한 모든 고민의 출발점은 바로 인간관계에서 오는 것입니다. 인간관계가 원활하게 이루어지기 위해서는 커뮤니케이션이 중요한데,

따라서 말 한마디라도 조심스럽게 해야 합니다. 이는 고객뿐만이 아니라 접점에서 일하는 모든 직원들에게도 동일하게 적용됩니다.

위에서 예로 든 '남의 집 귀한 자식 프로젝트'가 단순히 일회성 이벤트로 끝을 맺지 않으려면 직원들이 평소에 하는 말을 바꾸는 연습도 필요합니다. 아들러의 심리학에서는 모든 인간관계에 대한 고민이 발생할 때 그에 대한 해결 방법으로 물리적인 힘이 아닌 커뮤니케이션으로 해결하는 것이 중요하다고 역설한 바 있습니다.

고객의 몰상식한 행동에 대해 묵묵히 참고 있으라는 얘기가 아니라, 자신의 감정을 표현하더라도 감정적으로 전하는 것이 아니라 감정을 전하는 것에 충실해야 합니다. 예를 들어 몰상식한 행동을 한 고객에게 "제가 왜 이런 모욕을 받아야 하는지 모르겠네요."라고 말하기보다는 자신이 마음속에서 느끼는 감정을 말로 전하는 연습이 필요합니다. 예를 들면 아래와 같습니다.

○
"최선을 다해 모셨는데 이러한 모욕을 받으니 마음이 편치 않군요. 혹시 어떤 점이 불편하셨나요?"

일반적으로 사람들이 느끼는 화나 분노는 그 에너지가 강해서 감정적으로 변하기 쉽습니다. 우리도 익히 알고 있다시피 사람이 감정적으로 변하면 문제 해결이 쉽지 않고 오히려 상황을 악화시키곤 하지요. 따라서 자신이 느끼는 분노나 슬픔 등 부정적인 감정을 표현할 때에는 감정적으로 표현하는 것이 아니라 자신이 느끼는 감정을 그대로 전하는 것에 충실해야 합니다. 그뿐만 아니라 감정을 전달할 때는 목소리는 물론 태도나 표정 등과 같은 비언어적 표현과 감정이 일치해야 하며, 무엇에 대한 감정인지를 알 수 있도록 전달하는 것이 바람직합니다. 예를 들면 아래와 같습니다.

O

"고객님이 먼저 화를 냈잖아요!" (X)
▶ "고객님이 [구체적인 사실이나 행동]을 하셔서 다소 섭섭했습니다." (O)

"왜 그렇게 말하시는 겁니까? 도무지 이해가 안 되네요." (X)
▶ "죄송합니다만 그렇게 말씀하시니 제가 마음이 좋지 않군요. 혹시 그렇게 말씀하신 이유를 알 수 있을까요?" (O)

"죄송합니다만 고객님이 요구하시는 대로는 힘들겠는데요." (X)
▶ "죄송합니다. 고객님이 말씀하신 사항은 들어드리기 어렵습니다. 양해해 주시기 바랍니다." (O)

물론 현장에 있다 보면 정말 막돼먹은 사람들과 조우하는 상황도 펼쳐집니다. 정말 말이 안 통하는 사람들 말입니다. 그럴 경우에는 그들이 얘기하는 쓰레기 폭탄에 스스로 분노를 안고 장렬히 산화하지 말고 "저런 사람들도 있구나!"라는 생각을 가지는 것이 오히려 정신건강에 이롭습니다.

감정노동과 똘레랑스

퀴즈를 하나 내겠습니다. 감정노동과 관련하여 전 세계에서 찾아볼 수 없는 유일한 법이 우리나라에 있다고 합니다. 무엇일까요? 이 글을 읽는 모든 분들이 의아해하겠지만 그것은 바로 '감정노동자보호법'입니다. 우리나라보다 서비스 사회화가 이루어진 선진국에도 아직 감정노동자를 보호하는 법은 없습니다. 특히 1980년대 감정노동의 개념을 정립한 러셀 혹실드가 감정노동을 발견하고 문제의 심각성이 공론화된 미국에서조차 감정노동자보호법을 추진한 사례가 없다고 합니다.

그렇다면 전 세계 어느 곳에서도 없는 감정노동자보호법이 우리나라에서 추진되는 이유는 무엇일까요? 급격하게 발달한 경제로 인해 한국인 고유의 타인에 대한 존중이라는 미덕이 사라졌기 때문일까요? 필자가 대학 시절에 읽었던 책 『나는 파리의 택시 운전사』에는 '똘레랑스(Tolerance)'라는 말이 나옵니다. 저자는 책에서 '똘레랑스'

를 이렇게 정의하고 있습니다.

- '다른 사람이 생각하고 행동하는 방식의 자유 및 다른 사람의 정치적 또는 종교적 의견의 자유에 대한 존중'

여기에서 말하고자 하는 중요한 키워드는 바로 '타인에 대한 존중'입니다. 우리 자신이 중요한 것처럼 타인도 중요하며, 타인으로부터 존중받기를 바란다면 타인에 대해서도 존중해 주어야 합니다. 그러나 우리나라에서는 21세기에도 여전히 '고객은 왕'이라는 말을 회사 경영의 모토로 삼고 있는 기업이 여전히 존재하고 있습니다.

더불어, 일부이긴 하지만 여전히 이러한 말들을 맹신하고 있는 어리석은 고객들도 존재합니다. 자신이 진짜 왕이라고 생각해서 그런 것인지, 이들은 자신에게 서비스를 제공하는 직원들을 마치 종을 부리듯 합니다. 애초 존중이라는 것은 눈 씻고 찾아보려야 찾아볼 수가 없습니다. 마치 자신이 진짜로 왕이라도 되는 양 말입니다. 이는 단순히 일반 기업 직원들에 한정해서 발생하는 것이 아니라 의료업계 종사자, 사회복지사는 물론 경찰이나 소방관 및 일선 공무원 등 다양한 업종에 종사하는 사람들을 대상으로도 발생합니다.

이쯤 되면 우리는 고객이라는 탈을 쓰고 저지르는 다양한 일탈이나 만행을 당연시 여기며 타인에 대한 존중이나 배려가 사라져 버린 사회 속에서 살고 있다고 해도 과언이 아니라고 할 수 있습니다. 안전보건공단 산업안전보건연구원이 2015년 조사한 「감정노동 근로자의 감정노동 실태, 위험 요인, 건강 영향 연구』에 의하면 조사 대상 3명 가운데 1명이 성적 또는 정신적으로 폭력을 당하고 있다고 합니다.

이미 의식적으로 왕이 된 고객의 감정노동자에 대한 일그러진 인식은 매우 불손하며 일방적인 형태의 복종을 강요합니다. 그러니 암을 유발한다고 방송된 치약을 마치 선심 쓰듯이 경비원에게 건네고, 본인 마음에 들지 않는다고 종업원을 무릎 꿇게 하며, 생면부지의 직원들에게 욕설은 물론 성희롱을 서슴없이 저지르는 것입니다. 타인에 대한 고통이나 배려가 전혀 없고 공감 능력은 이미 잃어버린 지 오래입니다. 이쯤 되면 소시오패스(Sociopath)나 사이코패스(Psychopath)라고 해도 전혀 이상할 것이 없습니다.

그러나 여기서 짚고 넘어가야 할 것이 있습니다. 박수도 두 손이 맞아야 소리가 나듯이 '고객은 왕'이라는 말이 생겨난 원인이 무엇인지 생각해 보면, 기업 또한 자유롭지 못합니다. 고객은 왕이라는 말을 당연시 여기는 왜곡된 소비자 인식 이면에는 이를 당연시하는 기업의 경영 전략도 문제라고 할 수 있습니다. 지금도 여기저기서 고객에 의한 갑질은 하루가 멀다 하고 발생하지만 이들 행동에 대한 제지나 강력한 대응은 찾아보기 힘듭니다. 오히려 '고객은 왕'이라는 말을 황금률처럼 받들고 과잉 친절을 제공할 수밖에 없는 근무 환경을 만들기에 급급합니다.

물론 현행법에는 감정노동자들에게 과도한 행위를 할 경우 과태료를 부과하도록 하거나 벌금을 부과하는 등의 처벌 규정이 명확히 존재하지만, 실제 처벌로 이어지는 경우는 극히 드뭅니다. 실제 처벌로 이어지지 않는 것에 대해서는 정부와 입법기관의 잘못 또한 크지요.

감정노동으로 인한 폐해에 대해서 많은 사람들이 인식하고 있고 다양한 캠페인을 통해 처벌에 대한 공감의식도 어느 정도 형성되어 있음에도 불구하고, 실제로 감정노동자를 보호하기 위한 법제화에는 소극적입니다. 결국 감정노동자들은 갑질 하는 고객에게 일방적으로 당할 수밖에 없고, 강력한 처벌을 원해도 시스템이나 프로세스상 제약이 있어 실제 처벌로 이어지는 경우는 거의 전무한 현실 속에서 살고 있습니다.

실제로 2015년 감정노동을 생각하는 기업 및 소비문화 조성 전국협의회에서 2015년 1,800여 명을 대상으로 소비자 의식 조사를 시행한 결과 "감정노동이 사회적인 문제로 인식되는 현 상황에 있어 누구의 책임이 가장 크다고 보느냐?"는 질문에 '정부(35.9%)', '기업(29.3%)', '소비자(28.5%)', '종사자(6.3%)' 순으로 나타났습니다.

이러한 여론의 따가운 시선을 의식해서인지 19대 국회에서 발의된 감정노동자 보호법안은 총 16개에 이릅니다. 그러나 이 중 11개 법

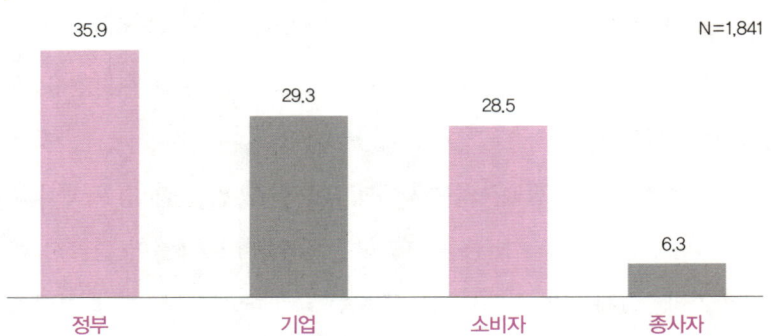

∷ 감정노동 문제 관련 책임 여부 설문조사 결과(%) ∷

출처 : 감정노동을 생각하는 기업 및 소비문화 조성 전국협의회 자료, 2015

안은 충분한 논의조차도 이루어지지 않은 채 자동 폐기되는 수순을 밟았습니다. 20대 국회에서는 실제 감정노동자 보호를 위한 제대로 된 감정노동자 보호법이 마련되어야 한다고 생각합니다.

물론 이번에 감정노동자를 보호하기 위한 산업안전보호법 개정이 국회 환경노동위원회 소위를 통과한 것은 매우 고무적인 일이라고 생각합니다. 이번에 개정된 법안은 무리한 고객 요구나 업무 시 폭행·폭언·괴롭힘 등으로 인해 건강상 장애가 발생했을 경우 사업주의 보건조치를 의무화하거나 신체적·정신적 위험에 직면했을 경우 업무를 중단할 수 있는 업무중지권이 포함되어 있습니다.

2016년 3월에는 금융회사 감정노동자 보호법이 통과되었습니다. 통과된 개정안은 악성 민원인에 대해 고소 및 고발 등 법적 조치가 의무화되었으며, 해당 고객을 기피할 수 있는 권리가 보장되었습니다. 더불어 감정노동자에 대한 상담 치료와 함께 상시적인 고충센터 운영을 통해 지원해야 하며, 이를 이행하지 않을 경우 과태료를 부과하는 것이 주요 내용입니다.

그러나 실제로 현장에서는 유명무실하다는 반응이 지배적입니다. 이러한 유명무실한 법을 개정하고자 금융권에 종사하는 고객응대직원 관련 '고객폭행거부권'과 '정신적 피해에 따른 휴직요청권', '고충직원에 대한 불이익 금지' 등 감정노동자 보호 수준을 대폭 강화한 5개 금융법 일부 개정법률안을 발의했다고 합니다.

결론적으로 고객의 갑질을 방관하는 법이 아닌 고객 갑질로부터 감정노동자를 보호하는 실질적인 법을 통해 감정노동자의 인권을 보호하고 안전한 상태에서 근무할 수 있는 권리를 보호해야 합니다. 그뿐만 아니라 감정노동자 보호를 위해 노력하는 기업에 대해서는 인센티브를 제공해 기업이 자발적으로 감정노동자 보호에 앞장설 수 있도록 독려해야 합니다.

이와 함께 기업은 감정노동자를 위해 감정노동과 관련된 직무 훈련을 지속적으로 제공하고, 감정노동자가 고객의 폭행이나 폭언 또는 성희롱으로부터 피할 수 있는 권리와 공간 그리고 감정노동에 의해 발생하는 후유증이나 감정을 완화시킬 수 있는 휴식 시간을 제공해야 합니다. 그뿐만 아니라 피로를 줄여 주는 적절한 업무량을 부과하거나 고객 불만 발생 시 감정노동자에게 가해지는 징계나 불이익이 없도록 해야 합니다. 그리고 고객에 의한 클레임이나 블랙컨슈머의 악의적인 행동에 대해서 전담부서가 처리할 수 있도록 해야 하며, 현장에서 발생하는 고객 불만이나 원활한 업무 처리를 위해 업무 재량권을 부여해야 합니다.

마지막으로 소비자의 역할 또한 중요합니다. 더 이상 고객은 왕이 아니라는 사실을 인식하여야 하며 건강한 소비, 건강한 서비스를 위해 감정노동자에게 반말·욕설·성희롱을 해서는 안 되며 과도한 친절도 요구해서는 안 됩니다. 내 자신이 존중을 받으려면 타인에 대한 배려와 존중도 필요하다는 '똘레랑스'가 필요한 시점입니다.

감정노동자의
권리

적어도 사람이라면 사람으로서 누려야 할 권리라는 것이 있습니다. 어떤 일을 하거나 향유할 수 있는 힘이나 자격을 보통 '권리'라고 하는데, 민법에서도 "사람은 생존한 동안 권리와 의무의 주체가 된다."라고 명시하고 있습니다. 아울러 자신의 권리만큼이나 타인의 권리 또한 소중합니다. 이러한 사상의 근간에는 사람은 혼자서 살아갈 수 없으며 타인과 함께 더불어 살아가야 하고 이를 통해 삶은 한결 수월해질 수 있다는 믿음이 깔려 있다고 볼 수 있습니다.

그렇다면 감정노동자 또한 감정노동자로서 누려야 할 권리가 있으며 이를 충분히 보장받아야 합니다. 그러나 많은 감정노동자들이 이러한 권리를 제대로 누리고 있지 못하며, 이 때문에 신체적으로 또는 심리적으로 다양한 부작용에 시달리고 있습니다. 우리가 우리 삶을 자신감 있게 살아가려면 가장 먼저 알아야 할 것이 스스로 자신이 누려야 할 권리가 무엇인지를 명확히 하는 것입니다. 여기서 말하는 권리란, 거창하게 법의 보호를 받는 제도적인 권리를 말하는 것이 아닙니다. 우리가 살아가면서 스스로를 보호하기 위해 필요한 권리라고 하는 것이 옳을지도 모릅니다.

적어도 우리가 감정노동을 수행하면서 자신을 보호하기 위해서 자신뿐만 아니라 타인에게도 허용하고 지켜 주어야 할 권리에는 무엇이 있을까요? 다양한 의견이나 답이 나올 수 있겠지만, 삶을 살아가면서 자신이 정해 놓은 원칙 또는 입장을 가지는 것이 중요합니다. 누군가가 제시해 준 답이 아니라 스스로 정해 놓아야 한다는 것이 중요한 것이지요.

먼저 실수를 할 수 있는 권리가 있습니다. 사람이 기계가 아닌 이상에야 실수는 있기 마련입니다. 알파고의 등장으로 인해 인공지능이 사람의 일을 대체하면 실수가 현저히 줄어들겠지만, 아직까지 사람이 하는 일은 실수가 발생할 수밖에 없습니다. 누구나 할 수 있는 실수를 마치 죄악으로 여기거나 절대로 해서는 안 되는 것으로 치부해서는 안 됩니다. 누구나 할 수 있는 실수에 대해서 너그러워질 필요가 있으며, 스스로를 극단으로 몰아가는 어리석음을 저지르지 않아야 합니다.

감정노동자를 대상으로 블랙컨슈머들이 이용하는 수법들 중에 하나가 바로 감정을 흔드는 것인데, 이때 대표적인 것이 바로 실수에 대한 질책이나 불평 또는 불만입니다. 감정을 흔들어야 자신들이 원하는 것을 얻을 수 있다고 생각하기 때문입니다. 그렇다면 자신이 저지른 실수에 대해서 너무 과도할 정도로 비하하거나 열등의식을 느낄 필요는 없습니다.

따라서 자신의 실수에 대해서 너그러움과 실수할 수 있음을 스스로 인정하고 그것을 받아들이는 태도가 중요합니다. 자신이 스스로 실수할 수 있는 권리를 인정하지 않으면 죄책감에서 헤어나기 힘들며, 결국 고객으로부터 감정을 휘둘릴 수밖에 없습니다.

또한 사과 또는 구구절절이 설명하지 않을 권리가 있습니다. 말도 안 되는 억지 주장과 막말 또는 욕설에도 그저 "죄송합니다."라는 말만 반복하는 모습은 감정노동이 발생하는 현장에서 흔히 볼 수 있는 장면입니다. 뭘 그리 잘못했는지는 몰라도 연신 "죄송합니다.", "사과드립니다."를 하지 않을 권리가 있습니다. 단순히 사과를 통해 문제가 해결될 리 만무하고, 오히려 해당 고객으로 하여금 불합리한 행동을 합리화하는 행위일 수도 있기 때문입니다.

또한 감정노동을 수행하다 보면 가끔 자신의 의도대로 되지 않거나 원하는 대로 상황이 전개되지 않으면 "도대체 당신은 생각이 있는 거야? 없는 거야?" 또는 "정말 이 따위로 일할 거야?"라거나 "당신의 직무가 고객을 도와야 하는 거 아니야? 그런데 이게 뭐냐고!"라는 반응을 보이는 고객을 볼 수 있습니다. 고객의 이러한 반응에 대응한다고 자신의 행위나 상황을 구구절절이 설명하기 시작하면, 해당 고객은 섭섭함과 함께 이미 결정된 사항을 철회 또는 취소하도록 만들려고 합니다.

따라서 어떤 행위나 상황을 구구절절이 변명하거나 설명하려는 것은 오히려 얄미운 고객의 논리를 펼칠 수 있는 구실만 제공하는 것이니, 설명이나 변명을 하지 않도록 해야 합니다. 우리 자신에 대해서 일일이 변명이나 설명 또는 변호를 하지 않을 권리, 이 또한 우리들이 행사할 수 있는 권리이기도 합니다.

다음으로 'No'라고 할 수 있는 권리입니다. 사실 우리나라에서 과연 감정노동을 수행하면서 'No'라고 말할 수 있는 감정노동자가 과연 얼마나 될까요? 그러나 'No'라고 자신을 표출하는 것이 절대 잘못된 것이 아니라는 사실을 인식할 필요가 있습니다.

우리 주변에는 불합리한 요구를 하는 고객이나 사람들이 의외로 많습니다. 다 쓴 제품을 들고 와서 교환 및 환불을 해달라고 하는 사람들, 또는 직장 상사의 인격 무시 또는 부당한 업무 지시 등이 대표적입니다. 이때 기업의 응대 매뉴얼이 갖추어져 있어도 거절을 못해서 본인이 다 뒤집어쓰는 경우도 있고, 오히려 자신은 'No'라고 하고 싶은데 기업에서 마련해야 할 대책이나 대안이 없어 말 그대로 정신적 · 심리적 고통을 스스로 감내하는 경우도 있습니다.

이럴 때는 명확히 교육 및 훈련을 통해 습득한 지식이나 정보에 근거하여 응대를 해야 하지만, 자신이 대응할 수 없거나 해결할 수 없는 문제에 대해서는 고민하지 않고 자신이 처리할 수 없는 영향권에서 벗어나는 일이므로 단호하게 'No'라고 말할 수 있어야 합니다.

또한 우리가 'No'라고 말하는 것은 고객과 대립하자는 것이 아님을 알아야 합니다. 또 'No'라고 한다고 해서 고객과의 관계나 상황을 거부하는 것이 아니라, 오히려 문제 해결을 위한 관계나 상황을 재설정하는 것이므로 당당하여야 할 필요가 있습니다. 다만 'No'라는 말을 전할 때는 고객이 충분히 이해할 수 있도록 구체적으로 전달해야 합니다. 감정노동을 수행할 때 보통 근속 연수에 따른 대응 방식을 보면 'No'라고 할 수 있는 방법 등이 의외로 적지 않습니다. 과도한 부담이 느껴지는 경우, 적절한 거절을 통해 자신을 스스로 보호해야 한다는 점을 잊지 말기 바랍니다.

그리고 우리 스스로 상처 입지 않을 권리입니다. 사람들이 살아가는 이 세상은 온통 상처를 줄 수 있는 요소로 가득한 곳입니다. 아무리 좋은 공간과 환경, 사람들이 어우러지는 상황에서도 다양한 형태의 상처는 발생하기 마련입니다. 하물며 우리가 수행하고 있는 감정노동은 우리의 정신은 물론 신체적으로도 많은 상처를 입힐 수밖에 없습니다.

어차피 돈이 신처럼 떠받들어지는 자본주의 사회 속에서 상처받지 않고 살아가기란 쉽지 않습니다. 그렇지만 어느 누구도 우리 자신을 비판하거나 상처 입힐 권리는 없습니다. 업무를 수행하다가 말도 안 되는 논리와 신체적·정신적 폭력으로 인해 상처를 입을 수는 있으나, 그렇다고 그 상처가 야기된 상황을 극복하거나 피하려는 우리의 의지까지 상처 입힐 수 있는 권리는 그 누구에게도 없습니다.

그렇다면 우리도 우리 자신에게 너무 완벽한 것만을 바라는 태도를 버려야 합니다. 최선을 다하되 중요한 것은 너무 힘이 들고 지칠 때는 자신을 내려놓는 것도 한 가지 방법입니다. 도저히 감당할 수 없는 상처로 인해 고통받는 것보다는 차라리 내려놓음으로써 자신을 보호하는 것이 오히려 현명할 수 있습니다. 또한 상처를 피하려는 방법으로 "언젠가는 좋아질 거야!"라고 막연하게 매달리는 것은 우리 삶을 더욱 피폐하게 할 수 있고 현실을 부정하거나 회피하게 할 수 있으므로 주의하여야 합니다.

차라리 상처받는 일이 발생한다면 정말 자신과 관련된 일인지를 곰곰이 생각해 보아야 합니다. 상처를 받았다면 감정을 제거하고 오직 '사실(Fact)'에만 집중하며, 정말로 그것이 상처받을 만한 것인지를 생각해 보는 것입니다. 또한 상처를 받았다는 사실을 직간접적으로 알리는 것이 바람직합니다. 장황한 설명이나 감정적인 대응이 아니라 짧고 간략하게 상처받았다는 마음에 대해서만 얘기하는 것입니다. 자신의 감정 상태를 알리는 것만으로도 상대방의 상처 주려는 의도를 상쇄시킬 수 있으며, 마음의 상처가 완화되는 느낌을 받을 수 있습니다. 이와 함께 심호흡이나 간단한 명상을 통해 상처를 완화할 수 있습니다.

마지막으로, 보호받을 권리입니다. '저작권법'이라는 것이 있습니다. 유무형의 창작물에 대해서 보호를 받는 권리로서 저작권 산업이 국내 GDP에서 차지하는 비율이 10%에 달한다고 합니다. 하버드 대학교 로스쿨의 로렌스 레식(Lawrence Lessig) 교수는 "저작권은 창작 과정의 핵심적인 부분으로서 법의 보호가 없었다면 수많은 창작물이 존재하지 않을 것이다."라고 말했습니다. 창작물을 보호하고 지원하는 가장 성공적인 방법은 창작물에 대한 소비자의 인식 전환이나 법의 보호를 받는 것입니다.

그렇다면 감정노동에 종사하고 있는 사람들에 대한 보호는 어떨까요? 한국산업안전보건공단이 2013년 조사한 자료에 따르면 국내 임금 근로자 1,700만 명 중 43%에 해당하는 730만 명이 감정노동에 종사하는 것으로 조사되었습니다. 그렇다면 여기서 국내 3차 서비스의 비중이 60%를 넘어 서비스 사회화가 이루어졌으니 국내 GDP 중 서비스로 인해 발생하는 비율은 40% 이상을 넘을 것이라는 예상이 가능합니다.

그렇지만 아직까지 대부분 기업이나 고용주가 감정노동자를 보호하는 것이 아닌 감정노동자 스스로 자신을 보호하거나 스트레스를 해소하는 경우가 많습니다. 저작권법과 동일한 잣대를 적용해서 실행에 옮긴다면, 국내 서비스의 질은 물론 감정노동 문제로 인한 대부분의 문제가 해결될 것이라고 확신합니다.

아직까지도 현장에서는 여전히 블랙컨슈머로 인해 발생하는 피해에 대해서 개별적으로 처리하고 감수해야 하는 부분들이 더 많다는 사실과 욕설과 폭언에도 "죄송합니다."라는 말을 반복해야만 하는 감정노동자들의 현실을 고려한다면, 감정노동자들의 권리 보호는 시급합니다.

이를 위해 전화를 먼저 끊을 수 있는 권리나 응대를 거부할 수 있는 권리는 물론, 블랙컨슈머나 고객으로부터 감정노동에 시달리는 직원을 보호하지 않은 기업이나 고용주에 대해서 패널티를 주거나 상황에 따른 대응 매뉴얼이나 프로세스를 갖추는 것도 한 가지 방법입니다. 그뿐만 아니라 근무 환경이나 감정노동의 구성 요소를 완화하기 위한 가이드를 마련하고, 특히 감정노동자들이 신체적인 피로 또는 정신적인 스트레스를 해소할 수 있도록 휴식 시간은 물른 휴게 시설을 갖추어야 합니다.

아무리 고객이라도 타인의 인격이나 권리를 침해하는 사람에 대해서는 형사적인 처벌도 가능해야 하는데, 국내는 아직 과태료 부과 정도에 그치고 있으니 문제가 개선될 여지가 적습니다. 아직까지 이러한 조치가 미흡하다면, 감정노동자 스스로 자신을 보호할 수 있어야 합니다. 그중에 대표적인 것이 불필요한 책임감에서 벗어나는 일입니다.

자신에게도 주어지지 않은 권한 및 책임을 뒤로하고 상황이 그러하니 스스로 책임을 지려는 행위는 스스로를 옭아매고 상처를 주는 행위이므로 과감히 벗어나야 합니다. 책임에 대한 한계를 명확히 하고 자신이 처리할 수 없는 업무에 대해서는 업무 해결이 가능한 책임자나 고용주에게 이관하는 것이 바람직합니다.

그럼에도 불구하고 이러한 사고나 행위 자체가 현실적으로 불가능하다고 생각하거나 말도 안 된다고 생각한다면, 우리 스스로 불필요한 책임감을 기꺼이 수용하겠다는 의지와 말도 안 되는 상황을 스스로 견뎌 내겠다는 자신감의 발로이므로 감정노동의 굴레에서 벗어나기 어렵습니다. 결국 선택은 여러분의 몫인 것입니다.

고객의 태도는
기업 하기 나름

경기도 의정부에 한 식당이 있습니다. 보통 '고객은 왕이다'라는 모토를 내걸고 영업을 하는 것이 대부분이지만, 이 식당은 고객의 불합리한 요구를 그대로 들어주는 주인은 주인 자격이 없다라고 당당히 밝히고 영업을 한다고 합니다. 장사를 하시는 분이 실제로 자신의 철학만을 가지고 영업하기가 쉽지 않은데, 이 식당 주인은 고객이 왕이 되면 실제로 왕이 대접받지 못하며 오히려 주인이 왕이 되어야 제대로 대접받을 수 있다고 주장하기도 합니다.

개인적으로 이 식당 주인의 마인드가 너무도 신선하게 들렸습니다. 고객이 왕이 아니라 주인이 왕이 되어야 고객이 제대로 대접받을 수 있다는 것이 CS분야에서 오랫동안 일을 해왔던 필자에게는 놀랍고 구구절절이 맞는 말이었기 때문입니다. 이러한 마인드를 가지고 기업을 경영하는 사람들이 과연 얼마나 될까 생각을 해 보았습니다.

이 식당 곳곳에는 '다른 분의 식사를 위해 조용한 담소를 부탁드립니다.'라는 팻말이 붙어 있다고 합니다. 대부분의 고객들이 조용한 분위기를 원하기 때문에 누군가가 시끄럽게 떠드는 상태를 방치하면 결국은 다른 고객들을 식당에서 몰아내는 행위나 마찬가지이므로 이러한 고객의 행위에 대해서는 단호하게 대처한다고 합니다. 예를 들어 시끄럽게 떠들면서 다른 고객의 식사를 방해하는 고객이 있다면 1~2번 정도 정중하게 조용해 줄 것을 부탁한 뒤, 그래도 지속할 경우 '식당영업방침'이라고 말한 후 돈을 받지 않고 내보낸다고 합니다.

개업한 후 딱 한 번 그러한 고객이 있었는데, 식사비가 10만 원 가량 나왔지만 식사비를 받지 않을 테니 나가 달라고 했다고 합니다. 당연히 식사값을 받지 않는다니 두말 않고 일어나더랍니다. 이후에는 식당에서 시끄럽게 떠들어 대는 사람도 없고 고객들이 서로를 배려하는 분위기가 조성되었고, 그러한 분위기를 조성한 고객에게 별도의 맛있는 서비스를 무료로 제공하였다고 합니다.

이외에도 3명이 와서 2인분을 주문하고 음식을 내놓으면 양이 적다고 하면서 더 달라고 요구하는 고객이 있는데, 그러한 고객들의 요구를 들어주게 되면 계속해서 부당하게 요구해 오는 경우가 대부분이어서 이러한 고객들에게도 단호하게 안 된다고 말한다고 합니다.

또한 주문할 수 있는 메뉴도 점심과 저녁 모두 달랑 2개만 제공해서 고객으로 하여금 어떤 음식을 먹을 것인지 고민하지 않도록 했습니다. 그런데 이렇게 메뉴를 단순화한 이유는 식자재 종류가 적어지고 주방 업무가 단순해져 음식을 만드는 데 좀 더 집중할 수 있어 음식의 질이 향상되기 때문이라고 합니다. 메뉴가 다양하면 주방이 바빠져 제대로 된 음식 서비스 제공이 어려울 뿐만 아니라, 다 팔리지 않을 경우 손실이 크다는 숨은 이유가 있었습니다.

이외에도 이 식당은 예약손님을 우선으로 받는데, 미리 예약을 받으면 시간적 여유를 가지고 음식을 조리하기 때문에 양질의 음식 서비스를 제공할 수 있고 식당 운영의 효율성이 좋아지기 때문이라고 합니다.

무엇보다도 이 식당 운영의 백미는 점심과 저녁 시간 사이에 2시간 가량 영업을 일시 중단하여, 그동안 직원들은 쉬거나 개인 일을 볼 수 있다는 것입니다. 그뿐만 아니라 매주 일요일은 아예 문을 닫는답니다. 보통 매출을 위해서 중간 영업 시간을 중단하지 않고 그대로 운영하는 것이 대부분인데, 이곳 식당주인은 "충분히 쉬면서 일을 해야 오래간다. 조금 더 벌겠다고 무리하면 오히려 역효과가 난다."고 말합니다.

이 식당의 주인이 생각하는 바는 이렇습니다.

O

"주인이 왕이 되어야 제대로 된 서비스가 제공되며, 자격이 없는 사람이 왕이 되면 모두가 불행해진다."

그렇다면 이쯤에서 이 식당의 매출이 궁금하지 않으신가요? 제일 좋은 재료를 쓰고 직원들에게 충분한 휴식 시간과 휴일을 제공하며 매출을 위해 식당 의자와 식탁을 넉넉하게 배치하며 예약하지 않으면 음식을 제공하지 않는 등 좀 까탈스러운 영업방침을 가진 식당인데도 불구하고 오히려 단골이 늘었고 입소문을 듣고 멀리서 찾아오시는 분들이 계셔서 그리 어렵지 않다고 합니다.

애초에 식당을 개업했을 때 많은 돈을 벌기보다는 좋은 음식을 내놓는 것을 중요시했기 때문에 괘념치 않는다고 합니다. 식당 주인의 이러한 태도는 일본 영화 〈카모메 식당〉의 주인으로 나오는 사치에의 철학과도 겹치는 부분이라고 생각되었습니다. 이를테면 "좋은 음식을 통해 여유로운 삶의 향기를 느끼면서 살아가는 것이 아닐까?"라는…….

정치도 그렇고 기업도 모두 마찬가지입니다. 자격이 없거나 능력도 없는 사람이 왕이 되거나 기업의 대표가 되면 결국 나라가 망하고 기업이 도산하게 되는 것을 우리는 자주 목격했습니다. 일개 식당 주인의 이야기지만 식당 주인이 가진 마인드와 태도는 결코 가벼이 볼 수 없는 것입니다. 실제 국내 기업 중 이러한 마인드와 태도로 가지고 경영을 하는 곳이 과연 얼마나 될까라는 부분에서는 갑자기 답답함이 느껴지기도 합니다.

최근에 〈백종원의 골목식당〉이라는 TV 프로그램을 즐겨 보고 있습니다. 죽어 가는 골목상권을 살리기 위해 백종원 씨가 나서서 기사회생시키는 과정을 보여 주는 프로그램입니다. 다양한 식당 운영 노하우와 음식 조리법 전수를 통해 시들어 가는 식당을 살리는 과정을 보면 은근히 감동이 밀려옵니다.

이 프로그램에서 백종원 씨가 식당 주인들에게 전달하려고 하는 것도 위에서 소개한 식당과 같습니다. 백화점식으로 여러 음식을 내놓는 것보다는 제공하는 음식의 종류를 줄이고, 효율성을 높이기 위해 주방의 동선을 줄이라고 조언하는 것이 대표적입니다. 무엇보다도 백종원 씨가 어려움을 겪고 있는 골목 식당 주인들에게 강조하는 것은 원칙을 지키라는 것이 아닐까 생각합니다. 예전 한 방송에서 똑같은 메시지를 전달한 적이 있는데, 그가 말하는 원칙을 몇 가지만 소개하자면 이렇습니다.

가능한 한 식당에 TV를 없애야 손님이 음식 맛에 집중할 수 있고 맛은 30%이고 분위기가 70%를 좌우하기 때문에 식당 고유의 분위기를 연출해야 한다는 것과, 무엇보다 직원을 사랑하고 대우를 잘 해줘야 손님에게 더 나은 서비스를 제공하고 최선의 노력을 다 하기 때문에 식당이 잘될 수밖에 없다고 합니다. 이외에 다른 식당에서는 먹을 수 없는 메뉴를 제공하려 하거나 특이하게 새벽시장을 가지 말라고 조언하는데, 새벽에 시장에 가서 힘을 소진하게 되면 정작 요리를 할 때는 피곤해서 제대로 된 음식이나 서비스를 제공할 수 없기 때문이라고 합니다.

감정노동을 이야기하다가 뜬금없이 식당 주인의 이야기를 들고 나와서 좀 의아해하실 줄로 압니다. 그러나 위에서 소개한 바와 같이 식당 주인이 지향하는 태도는 감정노동자를 보호하기 위해 필요한 기업의 자세와 태도에 대한 올바른 방향성을 제시하는 좋은 예가 아닐까 생각합니다. 실제로 감정노동자가 고통받는 이유에는 여러 가지가 있지만, 대부분 고객의 불만에 의해서 발생하는 경우가 많습니다.

그러나 고객의 불만에 단초를 제공한 주체는 바로 다름 아닌 '기업'이라는 사실을 부정하기 어렵습니다. 안하무인 격으로 행동하는 고객들의 머릿속에 오랫동안 '고객은 왕'이라는 잘못된 시각을 주입시킨 것도 기업입니다. 실제 현장에서 일하는 직원들에게 필요한 직무

교육보다는 이유 불문하고 친절만을 강요하는 교육을 시킨 것과, 인건비 절약을 위해 충분한 인력을 현장에 배치하지 않은 것도 기업입니다. 이와 함께 미스터리 콜(Mystery call)이나 미스터리 쇼퍼(Mystery shopper)를 통해 감정노동을 고착화시킨 기업임을 부정할 수 없습니다.

이제는 결자해지 차원에서 감정노동자를 보호하기 위한 기업의 노력이 어느 때보다 절실한 시점입니다. 지금까지 왕 같지도 않은 고객의 잘못된 관행이나 행동을 보고도 모른 척했다면 이제부터는 기업이 제대로 왕이 되어 제대로 된 서비스를 제공해야 하지 않을까요?

Part 2

감정노동을
대비하라

국내 감정노동자 보호법 및 전망

2015년 한국안전보건공단 산업안전보건연구원이 조사한 '감정노동 근로자의 감정노동 실태, 위험 요인, 건강 영향 연구'에 의하면 조사 대상 3명 가운데 1명이 성적으로 또는 정신적으로 폭력을 당하고 있다고 합니다. 또한 같은 해 인권위가 전국 3,470명을 대상으로 실시한 '유통업 서비스·판매 종사자의 건강권 실태 조사'에 의하면 응답자 중 61%가 1년 내 고객으로부터 폭언·폭행·성희롱 등의 괴롭힘을 경험했다고 밝혔으며, 거의 90%에 이르는 응답자가 회사의 규정이나 요구에 따라 자신의 감정 표현을 자제한 것으로 나타났습니다.

이렇게 여전히 고객으로부터 불합리한 대접을 받고 있음에도 기업에서는 아직 이렇다 할 조치나 대책을 내놓지 못하고 있는 상황입니다. 그나마 기업에서 내놓은 감정노동자 보호 활동은 대부분 미봉적인 수준에 그치고 있으며, 실제 감정노동자들이 체감하는 실질적인 대책이나 방안은 나오지 않고 있습니다.

이와 관련하여 2016년 7월에 금융업 종사 감정노동자의 보호를 의무화한 4개 금융업법 개정안이 국회를 통과했으나 실제 현장에서 실효성이 계속해서 제기되고 있는 상황입니다. 국회에서 법이 통과되어도 실제로 감정노동자들의 업무 환경은 좀처럼 개선되지 않는 것이지요.

그간 국회를 통과한 감정노동관련 법안이나 제도를 보면 과태료나 벌금을 부과하는 등의 처벌 규정은 있지만, 정부의 의지가 부족해 실제 처벌로 이어지는 사례는 극히 드물다는 것입니다. 그뿐만 아니라 대부분 권고 수준에 그치며 위반을 하더라도 벌칙 조항이 부재한 경우도 있습니다. 이와 함께 기업들은 법에서 규정한 의무를 기피하거나 실제로 법을 위반했다고 하더라도 벌금 또는 과태료로 대처하는 등 자발적인 해결 의지가 부족한 것으로 나타나고 있습니다.

이러한 상황에서 감정노동자를 보호하고 권익을 증진시키는 것이 주요 골자라고 할 수 있는 감정노동자 보호법이 국회에 발의되어 있습니다. 이번 감정노동자 보호법은 감정노동자를 보호하고 권익을 증진하는 것이 주요 골자라고 할 수 있으며, 감정노동자의 인권은 물론 정신적인 스트레스와 건강 장애에 대한 보호 방안 등을 반영하고 있습니다.

이번에 발의된 감정노동자 보호법이 갖는 가장 큰 특징은 그동안 노동 관련법을 일부 개정해서 추진하였으나 감정노동자 보호를 제정법으로 입법한 것은 국내 최초라는 사실입니다. 그러나 무엇보다도 최근에 나온 감정노동과 관련한 법안들의 핵심은 감정노동 관련 처벌 규정의 법제화라고 할 수 있습니다. 최근 국회에 발의되고 계류 중이

∷ 국회에 발의된 감정노동자 보호법안 정리[3] ∷

분류	주요 내용
감정노동자 보호법안 발의	감정노동자를 보호하고 권익을 증진하는 것이 골자 인권 및 정신적 스트레스와 건강 장애에 대한 보호 방안 등을 마련 노동 관련법 일부 개정은 추진되었으나 제정법으로의 입법은 국내 최초 감정노동자 요청 시 고객으로부터의 분리 감정노동으로 인해 발생하는 건강 장해 예방 및 치료 등 사용자 보호조치 의무화
산업안전보건법 일부 개정안 발의	사용자에 고객 응대 업무로 인한 건강 장해 예방조치 의무화 위반 시 3,000만 원 이하의 벌금
산업안전보건법 일부 개정안 발의	감정노동으로 인한 업무상 재해 인정 범위 확장 보건조치 대상 항목에 감정노동 추가 사업자의 적극적 예방조치 / 도급사업 시 안전보건조치 강화
산업안전보건법 일부 개정안 발의	감정노동자가 신체적·정신적 건강에 대한 위험에 직면 시 업무 수행을 중단할 수 있도록 하는 내용이 주요 골자 현행 산업안전보건법 제26조 '작업중지' 권리 조항을 서비스업 적용 위해 문구 조정
산업안전보건법 일부 개정안 발의	고객 응대 업무로 인한 건강장해 예방조치 의무화 고객 응대 시 폭언으로 장해 발생 시 업무 중단권 등 지원
산업재해보상 보험법	"업무상 정신적 스트레스 원인으로 발생한 질병"을 업무상 재해 인정 기준에 포함 → 감정노동(직무 스트레스) 산재 인정
금융 5법	금융회사 감정노동자 보호 패키지법이 2016년 6월 국회 통과 상시 고충처리 기구를 설치하거나 전담 고충처리위원을 위촉 및 선임 상담 지원, 요청 시 해당 고객으로부터 분리 및 교체 직원 보호를 위한 법적 조치 등을 의무화 이행하지 않는 금융회사는 1,000만 원 이하의 과태료 부과

거나 소위를 통과한 법안들을 표로 정리해 두었으니 참고하시기 바랍니다.

---

[3] 국회에 발의된 감정노동자 보호법 관련 법안의 상황은 2018년 3월 21일 기준이며, 3월 15일에 감정노동자들의 인권과 건강권 보호 등 사업주의 예방조치를 의무화하는 산업안전보건법 개정안이 환경노동부위원회 소위를 통과하였음.

그나마 2016년에 통과된 금융 5법에 대해서도 실제 2016년 기준 전체 금융사 68개 업체 중 고객의 불합리한 요구 및 성희롱으로 인해 고객으로부터의 분리 및 교체를 요청했을 경우 이를 수용한 건수가 1건이라도 있던 회사는 16개사에 불과했다고 합니다. 이 말은 우리나라 금융사 5곳 중 4곳 이상에서 금융법 개정안을 적용하지 않았다는 것을 의미합니다.

이렇게 형식적으로 감정노동자보호제도가 도입·운영되고 있어 현장에서 감정노동자들이 겪는 폭언·성희롱 등 문제는 여전히 해결되지도 않고 있는 실정입니다. 이러한 문제를 해결하기 위해 다시 5개 금융법 개정안 중 감정노동자보호에 관한 조항을 발의하였다는 소식이 전해지고 있습니다.

감정노동자 보호법 처리가 미뤄지면 미뤄질수록 현장에서 감정노동자의 피해도 계속해서 개선되지 않고 지속될 수밖에 없습니다. 분명한 것은 감정노동자 보호법이 국회를 통과하면 감정노동자에 대한 사회적 관심의 확산과 더불어 그들에 대한 실질적인 지원 및 실효성 있는 대책이 마련되어 감정노동과 관련된 주요 이슈들이 점차적으로 감소할 것으로 기대하고 있습니다.

제대로 된
보호 매뉴얼을 갖추어라

얼마 전 우리는 연이어서 안타까운 소식을 접하였습니다. 제천에서 발생한 스포츠센터 화재 참사와 밀양에 있는 병원에서 발생한 화재 그리고 다행히 인명피해는 없었지만 대구에 있는 병원 화재와 서울에 있는 대학 종합병원 화재에 이르기까지, 유난히 화재가 많은 시기로 기억될 것 같습니다.

겨울철은 유난히 난방기기 사용이 많고 건조하고 메마른 날씨로 인해서 작은 불씨가 큰 화재로 이어질 가능성이 높다는 원론적인 얘기보다는 저는 4건의 화재가 발생했을 때 해당 기업과 병원의 대응에 주목했습니다.

뉴스를 보니 제천과 밀양의 경우 겨울철 보온을 유지하기 위해 창문이나 출입문 또는 비상구를 폐쇄한 점과 스프링클러 미설치 또는 미작동이 인명 피해를 크게 한 원인이었다고 보도를 하고 있더군요. 반면 대구에 있는 병원의 경우 의료진의 빠른 신고와 경찰관과 소방

관의 인명구조 활동과 화재 진압 등 화재 확산을 방지하기 위한 활동이 위험을 최소화하였고, 서울에 있는 병원의 경우 무엇보다도 방화벽은 물론 스프링클러가 제대로 작동한 것과 화재를 진압하고 신속하게 환자를 대피시킨 것이 대형 참사로 이어질 수 있는 위험성을 막았다고 합니다.

여기서 주목해야 할 것은 서울에 있는 병원의 경우 평소 훈련을 통해서 숙지한 화재 대응 매뉴얼에 따라 화재가 발생한 지점 쪽 환자를 신속히 반대편 병동으로 이동시켰다는 것입니다. 또한 화재 발생 시 피해를 최소화하기 위해 의료진이 환자들에게 이동 시 마스크나 머플러 착용을 권하고 침착하게 환자들을 대피시킨 것은 물론, 고층에 입원한 환자들의 경우 옥상으로 이동시켜 헬기를 이용해 대피시키는 매뉴얼이 구비되어 있었습니다.

언론은 이를 두고 '참사를 막은 매뉴얼의 기적'이라고 하는데, 이는 정말 과언은 아니라고 생각합니다. 평상 시 매뉴얼대로 훈련을 하면 피해 예방은 물론, 만일 피해가 발생했다 하더라도 이를 최소화시킬 수 있기 때문이죠. 이번 화재를 통해 매뉴얼이라고 하는 것이 결국 기업 입장에서는 단순히 업무 프로세스의 표준화 및 효율성은 물론 CS 측면에서만 바라볼 것이 아니라 위험관리(Risk Management) 측면에서도 매우 중요한 역할을 수행한다는 사실을 간과해서는 안 될 것 같습니다.

2016년 노동환경건강연구소가 2,737명의 감정노동자를 대상으로 실시한 조사 결과 중에는 '감정노동자 보호에 대한 인식'을 묻는 질문이 있었습니다. 감정노동 문제 개선 대책 중 감정노동자를 보호하기

:: 감정노동 문제 개선대책에 대한 동의수준 응답결과 ::

개선대책	응답구분	매우 동의	약간 동의	약간 반대	매우 반대	평균[4]
고객이 욕 또는 폭력 행사 시 피할 수 있는 권리가 필요하다	응답자(명)	2,285	299	14	3	1.1
	응답률(%)	87.9	11.5	0.5	0.1	
악성고객 전담부서(전담자)가 있었으면 좋겠다	응답자(명)	2,047	469	75	10	1.2
	응답률(%)	78.7	18.0	2.9	0.4	
과도하고 불필요한 CS교육을 줄여야 한다	응답자(명)	1,506	935	140	18	1.5
	응답률(%)	57.9	36.0	5.4	0.7	
제대로 된 고객서비스를 위한 직무교육이 필요하다	응답자(명)	1,396	1,048	136	18	1.5
	응답률(%)	53.7	40.3	5.2	0.7	
고객을 대하는 중간중간 쉴 수 있는 짬이 있으면 좋겠다	응답자(명)	1,822	703	66	7	1.3
	응답률(%)	70.1	27.1	2.5	0.3	
고객 컴플레인이 인사고과에 반영되지 않도록 해야 한다	응답자(명)	1,559	858	172	9	1.5
	응답률(%)	60.0	33.0	6.6	0.3	
심리상담을 받을 수 있는 구조가 있었으면 좋겠다	응답자(명)	1,814	730	51	6	1.3
	응답률(%)	69.7	28.1	2.0	0.2	
제대로 된 업무 매뉴얼이 갖추어졌으면 좋겠다	응답자(명)	1,931	611	54	4	1.3
	응답률(%)	74.3	23.5	2.1	0.2	

출처 : 노동환경건강연구소, 2016

위한 다양한 장치들이 필요한데, 실제 현장에 있는 감정노동자들이 생각하는 실질적인 개선 대책에 대한 동의 수준을 물은 응답 결과는

---

[4] 위의 표에서 평균이라 함은 '매우 동의' 1점 ~ '매우 반대' 4점까지 부여한 점수로 중간값인 2.5점을 초과할 경우 반대가 높아지는 것으로 해석하며, 반대로 이하일 경우 동의가 높아지는 것으로 해석함.

표와 같습니다.

위 결과 중 가장 동의 수준이 높은 것은 '고객이 욕을 하거나 폭력을 행사했을 때 피할 수 있는 권리가 필요하다'와 '악성고객 전담부서(전담자)가 있었으면 좋겠다'입니다. 그만큼 현장에서 감정노동자들이 보호를 받고 있지 못하다는 반증이고, 가장 필요로 하는 것 또한 실질적인 보호 활동이 아닐까 싶습니다.

위 조사 결과에서도 보는 바와 같이 다양한 개선 대책이 있지만, 필자는 '제대로 된 업무 매뉴얼이 갖추어졌으면 좋겠다'라는 감정노동자들의 응답 결과에 주목하고 싶습니다. 조사 결과를 보시면 '매우 동의' 비중이 무려 74.3%에 이르고, 실제 동의 수준에 대한 평균도 1.3으로 중간값 2.5에 비해서 매우 높게 나타나는 것을 보실 수 있습니다.

개인적으로 생각할 때 현장에 있는 감정노동자들에게 필요한 것은 바로 제대로 된 매뉴얼을 갖추는 것이라고 생각합니다. 아시다시피 기업이라는 곳은 어차피 개인인 직원이 자의적으로 판단하고 스스로 방향을 정해서 움직이는 곳이 아니라 철저하게 회사에서 정해 놓은 정책이나 규정 및 지침에 의해서 움직이는 곳입니다. 그렇다면 감정노동자를 보호하기 위한 매뉴얼도 마련되어 있어야 하는 것이 당연함에도 불구하고, 아예 매뉴얼이 없거나 있어도 실제 현장 상황과는 동떨어진 내용의 대응 매뉴얼을 구비해 놓은 곳이 많습니다.

매뉴얼이라는 것은 단순히 고객 응대 매뉴얼을 의미하지는 않습니다. 아시다시피 국내 고객 응대 매뉴얼은 감정노동자의 인권이나 권리는 도외시하고 직원들의 일방적인 희생을 강요하며 표준화된 서비스를 제공하기 위해 필요한 기업의 지침에 불과합니다. 고객 응대 매뉴얼은 한마디로 '정상이 아닌 고객'이라고 할지라도 친절한 태도를 유지하여야 하며 '어떠한 상황에서도 절대 미소를 잃지 말아야 한다'는 것으로 요약될 수 있습니다.

4차 산업혁명이 도래하고 인공지능이 우리 삶 속에 깊이 뿌리내리고 있는 시대에도 여전히 우리 고객이나 기업들은 과거의 부조리한 인식이나 경영 방식에서 벗어나지 못하고 있습니다. 위에서 말씀드린 매뉴얼은 단순히 고객 응대 매뉴얼이 아닌 책임과 권한은 물론 감정노동자들이 누려야 할 권리나 인권이 포함된 감정노동자 자신을 보호할 수 있는 매뉴얼을 의미합니다. 현장에서 감정노동자 보호 매뉴얼이 필요한 이유는 단순히 현장 직원을 보호하기 위한 차원에서 머물지 않습니다.

실제로 감정노동자 보호 매뉴얼은 감정노동으로부터 직원 보호를 위한 실무 지침을 통해 감정노동 대응은 물론 대고객 응대를 표준화하기도 합니다. 그뿐만 아니라 감정노동 매뉴얼 개발은 전체 표준 프로세스 수립에 따른 기업 내부의 생산성을 향상시키기도 합니다. 또한 감정노동자들이 건전한 근무 환경에서 일할 수 있도록 개선시킬 수 있으며, 이러한 노력과 활동을 통해서 기업의 사회적 이미지가 개선될 수 있습니다.

무엇보다 감정노동자 보호 매뉴얼을 구비해서 실제 활용한다는 것은 감정노동자의 신체적 · 정신 건강을 향상시켜 사기를 진작시킴은 물론, 감정노동자의 업무 몰입도 및 직무 만족도를 개선시키는 등의 긍정적인 효과를 가져오기도 합니다.

감정노동자 보호 매뉴얼과 관련해서는 다음 장에서 별도로 설명을 드리도록 하겠습니다.

감정노동자 보호 매뉴얼, 이렇게 작성하라

최근 블랙컨슈머에 의한 갑질이나 비이성적인 행위에 대해서 단호하게 대응하는 기업들이 늘어나고 있습니다. 일례로 전화로 욕을 하는 고객에게는 단선정책(Ending policy)을 시행하는 곳도 있고, 욕이나 성희롱을 하는 사람들에게는 고소 또는 고발로 대응하는 곳도 있습니다. 고객상담센터에 전화해서 무리한 사은품을 요구하며 욕설과 비방을 한 고객을 상대로 법적인 조처를 한 곳도 있으며, 블랙컨슈머로 선정(?)된 고객에 대해서는 아예 주문·환불·교환이 불가능하도록 조치하는 홈쇼핑 업체도 있습니다.

또 얼마 전에는 214차례 고객센터에 전화해서 하루 5시간 동안 욕설을 퍼부어 상담직원이 스트레스를 받아 기절하게 한 혐의로 공갈 및 업무방해혐의로 구속된 사례도 있었습니다. 강경한 조치 외에도 선제적인 대응의 일환으로 가족들의 목소리를 연결음에 활용하는 등의 다양한 노력을 경주하는 곳도 있습니다. 이와 함께 직원들의 감정노동에 따른 사후 처리에 초점을 맞춰 심리적인 충격을 완화하거나 최소화하기 위해 필요한 활동이나 지원 대책을 마련하여 제공하는 기관이나 업체도 늘어나고 있습니다.

그렇다면 감정노동자 매뉴얼은 어떻게 개발하여야 할까요? 매뉴얼 개발 시 가장 중요한 것은 실제 현장에서 일하는 업무 담당자들을 대상으로 폭언·욕설·성희롱·억지주장을 일삼는 블랙컨슈머로 인해 발생하는 정신적·신체적 피해를 최소화하는 방향으로 개발되어야 한다는 것입니다.

예를 들어 폭언이나 성희롱, 억지주장, 장시간 통화, 과도한 보상 등 블랙컨슈머(악성민원인)에 의해서 저질러지는 악성 불만들을 유형화하고 이어서 대응 순서와 함께 대응 요령과 법적 대응과 관련한 지식이나 정보를 제공해야 합니다. 이와 함께 법적 다음 시 처벌받을 수 있는 법령이나 대응 시 상대방의 심리를 이용한 대응 기법과 함께 현장에서 활용할 수 있는 유용한 표현법을 제공하여야 합니다.

이뿐만이 아니라 현장에서 욕설이나 폭력이나 성희롱 등으로 인해 피해를 입은 감정노동자들에게 심리적 충격을 완화하기 위한 휴식은 물론 치유를 위한 장소나 시간을 제공해야 하며, 정기적인 심리치료나 감정노동을 완화하거나 최소화할 수 있는 방법이나 지침을 제공해야 합니다.

일반적으로 감정노동자 보호 매뉴얼은 사전(Pre service), 현장(Ongoing service), 사후(Post service)로 구분하여 갖추어야 합니다. 사전 매뉴얼은 예방 관점(Prevention Perspective)에 초점을 맞추어야 하고, 현장 매뉴얼은 발생한 일에 대한 대응 관점(Response Perspective)

에 초점을 맞추어야 하며, 마지막으로 사후 매뉴얼은 관리 관점(Management Perspective)에 초점을 맞추어야 합니다.

　감정노동자 보호 매뉴얼을 개발하기 위해서 필요한 몇 가지 정보를 알려 드리도록 하겠습니다. 보통 매뉴얼이라는 것은 정보(Information)와 영향력(Influence)이라는 두 가지 목적에 충실해야 하며, 이를 위해 몇 가지 주의사항이 있습니다. 아래 내용을 참고하시기 바랍니다.

○
- 사전에 활용 목적 및 목표, 주체에 대한 명확한 정의
- 사용자의 이용 편의성 고려
- 정보(Information)와 영향력(Influence)을 고려하여 작성
- 해결 중심적인(Solution-oriented) 관점에서 작성
- 상황에 따른 탄력적인 대응이 가능하도록 작성

　다음은 위에서 말씀드린 몇 가지 주의사항을 토대로 감정노동자 보호 매뉴얼 개발 프로세스에 대해서 설명하겠습니다. 감정노동자 보호 매뉴얼 개발은 '기획-집필(실행)-검토(검수)-수정 및 보완-활용'의 단계로 나누어서 진행합니다. 각 단계별 주요 내용은 다음 표를 참고하시기 바랍니다.

　그렇다면 감정노동자 보호 매뉴얼에 포함되어야 할 주요 내용은 무엇이어야 할까요? 필자 나름대로 감정노동자 보호 매뉴얼을 구성하는 내용을 정리해 보았습니다. 아래 내용 외에도 현장에서 필요로 하

:: **감정노동자 보호 매뉴얼 개발 프로세스** ::

절차	주요 내용
기획 단계	내부 감정노동 현황 및 주요 이슈 파악 감정노동에 관한 정보 수집 및 분석 및 조사 시행 감정노동자를 위한 법률 및 기타 제도에 대한 자문 감정노동 보호 매뉴얼 관련 기획서 작성 감정노동 보호 매뉴얼 구성 요소 및 주요 콘셉트 선정 국내외 자료 및 타사 매뉴얼 구축 사례 참고
집필(실행) 단계	감정노동 보호 매뉴얼 내용 구성을 위한 개요 정리 매뉴얼 목차 작성 매뉴얼 작성(감정노동 관련 정보와 지식을 바탕으로 지침 반영) 매뉴얼 반영 내용에 대한 규정 및 지침 정리
검토(검수) 단계	전문가 및 실제 현업 담당자가 참여하여 검수 진행 매뉴얼 활용에 대한 적합성 및 적정성 여부 실제 사용자에 의한 평가 및 모니터링
수정 및 보완	검토(검수) 단계에서 나타난 구성 및 내용상 문제점 수정 보완
활용 단계	최종 검토 및 수정 보완된 매뉴얼의 편집 및 디자인 사용자 전달 및 공유(매뉴얼 활용 지침 및 가이드 반영) 교육 및 훈련 진행

는 내용을 FGI(Focused Group Interview) 또는 내부 조사를 통해서 회사의 상황에 맞게 추가 반영하거나 들어갈 내용을 수정·보완하는 것이 바람직합니다.

O

- 감정노동의 개념 및 주요 이슈

- 감정노동으로 인한 스트레스 및 대처 방법

- 감정노동자를 위한 보호 프로그램 이해 및 활용 안내

- 감정노동 관련 권리보장(법, 제도 및 내부 프로그램 안내)

- 감정노동에 대한 가이드라인(고객·기업·직원)

- 블랙컨슈머 유형별 응대 매뉴얼(블랙컨슈머 정의 및 판단 기준)
- 블랙컨슈머 대응 기법 및 단계별 처리 절차(권한위임 및 이관 기준)
- 감정노동자 스트레스 · 우울증 자가 진단을 위한 체크리스트
- 스트레스 · 우울증 예방을 위한 팁(Tip)
- 감정노동 관련 내 · 외부 기관 안내

보통 감정노동자 보호 매뉴얼 내용 중 블랙컨슈머 유형별 응대 매뉴얼의 경우는 유형별 응대 절차서와 유형별 응대 스크립트로 구성됩니다. 응대 절차서는 현장에서 고객 대응 시 전체적인 대응 절차를 의미하며, 실제 대응 시 지침이라고 할 수 있습니다. 주요 구성은 유형, 대응 시 유의사항과 각 단계별 대응 시 주의하여야 할 사항 및 필수 이행 사항 그리고 자사에서 마련한 보상 기준과 법적 조치 시 관계 법령 또는 근거 기준이 반영되어야 합니다.

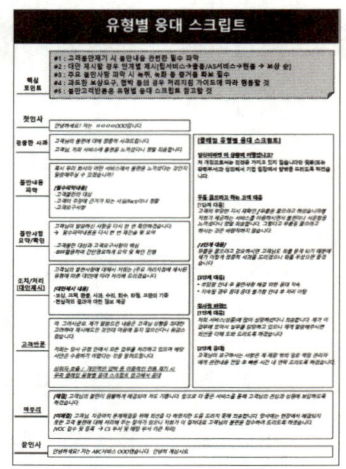

유형별 응대 절차서   유형별 응대 스크립트

그리고 유형별 응대 스크립트는 말 그대로 감정노동자들이 유형별 응대에 필요한 핵심 포인트 및 전체적인 응대 절차와 함께 표현법으로 구성됩니다. 응대 스크립트는 응대의 최종 목적이나 목표를 간과해 버리지 않기 위한 지침이며, 응대 시 거부감 방지는 물론 무리 없는 고객 응대 흐름을 지도하기도 합니다. 그뿐만 아니라 블랙컨슈머 대응 시 표준화된 응대 스크립트를 통해 절차를 알게 하여 두려움을 방지하고 자신감을 가지게 하는 등의 효과를 가져오기도 합니다.

마지막으로 감정노동자 보호 매뉴얼과 관련해서는 고용노동부와 산업재해예방안전보건공단에서 발간한 『콜센터 종사자 자기보호 매뉴얼』이나 2017년 하반기에 배포하고 있는 『감정노동 종사자 건강보호 핸드북』을 참고하시면 좋을 것 같습니다. 해당 매뉴얼이나 핸드북에는 고객에 의한 폭력 등이 발생했을 때 노동자에게 업무 중단권 부여, 피해 노동자에게 심리상담·치료기회 제공, 민·형사상 조치에 필요한 법률적 지원 등 대응 조치뿐만 아니라 고객 응대 업무 매뉴얼 구비, 스트레스 유발 행위 금지를 요청하는 문구 게시, 과도한 업무 모니터링 자제 등 건강 장해 예방조치까지 포함하고 있습니다.

지금까지 감정노동자 보호 매뉴얼 개발에 대해서 알아보았습니다. 물론 감정노동자 보호 매뉴얼이 개발되었다고 해서 감정노동 문제가 모두 해결되는 것은 아닙니다. 이러한 문제가 현실적으로 실효를 거두기 위해서는 법적인 조치 등이 병행되어야 합니다. 그러나 아직 감정노동자 보호를 위한 실질적인 법적 조치나 활동이 미진한 현 상황에서는 그나마 감정노동자 보호 매뉴얼이 감정노동자를 보호하기 위한 마지막 보루라고 생각합니다.

감정노동 완화를 위한
선행 조건들

　감정노동이 사회 문제화되면서 감정노동자를 보호하기 위한 다양한 움직임이 있기는 하지만, 현장에서 감정노동업무를 수행하는 사람들 입장에서는 피부로 체감하기가 쉽지 않은 상황입니다. '백 마디 말보다 한 가지의 행동을 실천하는 것이 낫다'라는 말은 결코 허언이 아닙니다. 특히 감정노동자들이 겪는 고통을 생각하면 실제 체감할 수 있는 조치들이 마련되어야 한다고 생각합니다.

　감정노동자 보호법이 아직 국회에 계류되어 있는 상황에서 국내 감정노동은 여러 가지 문제를 양산하고 있습니다. 그동안 감정노동과 관련한 기사, 논문, 조사자료, 세미나 등 다양한 정보를 토대로 국내 감정노동 현황에 대한 이슈를 살펴보면 이렇습니다.

　먼저 감정노동에 대한 이슈가 끊임없이 제기되고 있지만 실제로 감정노동자를 보호하기 위한 실제 조치나 법적 보호는 몇 년째 이루어지지 않고 있습니다. 아무래도 감정노동자를 보호하기 위한 조치들

SRT 청소노동자 근무 모습 | 출처 : SNS

이 단순히 권고 사항일 뿐, 실제 이러한 보호를 강제하기 위한 처벌 규정이 법으로 규정되어 있지 않기 때문입니다. 이러한 보호 조치에 대한 강제 규정이 없다 보니 정규직은 물론 대기업 중심의 노동자들도 감정노동에 심각하게 노출되어 있다는 것이 이러한 사실을 반증하기도 합니다.

또한 감정노동이 발생하는 원인을 살펴보면 결국 2가지로 귀결됩니다. 먼저 소비자의 인식을 들 수 있습니다. 아직까지도 '고객은 왕'이라는 인식이 있고 그러한 왜곡된 인식이 감정노동자들을 더욱 힘들게 하고 있습니다. 예를 들어 반말이나 무시하는 말투, 제공된 서비스를 빨리 해달라고 독촉하는 행위나 부당한 요구를 하는 경우, 또는 맘에 안 든다고 폭언을 퍼붓거나 심할 경우 폭행이나 성희롱을 일삼는 경우가 그렇습니다.

또 다른 하나는 적정 인력이 산정되지 않아 항상 부족한 일손을 꼽을 수 있습니다. 이러한 적정 인력이 투입되지 않은 업무는 결국 감정노동자들을 더욱 힘들고 지치게 합니다.

이외에도 감정노동을 고착화시키는 친절을 강요하는 여러 가지 규칙이나 모니터링이 여전히 현장에서 이루어지고 있으며, 고객마저도 '불편할 정도로 과도하게 친절한 것'에 대해서 불편을 느낀다고 할 정도입니다.

며칠 전 SRT청소노동자 과잉 인사 서비스가 논란이 되었습니다. SRT열차가 들어오는 시간이 되면 SRT청소노동자들은 객실 간격에 맞춰 일렬로 서서 SRT가 서서히 진입해 오면 허리를 구부려 공손하게 인사를 하는데, 열차가 멈추어 설 때까지 이와 같은 행위를 반복한다고 합니다. 이러한 서비스는 기업측의 '갑질'이라고 민원을 제기하는 고객들로 인해 지금은 중단되었지만, 위에서 언급한 과도한 친절을 강요하는 것은 오히려 고객들도 불편해한다는 사실을 잘 보여준 사례라고 할 수 있습니다.

그렇다면 감정노동을 완화하기 위해 필요한 기업들의 방안에는 어떤 것들이 있을까요? 본서에서도 몇 차례 말씀을 드렸습니다만, 감정노동을 완화시키는 방안은 정말 많습니다. 휴게실 설치 및 휴게 시간을 제공하거나 직무를 전환시키는 방법도 있고, 정기적인 심리치료를 받게 하거나 블랙컨슈머 전담 대응조직을 구축하거나 매뉴얼 개발은 물론 적절한 권한위임을 제공하는 등 완화할 수 있는 방안은 무척이나 많습니다. 하지만 감정노동을 완화시키기 위해 무엇보다 시급한 것들이 있습니다.

먼저 고객에게 제공되어야 하는 서비스에 대한 기준이 무엇인지 정의되어야 합니다. 물론 고객이 만족할 수 있도록 고객지향적인 서비스를 수행하기 위한 내부적인 기준을 설정하는 것이 중요하고, 이러한 기준에 입각하여 대부분의 기업이 고객 응대에 대한 서비스의 기준을 마련하였습니다. 보통 고객만족경영을 오랫동안 시행해 왔던 기업치고 고객 서비스 기준이 없는 곳은 없습니다. 고객서비스헌장이라는 것을 공표하고 고객에게 좀 더 나은 서비스를 제공하겠다고 기준을 정하고 그에 걸맞는 규칙을 정하고 실천하는 것이지요. 이러한 고객 서비스 기준에는 고객 응대 시 주의할 점이라거나 민원을 처리하는 자세 등 감정노동자의 행동 지침을 명시하고 있습니다.

필자가 말씀드리고자 하는 것은 이러한 서비스 기준을 감정노동자를 배려하여 수정·보완을 하자는 것입니다. 먼저 고객에게 제공되는 서비스에 대한 정의를 비롯하여 제공되는 범위가 명확하게 규정되어 있어야 하겠지만, 그것보다 중요한 것은 일방적으로 감정노동자의 희생과 고통을 강요하거나 전가하는 서비스 기준이 아니라 감정노동자의 인권과 신체적·심리적인 안전의 보호를 반영한 서비스 기준의 마련이라고 생각합니다.

두 번째로 적정 인력을 업무에 투입하는 것과 적절한 교육을 진행하는 것입니다. 감정노동의 원인 중 하나가 서비스를 제공하기 위해 필요한 적정 인력을 확보하지 않는 것이었습니다. 2명이 수행해야 할 업무를 1명이 수행한다면 육체적인 노동의 강도뿐만 아니라 감정노동이 심화될 수밖에 없습니다. 특히 여성이 많은 서비스업에서는 자연 이직률 외에도 업무량 증가, 출산 휴가나 기타 휴가, 교육, 휴식, 식사 등의 업무 손실률(Shrinkage)을 고려한 적정 인력을 투입함으로써 직원들의 직무 스트레스를 줄이고 업무 만족도를 높여야 합니다.

이와 함께 육체적·정신적으로 긴장도가 높은 서비스업의 특징을 고려하여 적정한 휴게 시간 및 휴게 공간 확보가 필요하지요.

이와 함께 현장에서 이루어지는 교육에 대한 내용도 바뀌어야 합니다. 단순히 친절을 강요하는 CS교육은 감정노동을 완화하는 데 전혀 도움이 되지 않습니다. 일방적인 친절교육이 아닌 직무에 필요한 실질적인 교육이 이루어져야 합니다. 예를 들어 클레임 처리, 블랙컨슈머 대응 스킬, 감정 관리 및 고객과의 갈등 해소 기법, 감정노동에 따른 직무 스트레스 예방 등의 교육이 바로 그것입니다. 현실감 떨어지고 감정노동자의 일방적인 희생만을 강요하는 교육은 정말 사라져야 합니다.

마지막으로 사후약방문식의 관리가 아닌 예방이 선행되어야 한다는 것입니다. 우리나라는 참 이상하게도 꼭 일이 터지고 난 다음 조치나 대처 방안을 마련하는 경우가 많습니다. 감정노동을 완화하는 방법 중에 가장 중요한 것은 바로 예방입니다. 일이 발생하기 전에 미리 선제적으로 대응하는 것이죠. 일이 터지고 움직이는 것이 아니고 감정노동자를 힘들게 하는 요인이 무엇인지를 미리 파악하고 이에 대해 적극적으로 대응하는 것을 의미합니다.

실제로 감정노동과 관련된 연구 논문이나 기사 또는 전문가들의 이야기를 비롯하여 현황 및 법안을 종합해 보면 대부분 감정노동자를 '보호'하자는 관점에서 출발하는 경우가 많습니다. 보호라는 것은 관리보다는 예방적인 측면에서 이루어져야 효과가 큽니다. 이렇게 예방적인 측면의 선제적인 대응이 체계적으로 이루어지려면 감정노동에 대한 경영자의 인식 및 관심 제고가 우선시 되어야 합니다. 실제로 오랫동안 진행되어 왔던 고객만족경영의 경우, 경영자의 의지가 반영되면 곧바로 많은 문제들이 개선되는 것을 봐 왔습니다.

감정노동과 같은 직무로 인한 스트레스가 발생했을 때 악영향을 최소화하기 위해 단계별로 개입하는 방법 중에는 스트레스로 작용하는 다양한 요소 및 환경에 대한 개선을 통해 직무 스트레스가 발생하지 않도록 초점을 맞추는 경우가 많습니다. 이것이 바로 예방적인 차원의 개입 방법입니다. 이와 같은 예방 활동은 잠재적인 요소를 제거하고 유발 요인을 제거하는 데 목적을 두고 있습니다.

예를 들어 감정노동을 예방하기 위해서는 감정노동과 관련하여 직무를 재설계하거나 위에서 언급한 바와 같이 정신적인 스트레스를 예방하고 블랙컨슈머로부터 고통을 당했을 때 휴식할 수 있는 별도의 휴게 시설을 확보하여 업무 부담을 경감시켜 주는 것이 좋습니다. 이 외에도 조직 내부에서는 감정노동과 관련하여 내부 의사소통 채널을 확보하거나 고객과 감정노동자가 잘 보이는 곳에 감정노동자 보호에 대한 안내문 및 사고 발생 시 대처 요령을 부착해 놓는 것도 좋은 방법이라고 할 수 있습니다.

그리고 만약 콜센터처럼 비대면 채널의 경우 통화 내용을 녹음하여야 하며, 고객에 대해 녹음 사실을 사전에 고지함으로써 감정노동의 발생 원인을 사전에 차단하는 것도 바람직하다고 하겠습니다.

감정노동자 보호법, 이것만은 확실히 알아 두자!

위에서 필자는 감정노동자보호법과 관련하여 무엇을 준비하여야 하는지에 대해 설명했습니다. 감정노동자 보호를 위한 가이드가 전무한 상황에서 몇 가지 지침이라도 현장에 녹여 내는 것이 아주 중요하다고 생각합니다. 당장 100% 시행이 어렵다면, 일부분이라도 현장에서 근무하는 직원들의 감정노동을 완화하기 위한 노력이라도 경주하는 것이 부담을 더는 길입니다.

고객의 갑질과 이를 방조하고 있는 기업의 행태 그리고 불합리한 지시와 감정노동을 고착화하는 모니터링 활동과 불합리한 인사고과 등으로 인해 감정노동자들이 겪는 고통과 인격적인 모독 및 업무 스트레스가 사회화되고 있습니다. 이에 따라 정부에서도 감정노동 문제를 개인적인 차원에서 해결하기에는 한계가 있다는 점을 인식하고 있어, 감정노동자의 권리 보호에 대한 법·제도적 개선을 통해서라도 기업의 책임을 묻겠다는 방향으로 움직일 것이라는 예상이 가능합니다.

2017년 5월에 국가인권위원회는 감정노동자들의 인권을 보호하는 법안을 마련하는 등 인권보호 조치를 하라고 정부와 국회에 권고했는데, 국회에 산업안전보건법상 산업재해에 대한 정의를 보완할 것과 감정노동자 보호법안 제정을 주문했습니다. 이와 함께 고용노동부 장관에게 감정노동자 보호 관련 법률을 제정하고 감정노동 가이드라인을 마련해 보급할 것을 권고했습니다.

좀 더 자세히 살펴보면, 산업안전보건법을 개정을 통해서 '산업재해'에 대한 정의를 기존 제조 중심의 산업에 국한한 재해가 아닌 감정노동으로 발생할 수 있는 질병과 사용자의 보건조치 의무를 명시해야 한다고 지적했으며, 감정노동자들이 고객에게 성희롱을 당하는 사례도 적지 않게 발생함에 따라 이러한 상황을 고려하여 '남녀고용평등과 일·가정 양립 지원에 관한 법률'을 고쳐 제3자에 의해 발생한 성희롱에 대해 사업주가 조치해야 할 내용을 보완하라고 권고하기도 하였습니다.

그렇다면 최근 이슈가 되고 있는 감정노동자 보호법안에 대해서 알아볼까요? 감정노동자 보호법안은 2016년 11월에 김부겸 의원 외 46명의 국회의원이 발의한 것으로, 감정노동자의 인권 및 정신적 스트레스, 건강 장해에 대한 보호 방안 등을 마련함으로써 감정노동자를 보호하고 권익을 증진하려는 데 목적을 두고 있습니다.

실제로 감정노동자 보호법안의 골자는 감정노동에 대한 사용자의 책임과 정부기관의 관리·감독을 대폭 강화함은 물론, 고객의 부당한 요구와 부적절한 발언을 규제하자는 것입니다. 보호법안에서 규정하고 있는 감정노동은 '재화나 용역을 구매하는 고객을 대면, 통화, 통신 등의 방법으로 응대하는 과정에서 자신이 실제로 느끼는 감정과는 다른 특정 감정을 표현하도록 요구되는 업무를 상시적으로 수행하는 노동'을 의미합니다.

그리고 감정노동자 보호법안에는 아래와 같은 중요한 내용을 포함하고 있습니다. 먼저 국가 및 사용자의 책무에 대해서는 아래와 같이 규정하고 있습니다.

제4조(국가 및 사용자의 책무)
① 국가는 감정노동자의 건전한 근로 환경 조성과 감정노동자를 인격 주체로서 배려하는 시민의식 확산을 위해 필요한 시책 및 지원 방안을 마련하여야 한다.
② 사용자는 감정노동으로 인하여 발생하는 정신적 스트레스의 예방을 위하여 감정노동자를 위한 복지시설을 마련하는 등의 노력을 하여야 한다.

국가 및 사용자의 책무는 물론, 사용자와 고객의 금지행위에 대해서도 명확히 규정하고 있습니다. 또한 국가의 책무도 중요하지만 감정노동자를 사용하는 사용자와 이들이 제공하는 서비스를 이용하는 고객에 대해서도 금지 행위를 구체적으로 명시하고 있습니다.

제5조(사용자 및 고객의 금지 행위) 사용자 및 고객은 감정노동자에게 다음의 각 호의 어느 하나에 해당하는 행위를 하여서는 아니 된다.
1. 감정노동자에 대한 폭행, 폭언 및 그 밖에 사회통념에 비추어

용인되지 않는 무리한 요구

2. 성적 굴욕감 또는 혐오감을 느끼게 하는 성적 언동 또는 그 밖의 요구 행위

3. 감정노동자의 업무를 위계(危計) 또는 위력(威力)으로 방해하는 행위 등

① 국가는 감정노동자의 건전한 근로환경 조성과 감정노동자를 인격주체로서 배려하는 시민의식 확산을 위해 필요한 시책 및 지원방안을 마련하여야 한다.

② 사용자는 감정노동으로 인하여 발생하는 정신적 스트레스의 예방을 위하여 감정노동자를 위한 복지시설을 마련하는 등의 노력을 하여야 한다.

이와 함께 감정노동을 수행하는 과정에서 발생할 수 있는 다양한 문제에 대해서 사용자가 감정노동자를 보호하기 위한 조치 의무를 명시하고 있습니다. 법안에 담긴 내용의 경우, 사용자 입장에서는 당연히 조치를 했어야 하는 내용임에도 불구하고 잘 지켜지고 있지 않다는 판단하에 이를 법안에 구체적으로 명시한 것으로 보입니다.

제6조(사용자의 보호 조치 의무)

① 사용자는 감정노동자를 보호하기 위하여 다음 각 호의 조치를 하여야 한다.

1. 감정노동자 요청 시 해당 고객으로부터의 분리 및 근무 장소의 변경, 배치전환 등의 조치

2. 감정노동으로 인하여 발생하는 건강 장해의 예방 및 치료
3. 그 밖에 감정노동자의 보호를 위하여 필요한 조치
② 감정노동자는 사용자에 대하여 제1항 각 호의 조치를 요구할 수 있다.
③ 사용자는 제2항에 따른 감정노동자의 요구를 이유로 감정노동자에게 불이익을 주어서는 아니 된다.

이외에도 법안에는 감정노동자보호에 관한 중요 사항을 심의·조정하기 위하여 고용노동부 소속으로 감정노동자보호위원회를 둘 것을 명시하고 있으며, 감정노동으로 인한 정신적 스트레스 예방과 감정노동자의 근로환경 개선을 위하여 위원회의 심의를 거쳐 5년마다 감정노동자 근로환경 개선 계획을 수립·시행하여야 한다고 규정하고 있습니다. 그뿐만 아니라 감정노동자의 정신적 스트레스 및 건강 장해 등의 예방과 관리를 위하여 사업장 내 고충 처리 전담부서의 설치·운영에 대한 사용자의 의무도 규정하고 있습니다. 아래 내용은 감정노동 보호법안에 담긴 사업장 내 고충 처리 전담부서의 설치·운영 등에 관한 사항 및 지원에 관한 내용입니다.

제13조(사업장 내 고충처리 전담부서의 설치·운영 등)
① 사용자는 감정노동자의 정신적 스트레스 및 건강장해 등의 예방과 관리를 위하여 다음 각 호의 사항을 실시하여야 한다.
1. 감정노동자의 업무상 고충을 처리하는 전담부서의 설치·운영
2. 정신적 스트레스의 예방 및 감정노동자의 건강 관리를 위한 교육

② 제1항 각 호에 따른 사항을 이행하여야 하는 사용자의 업종·사업규모 및 제2호에 따른 교육의 실시주기 등은 대통령령으로 정한다.

제14조(사업장 내 고충 처리 전담부서의 설치·운영 등의 지원)
고용노동부장관은 사용자(「중소기업기본법」 제2조에 따른 중소기업의 사업주에 한정한다)가 감정노동자의 업무상 고충을 처리하는 전담부서를 설치·운영하는 경우 이에 소요되는 비용의 일부를 지원할 수 있다.

지금까지 감정노동 보호법안에 대해서 알아보았습니다. 2016년에 발의되었는데 작년 박근혜 씨 탄핵과 맞물려 관련 법안이 처리되지 않고, 올해는 평창 동계올림픽 이슈로 인해 계속해서 법안 통과가 미뤄지고 있습니다만 조만간 국회를 통과할 것으로 기대하고 있습니다.
따라서 기업 입장에서는 이러한 감정노동 보호법안의 목적과 방향성을 정확히 이해하고 감정노동자를 보호하기 위한 구체적인 실행 계획 및 활동을 준비하여야 합니다. 감정노동은 사후 관리보다는 예방이 중요하다고 하였습니다. 감정노동자를 보호하기 위한 제도와 프로그램을 '비용'으로 인식할 것이 아니라 기업 운영의 핵심이라고 할 수 있는 직원들의 근무 환경을 건전하게 개선하고 이들이 비합리적인 요구나 지시로부터 보호받을 수 있도록 함으로써 업무몰입도 및 직무 만족도를 증가시키는 것이 결국은 기업의 이미지 향상과 기업 발전을 도모하는 길임을 인식하는 것이 중요합니다.

감정노동자 보호법, 무엇을 준비해야 하는가?

위에서 우리는 아직 국회에 계류 중인 감정노동자 보호법안에 대해서 알아보았습니다. 우리나라 산업 구조가 빠르게 서비스업으로 재편되면서 감정노동자가 급증하고 있으며, 서비스업이 국내총생산(GDP)의 65%를 차지하고 감정노동자 수가 770만 명에 이를 정도로 규모가 커지고 있습니다. 이러한 상황에서 감정노동자를 보호하기 위한 제도적인 장치의 미흡과 사회적인 인식이 낮아 감정노동자들의 인권 침해는 물론 신체적·정신적인 스트레스는 갈수록 심각해지고 있습니다

이러한 비정상적인 감정노동의 상황을 바로잡고 감정노동자를 보호하기 위한 실질적인 법안이 아직 국회에 계류 중입니다. 그러나 대부분의 전문가들은 시기의 문제일 뿐 감정노동자 보호법안은 국회를 통과할 것이 확실시된다고 합니다. 법안이 '국회를 통화하면 관련된 법이 공포된 후 6개월이 경과한 날부터 시행한다'고 하였으니, 조만간 이 법안이 국회를 통과하였으면 하는 바람이 간절합니다. 감정노

동자 보호법안의 처리가 지연되면 현장에서 근무하는 감정노동자의 고통 및 피해는 계속 지속될 수밖에 없기 때문입니다.

감정노동자 보호법안이 국회 계류 중인 가운데 일부 지자체에서는 감정노동자를 보호하기 위한 장기적인 정책 대안을 마련하고 이를 실행하고 있습니다. 서울의 경우 서울시 공공부문 감정노동 보호방안 연구를 통해 감정노동자 보호를 위한 가이드를 마련했고, 경기도의 경우 '감정노동자 보호 및 근로문화 조성계획'을 통해 2020년까지 감정노동 사전 예방, 권리 보장, 치유 지원, 추진체계 구축 등 4가지 목표를 세우기도 하였습니다. 이러한 계획을 통해서 감정노동자 권리보장교육을 확대하고, 감정노동자 건강 보호 컨설팅, 노동 상담 및 법률 지원 등을 진행할 예정이라고 합니다. 그뿐만 아니라 찾아가는 심리 상담 서비스, 힐링 프로그램 운영, 감정노동자 자조모임 지원사업 등과 정기적 감정노동 실태 조사도 펼칠 계획이라고 합니다.

이렇듯 정부나 기관에서는 감정노동자를 보호하기 위한 계획을 수립하고 실행을 준비하고 있습니다. 그렇다면 정부나 기관에서의 감정노동자 보호를 위한 실질적인 노력과 시기의 문제라고 할 수 있는 감정노동자 보호법안이 국회를 통과한다는 것이 기정사실화된 시점에서 우리 기업들은 무엇을 준비해야 할까요? 그동안의 연구와 학습을 통해 필자가 생각하는 몇 가지를 제시하고자 합니다.

먼저 기업의 입장에서는 감정노동자 관련 문제를 회피하기보다는 위험관리(Risk management) 차원에서 접근하는 것이 바람직합니다. 기존 관행대로 감정노동을 접점에서 근무하는 감정느동자들이 감내해야 할 것으로 인식한다면 낭패를 볼 확률이 높습니다. 감정노동에 따른 유해위험요인을 파악하고 해당 유해위험요인에 의한 질병이나 문제 발생 가능성은 물론, 사안의 중요성을 인식하고 이를 줄이기 위한 대책을 수립하고 실행하려는 노력이 필요합니다.

실제로 2016년부터 시행되고 있는 산업재해보상보험법은 감정노동을 수행하는 과정에서 발생한 '적응장애'와 '우울증'을 산업재해로 인정하고 있습니다. 이외에도 감정노동을 수행하고 있는 과정 중에 전신 불안 장애, 급성 스트레스 장애는 물론 상세 불명의 신경증, 외상 후 스트레스 장애 등이 산업재해로 인정받는 사례가 늘고 있습니다. 다음 페이지 표의 내용은 감정노동자가 겪은 다양한 원인에 의한 산업재해를 인정한 사례입니다.

사례에서 보다시피 감정노동자가 현장에서 겪는 부당한 행위와 이로 인한 산업 재해 인정 사례는 향후 지속적으로 증가할 것으로 예상됩니다. 따라서 기업 입장에서는 직무로 인한 스트레스를 완화하기 위한 실질적인 대책을 시행할 수 있도록 해야 합니다.

실제로 몇몇 기업에서는 업무 중 고객의 폭언이나 욕설 또는 성희롱으로 인해 인격권이 훼손되거나 업무 외 부당한 요구를 지속적으로 할 경우, 관리자에게 상황을 보고하고 해당 업무를 중단시키는 경우도 있습니다. 대표적인 것이 비합리적인 태도를 보이는 고객에 대한 응대 원칙을 강화하고 특히 욕설 및 폭언을 일삼는 고객에 대해서는 몇 차례 경고 후 전화를 끊도록 하는 단선정책(Ending policy)을 시행하는 업체도 늘어나고 있습니다.

이외에도 감정노동 수행에 따른 작업 중지권이나 감정노동에 대한 수당을 지급하고 있는 곳도 생겨나고 있습니다. 아직 감정노동에 대

:: 감정노동자 관련 산업재해 인정 사례[5] ::

직업	신청 상병	주요 스트레스 원인
마트 판매원	전신 불안장애	강도에 의해 협박과 포박을 당한 상태로 심한 신체적 압박을 당하고 저항을 하다가 상해를 입은 이후 정소적 충격을 호소함
요금 정산원	급성 스트레스 장애	요금 정산을 위해 정차되어 있던 차량을 화물차가 들이받으면서 요금소 파손 및 동료가 크게 다치는 대형 사고를 목격함
간호 조무사	외상 후 스트레스 장애	업무 중 마스크를 쓴 괴한이 들어와 주사실로 끌고 들어가려 하는 등 강제추행을 시도했으나 피해자가 완강히 반항하자 도주함
카지노 종업원	급성 스트레스 장애	현장 근무 중 고객들이 폭언 등 위협적으로 행동하는 것을 본 후 영업장 및 길거리에서도 사람들을 보면 두려운 마음이 생김
수영강사	적응장애	요금소 근무 중 차량이 전복되어 사망하는 사고를 목격함
사우나 매표원	외상 후 스트레스 장애	만취 고객이 욕을 하면서 "네 아들보다 내 아들이 잘났어."라고 하더니 매표소 유리를 깨서 파편이 몸에 박히는 사고를 당함
보험 설계사	상세 불명의 신경증	인정조사를 하던 중 업무 절차에 불만을 품은 고객이 동료를 가격하는 정황을 보고 정신적 충격을 받음. 저지하다가 팔꿈치 가격 및 머리채를 잡히고 무릎을 꿇은 채 협박을 당하는 등 생명의 위협을 받음
면세점 판매원	급성 스트레스 장애	제품 구매와 취소를 반복하고 지나친 복종을 요구하며 폭언, 집기 파손 등 난동을 부려 급격하게 정신적 스트레스를 받음
지하철 근로자	적응장애	야간 근무 중 고객에게 막차 시간이 지났음을 알리자 역무실로 난입, 무단 점검 이후 14차례 민원 제기와 인사처분을 요구함
보훈 섬김이	적응장애	복지 서비스 대상자의 집을 방문해 가사 서비스를 하던 중 대상자가 낮잠을 오래 자는 듯해 깨우러 갔다가 사망 사실을 확인함

한 인식이 후진국 수준에 머물고 있는 우리나라에서 정당한 보상이나 대가를 받기란 쉽지 않지만, 감정노동에 대한 보상을 실시하고 있는 기업이 하나둘씩 늘어나고 있습니다. 2005년도에 국내 최초로 매달

---

[5] 해당 사례의 출처는 2017년에 정진주 외 다수가 공저한 『감정노동의 시대, 누구를 위한 감정인가?』에서 발췌한 내용을 재정리한 내용임.

:: 감정노동수당 지급업체 현황[6] ::

업체명	수당 및 휴가
다산콜센터	감정노동 휴가 1일(5년마다 1일 추가)
로레알 코리아	감정노동 수당 10만 원, 휴가 1일
전북은행	감정노동 수당 5만 원
부산노보텔	감정노동 휴가 3일
엘코 면세점	감정노동 수당 8만 원
부루벨 면세점	감정노동 수당 10만 원
딜라이브 고객센터(네트웍스)	감정노동 수당 협상 진행 중

3만 원씩 지급한 것을 시작으로, 현재는 최고 10만 원의 감정노동 수당을 지급하고 있습니다.

서두에서도 감정노동자를 보호하기 위한 법안이 환경노동위원회 소위를 통과했다고 설명했다시피 감정노동 관련 법률과 관련하여 법률 위반 소지가 있는 행위나 활동에 대해서 대책을 마련해야 합니다. 감정노동이라는 것이 사후적인 관점의 관리보다는 사전적인 예방이 더욱 중요하다고 말씀을 드렸는데, 현장에서 고객 응대 시 필요한 조치는 충분한지 검토가 필요합니다.

흔히 말하는 업무상 필요한 재량권(Empowerment)과 작업중지권이 있는지도 살펴보고, 고객으로부터 부당한 요구를 받거나 괴롭힘을

---

[6] 국내 감정노동 보상 현황은 2014년 민주노총 서비스연맹과 한국노총 금융노조의 자료를 참고하였으며, 수당의 경우 한 달 기준이고 휴가의 경우 1년 기준임.

당할 때 이들을 보호하기 위한 절차나 공간은 마련되어 있는지도 유심히 살펴봐야 합니다. 이와 함께 고객과의 갈등을 발생했을 경우 기업측에서는 고객과 감정노동자 모두의 이야기를 경청하고 고객과의 갈등을 최소화하기 위한 방안을 마련하고 실행하여야 합니다. 이렇게 고객과의 갈등을 줄여 나갈 수 있는 창구나 채널도 준비해야 할 것입니다.

이와 함께 현장에서 근무하는 감정노동자의 고충을 파악하고 처리하기 위한 채널이 필요합니다. 예를 들어 직접 현장에서 근무하고 있는 직원들의 목소리에 귀를 기울이고 이들이 겪고 있는 고통을 줄여줄 수 있는 구체적인 실행 방안의 마련이 필요합니다. 이를 위해 정기적인 면담이나 모니터링은 물론 직원 대상 만족도 조사 및 사내 고충 처리를 위한 건의제도를 시행하는 것이 바람직합니다.

아직 국내 기업에는 감정노동자를 위한 권리 보호는 물론 감정노동 보호 가이드라인이 없는 상황에서 향후 감정노동자 보호를 위한 실질적인 방향성을 참고할 수 있는 것으로『서울시 공공부문 감정노동 보호방안』이 있습니다. 이 자료는 감정노동 보호와 관련한 조직의 변화를 파악하거나 변화를 요구할 수 있는 근거 자료로 활용할 수 있습니다.

해당 가이드라인에는 실제로 감정노동 종사자의 권리 보호를 위해 감정노동 관련 사항을 심의·자문하는 권리보호위원회를 설치할 것을 규정하고 있습니다. 이와 함께 사업장 내 감정노동 종사자의 업무 스트레스와 이로 인한 건강 장해의 예방을 위해 업무상 고충을 처리하는 전담부서를 설치·운영할 것을 권하고 있습니다.

감정노동자 보호와 관련해서 참고하여야 할 자료들을 몇 가지 소개해 드리겠습니다. 필자도 감정노동 관련 글을 집필하면서 참고했던 자료들인데, 향후 감정노동자 보호와 관련하여 방향성을 파악하는 데 유용하며 다양한 정보와 지식을 제공하고 있으니 꼭 참고하시기 바랍니다.

국가인권위원회 여성 감정노동자 인권수첩(2012년 5월)

국가인권위원회에서 펴낸 자료로, 감정노동에 대한 이해는 물론 감정노동자가 보장받는 권리의 내용을 설명하고 있습니다. 국가인권위가 수년간 조사한 내용을 바탕으로 우리나라 감정노동의 현황과 함께 실제 현장에서 활용할 수 있는 다양한 자료와 지식을 제공합니다. 예를 들어 직무 스트레스 대처법이나 직종별 고객 응대 매뉴얼, 감정노동과 관련하여 도움을 받을 수 있는 곳에 대한 정보, 스트레스 자가진단 등의 내용을 수록하고 있습니다.

감정노동 종사자 직업건강 가이드라인(2015년 4월)

산업재해예방안전보건공단에서 펴낸 자료이며, 감정노동자들을 대상으로 초점그룹인터뷰(Focused Group Interview)를 통해 현장 감정노동자의 소리를 직접 확인한 후 현장의 활용성을 높이기 위해서 전문가들이 참여하여 자문회의를 거쳐 의견을 청취하고 펴낸 감정노동자를 위한 직업건강 가이드라인입니다. 감정노동에 대한 이해는 물론, 실제 현장에서 발생하는 감정노동 관련 산업재해를 비롯하여 감정노동의 위험성과 건강에 미치는 영향에 대해서 다각적으로 연구한 결과를 제시하고 있습니다.

이와 함께 감정노동 종사자의 건강관리 방안을 사회적인 측면, 기업적인 측면, 감정노동자 측면에서 제시하고 있습니다. 부록으로는 감정노동 종사자 관련 고용노동부 고시, 감정노동 종사자 관련 KOSHA GUIDE와 함께 감정노동 종사자 관련 유관단체 명단 및 감정노동과 관련한 FAQ를 담고 있습니다. 이 자료는 안전보건공단 홈페이지(www.kosha.or.kr)에 게시되어 있으니 참고하시기 바랍니다.

서울시 공공부문 감정노동 보호방안 연구(2016년 1월)

적용 대상이 서울시와 산하(위탁)기관이기는 하지만, 이 자료는 서울시·기관용 가이드라인과 노동자를 위한 안내서라고 할 수 있습니다. 감정노동 업무를 수행하는 노동자를 보호하기 위해 지켜야 할 구체적인 지침을 제공하고 있어 감정노동을 수행하면서 겪을 수 있는 피해를 예방하거나 치유할 수 있는 구체적인 방법을 얻을 수 있으며, 감정노동 보호와 관련한 조직의 변화를 파악하거나 변화를 요구할 수 있는 근거 자료로도 활용할 수 있습니다.

감정노동자 종사자 건강 보호 핸드북(2017년 11월)

감정노동 종사자 보호법안 도입에는 다소 시일이 소요됨에 따라 '핸드북'을 우선 보급하여 사업주의 관심과 적극적인 보호 조치를 유도할 목적으로 고용노동부에서 발간한 자료로서 감정노동의 개념 및 관리 필요성, 감정노동 종사자에 대한 건강보호 조치사항, 기업별 우수 사례가 포함되어 있습니다.

주요 내용으로는 고객에 의한 폭력 등 발생 시 노동자에게 업무중단권 부여, 피해 노동자에게 심리 상담·치료 기회 제공, 민·형사상 조치에 필요한 법률적 지원 등 대응 조치뿐만 아니라 고객 응대 업무 매뉴얼 구비, 스트레스 유발 행위 금지를 요청하는 문구 게시, 과도한 업무 모니터링 자제 등 건강장해 예방 조치까지 포함하고 있습니다. 고용노동부, 안전보건공단 및 관련 단체 홈페이지를 통해서도 쉽게 자료를 다운받아 활용할 수 있습니다.

- 고용노동부(http://www.moel.go.kr)
- 안전보건공단(http://www.kosha.or.kr)

작업중지권을
허(許)하라!

국내 최초로 제정법으로의 입법인 감정노동자 보호법이 아직 국회에 계류 중이기는 하지만, 서서히 감정노동자를 보호하기 위한 법안들이 통과되고 있습니다. 최근 국회 환경노동위원회는 고용노동법안 심사 소위를 개최해 감정노동자들의 인권과 건강 보호를 골자로 하는 산업안전보건법 개정안을 통과시켰습니다.

이번에 통과된 개정안의 주요 골자는 감정노동자가 고객에 의한 부당한 요구나 금지 행위를 했을 경우 고객으로부터의 분리 또는 업무 담당자의 교체 등 고충 해소를 요청할 수 있으며 사업주는 이를 반영한 조치를 취해야 한다는 것입니다. 또한 사업장에 고객의 폭언이나 욕설 등에 대해 대응 및 관리하는 전담부서를 설치하여 감정노동자에 대한 안전·보호 조치를 마련하고, 이를 위반할 경우 사업주에 500만 원 이하의 과태료를 물리는 조항도 신설했습니다.

해당 개정안으로 인해 향후 백화점이나 마트 종사자는 물론 전화상담원과 같은 감정노동자들의 건강 장해 예방 조치가 의무화됩니다. 예를 들어 고객을 응대하는 과정에서 고객의 폭언이나 폭행 등으로 인해 감정노동자에게 건강 장해가 발생하거나 발생할 가능성이 있는 경우 업무를 중단해야 합니다. 만약 안전 조치가 미흡하다고 판단될 경우, 사업주에게 최대 500만 원의 과태료가 부과됩니다.

향후 감정노동자를 보호하기 위한 법안이나 제도는 지속적으로 발의될 것으로 예상됩니다. 그동안 사업주는 감정노동자 관련 법안들을 위반해도 벌칙 조항이 없어 법에서 규정한 의무를 기피하였습니다. 게다가 위반하더라도 벌금을 무는 선에서 대처하거나 관련 법조차도 권고 수준에 그쳤다면, 최근 감정노동 관련 법안들의 핵심은 처벌 규정을 법제화하는 방향으로 선회하고 있다는 것입니다.

현장에서 오랫동안 근무한 필자로서는 감정노동을 수행하는 근로자들에게 가장 필요한 것은 적절한 권한위임과 작업중지권이 아닐까라는 생각이 들었습니다. 감정노동자를 보호하기 위한 여러 가지 법안도 좋지만, 현장에서 근무하는 감정노동자에게 가장 필요하고 즉각적인 효과를 거둘 수 있는 것이 바로 위 2가지라고 생각합니다.

블랙컨슈머나 기타 불만고객을 응대할 때 가장 필요한 것이기도 하지요. 먼저 권한위임은 업무를 수행하는 데 있어 '합법적인 권한' 또는 '업무 수행에 대한 자신감'으로 해석될 수 있습니다. 흔히 권한이란 '어떤 직원이 조직 내에서 차지하고 있는 위상이나 직급 등으로 인해 갖게 되는 공식적인 힘'을 의미합니다. 따라서 권한위임은 직원들에게 책임 범위를 확대함으로써 신뢰를 바탕으로 직원의 능력과 잠재력을 키워 주는 방법이기도 합니다.

사실 권한위임이라는 것은 조직의 일방적인 의사결정이나 정보 또는 권한의 집중에 따른 부작용을 해결하는 방법으로 감정노동자들의 업무 동기를 증진시키는 기법이라고 할 수 있습니다. 그럼에도 불구하고 기업은 이러한 권한을 감정노동자에게 주지 않습니다. 다양한 이유가 있겠지만, 무엇보다 권한을 남용하지 않을까라는 두려움이 작용하기 때문이라고 생각합니다. 권한을 남용하게 되면 기업 입장에서는 가용할 수 있는 유무형의 자원을 낭비하거나 효율적으로 사용할 수 없을 것이라고 생각하는 것이지요.

현장에서 고객의 부당한 요구에 대해서는 정정당당히 맞서야겠지만 기업의 명백한 과실이나 불필요한 논쟁 및 감정적인 대응을 감소시키기 위한 방편으로 제공되어야 할 권한위임을 특정 관리자에게만 부여함으로써 감정노동을 심화시키기도 합니다. 기업의 규정에 입각해 불가하다고 안내한 사항을 관리자에게 이관하면 쉽게 해 주는 것이 대표적인 사례라고 할 수 있습니다. 감정노동자 입장에서는 매뉴얼이나 기업 규정에 입각해 열심히 기업의 입장에서 감정을 소모해 가며 대응했는데 이러한 노력이 관리자에게 전달되면 쉽게 처리되는 것 자체가 감정노동을 심화시키는 것이라 생각할 수 있습니다.

실제 국내 감정노동의 경우 저임금 구조에 권한위임의 부재가 특징으로 나타나고 있으며, 대부분 감정노동이 이루어지는 곳에서 권한위임이 부재하거나 미흡한 것으로 나타나고 있습니다. 이로 인해 감정노동자들은 심한 좌절감이나 업무 의욕이 저하되는 등의 부작용이 발생하고 있으며, 심한 경우 자살 충동이나 우울증이 발생하기도 합니다.

실제로 기업 입장에서도 권한위임이라는 것은 경쟁 심화로 인해 신속한 변화 감지와 함께 적절하게 대응하는 능력이 핵심 역량으로 부각되고 있습니다. 그뿐만 아니라 고객 접점에서 신속하고 탄력적인 대응을 통해 고객만족도가 향상될 수 있고, 관리·감시·연락·조정 등 불필요한 절차가 감소되어 오히려 비용이 절감되는 효과를 누릴 수 있습니다.

따라서 권한의 확장과 자율성을 부여하는 것만으로도 감정노동의 근본 문제를 해결할 수 있으며 권한을 부여함으로써 일의 가치와 정체성을 명확하게 함으로 감정노동자에 대한 명확한 역할 부여와 함께 권한위임의 범위 설정이 필요합니다.

권한위임과 함께 실제 현장에서 필요한 것은 작업중지권입니다. 작업중지권이란 말 그대로 '업무를 수행하는 과정에서 신체 안전에 직접적으로 위협을 미치는 경우 즉시 작업을 멈추거나 장소를 이탈하는 권리를 보장하는 권리'라고 할 수 있습니다. 아직 우리나라에는 작업중지권이라는 표현은 없으나 산업안전보건법 26조에는 '근로자는 생명, 신체의 안전을 위한 기본적 인권의 일환으로서 산업재해가 발생할 급박한 위험이 있을 때 당연히 작업을 중지하고 대피할 권리'라고 규정하고 있습니다.

전문가들은 산업안전보건법 제26조의 규정은 '사용자의 안전상 조치의무와 함께 근로자에게 노무 제공을 거부할 수 있는 권리를 인정한 것으로 볼 수 있다'고 하면서 직접적으로 '작업중지권'이라는 용어를 사용하지 않습니다. 학설상으로도 작업중지권은 계약상의 개념이 아닌 공법인 산업안전보건법 제26조에서 도출된 개념으로 보고 있습니다. 현재까지 법원조차도 작업중지권의 개념에 더한 명확한 견해를 보이지 않고 있습니다.

산업안전보건법 제26조에서 규정하고 있는 권리가 작업중지권으로 명확하게 규정되려면 사회적인 합의가 필요하며, 아직까지 미비하거나 불명확한 부분에 대해 개선하는 작업이 선행되어야 합니다. 근로자에게 유해 및 위험 업무에 대한 작업중지권 보장은 물론, 장시간 근로 및 근로자의 정신적 건강을 위협하는 감정노동에서의 작업중지권 등에 관한 논의가 필요합니다. 사용자인 기업 입장에서는 작업중지권이라는 것이 혹시 쟁의를 위한 '무기화'에 대한 우려와 함께 현행법과 같이 소극적으로 인정하는 것이 아닌 적극적으로 명문화할 경우, 쟁의 또는 다른 목적으로 사용함으로써 작업중지권을 남용할 수 있는 위험성이 있어서 쉽게 허용하지 않을 것으로 생각이 됩니다.[7]

최근 작업중지권 관련 제도 정비도 추진 중입니다. 2017년에 소병훈 의원은 생명·안전·보건이 확보되지 않은 환경에서 근로하는 근로자가 작업을 중지하거나 거부할 수 있는 권리를 규정한 '산업안전보건법 개정안'을 발의하였습니다. 개정안에서는 근로자의 작업중지권을 명확히 하고, 사업주가 노동관계법령, 취업규칙, 단체협약, 안전지침 등을 위반하여 생명과 안전에 위협을 발생시킬 우려가 있는 작업을 지시하는 경우 이를 거부할 수 있는 권리를 명시하였습니다. 또한 작업을 거부한 근로자에 대해서 사업주의 불리한 처우를 제한하

---

[7] 해당 내용은 2015년 10월 서울시립대학교 법학전문대학원 노상헌 교수가 투고한 특집논문인 '산업안전보건법상 작업중지권'의 일부 내용을 요약하였음.

고 사업주와 근로자 양측이 인정하는 안전·보건 환경을 마련할 수 있도록 하였습니다.

위에서 감정노동과 관련하여 작업중지권 등에 대한 논의가 필요하다고 하였는데, 최근 다산콜센터나 일부 카드회사 및 게임회사 콜센터에서 블랙컨슈머에 의한 악성 민원이나 성희롱하는 고객을 대상으로 전화를 끊도록 하는 통화종료제도(Ending policy)는 일종의 작업중지권이라고 할 수 있습니다.

중요한 것은 현장에서 이루어지는 성희롱이나 폭언, 폭력을 비롯한 비합리적인 행위에 대해서 작업을 중단할 수 있는 권리 외에 이들을 보호할 수 있는 장소나 시간을 확보하고, 이러한 행위로 인해 발생하는 육체적·정신적인 고통을 치유할 수 있는 프로그램을 운영하는 등의 실질적인 대안도 함께 마련되어야 한다는 것입니다.

감정노동자 보호, 작은 것부터 실행하라

감정노동자 보호라고 하면 크고 거창한 것부터 생각하는 것은 잘못된 접근 방식이라고 생각합니다. 흔히들 행복에 대해 '멀리 있지 않고 가까이 있다'고 말하기도 하고, '멀리 있는 것이 아니라 지금 이 순간, 바로 이 자리에 존재한다'라고 표현하기도 합니다. 으리에게 정작 중요한 것은 거창하거나 위대한 것도 아니고 멀리 있는 것도 아닌 아주 쉽고 간단한 형태로 존재하는 경우가 많습니다.

감정노동자 보호도 그렇습니다. 감정노동자를 보호하기 위한 활동은 거창한 것이 아닙니다. 이들이 제대로 된 환경에서 일할 수 있는 분위기를 조성해 주면 됩니다. 물론 고객만족경영의 폐해로 인해 하루아침에 개선하는 것은 힘들겠지만, 우선 감정노동자가 안정적인 상태에서 근무할 수 있는 환경을 만들어 주는 것이지요.

거창한 것이 아닌 지금 당장 시작할 수 있는 간단하고 쉬운 일부터 말이죠. 누차 강조하자면 '백 마디의 말보다 한 번의 실천이 중요하다'라는 점을 말씀드리고 싶습니다. 기업이기 때문에 전략적인 의사결정이 필요하다면, 효과성과 시급성을 고려하여 우선순위를 정하는 것을 추천드립니다.

필자는 현장 경험을 살려 CS분야 또는 콜센터 운영진단 컨설팅을 합니다. 진단을 하고 난 뒤 향후 어떤 식으로 운영을 해야 하는지 개선 방향성과 전략 과제는 물론 로드맵을 작성합니다. 이때 반드시 효과성과 시급성을 매트릭스로 만들어 과제의 우선순위를 정하는데, 이를 통해 자원을 효율적으로 배분함과 동시에 효과를 극대화할 수 있도록 합니다.

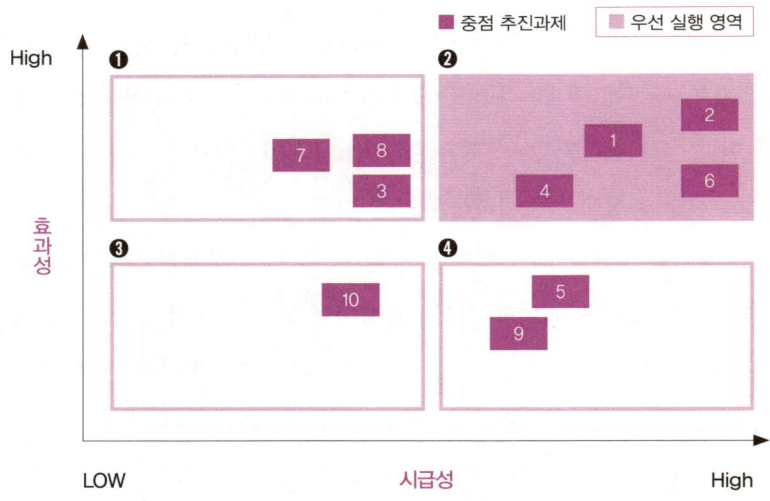

:: 효과성 및 시급성 Matrix 분석 예시 ::

❶ 전략과제 : 시급하지 않지만 효과성 제고를 위해 향후 개선이 필요한 과제
❷ 핵심 추진과제 : 시급하면서도 개선 시 효과성이 높은 과제
❸ 선택과제 : 시급하지도 않고 효과성측면에서 개선을 고려해야 할 과제
❹ 운영과제 : 효과성은 낮지만 시급히 개선이 필요한 과제

위와 같은 분석을 'IPA(Importance-Performance Analysis)분석'이라고 합니다. 조직 내부에서 감정노동을 예방하거나 개선하기 위해서 과제를 선정한 후 우선순위를 매겨 보는 것입니다. 우선순위에 해당하는 항목들을 대상으로 먼저 시행해 보는 것이지요.

분석적인 것 말고도 실제로 우리 주변에는 단순한 아이디어로 감정노동자를 보호한 사례가 종종 눈에 띕니다. 대표적인 사례가 '마음이음 연결음'이 아닌가 싶습니다. 한국GM고객센터에서 도입한 이 제도는 고성, 성희롱을 비롯한 언어 폭력과 감정노동에 지쳐 가는 상담사를 위해 시행한 제도입니다. 이 제도를 시행하게 된 원인은 상담사들의 과도한 스트레스가 곧바로 이직으로 이어지고 서비스 품질도 저하되는 결과를 초래했기 때문입니다.

아무리 내부적인 근로 환경을 개선하여도 고객센터와 상담사에 대한 고객과 사회적인 인식 부족으로 인해 여전히 힘든 상황에서 상담사 역시 누군가의 소중한 가족임을 상기시켜 고객들의 비합리적인 행동을 사전에 차단하자는 취지로 '마음이음 연결음' 캠페인을 진행하게 됩니다. 처음에는 상담사들의 사생활 침해 우려와 자사 브랜드 이미지에 부정적인 영향을 미치는 것은 물론 ARS멘트 변경 작업의 어려움을 들어 반대했으나, 감정노동에 대한 개선과 상담사 스트레스 해소를 위해 과감하게 캠페인에 참여하게 되었습니다.

고객이 전화했을 때 ARS 연결음과 대기음에 '마음이음' 멘트를 적용하였습니다. ARS 연결음에는 독자분들도 알고 있다시피 가족의 음성이 녹음된 멘트를 삽입하였습니다. 그 결과 연결음에 대한 고객의 반응은 "좋았다"가 84%에 이르렀고 "가족 같은 느낌이 들었다", "상

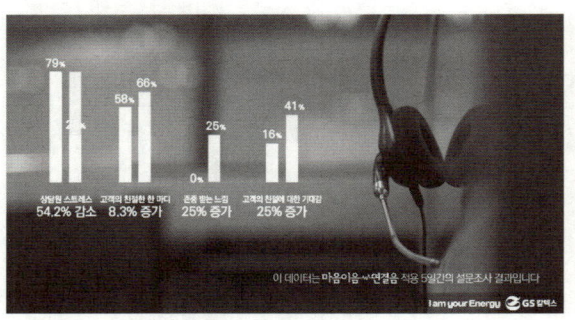

마음이음 연결음 설문 조사 결과 | 출처 : GS칼텍스 유투브 동영상 캡처

담 후 고맙다는 말을 하게 되었다"라고 반응하는 등 응답자의 40%가 상담사를 대하는 태도에 변화가 있었다고 응답하였습니다.

실제로 ARS멘트 하나로 강성고객이 될 수 있었던 고객을 그렇지 않은 고객으로 바꿀 수 있는 변화 자체가 직원들의 스트레스를 완화시키고 오히려 존중받는 느낌이 들도록 하였습니다.

카드사도 일부 고객의 비이성적이고 비합리적인 행동으로 인해 상담사들이 많은 고통을 겪는 곳으로 유명합니다. 그런데 현대카드는 이러한 고객의 행동을 그냥 두고 보지 않았습니다. 욕하거나 상습적으로 성희롱을 하는 고객에 대해서는 단선조치(Ending policy)를 강력히 시행한 결과, 오히려 일반 고객의 만족도는 상승하고 민원을 제기하는 건수도 줄어드는 효과와 함께 상담사들이 심리적인 안정을 유지한 채 마음 놓고 응대할 수 있는 분위기가 조성되었습니다.

이외에도 이마트의 경우 직원보호제도인 '이케어 2.0'을 통해 폭언, 욕설을 일삼는 고객에 대해서는 응대를 거부하고 있으며, 피해를 입은 직원들을 대상으로 사내 법무실을 통해 법률 서비스를 제공하고 있습니다. 이외에도 매장 내 고객만족센터와 계산대 앞에 직원에 대한 응원을 당부하는 '대고객 선언문'을 부착하기도 하고 상황별 응대요령 및 관련 법규에 대한 교육을 통해 개인 대응 능력을 향상시키는 등의 노력을 경주하고 있습니다.

며칠 전에는 통신사들이 고객센터 상담사의 규칙적인 점심시간을 보장하기 위해서 점심시간(12시~13시)에는 요금 문의, 각종 신청·변경 등의 일반 상담을 중단한다고 밝혔습니다. 이외에도 상담사의 점심시간이 그간 최대 6교대제에서 2교대제로 바뀌면서 일시에 몰릴 수 있는 식당 및 휴게 공간도 확충해서 충분히 휴식을 취할 수 있도록 하고, 고객의 불편을 최소화하기 위해 청구서·ARS 등을 통해 변경된 점심시간에 일반상담이 중단된 점을 충분히 알리고 점심시간 통화 발신 이력관리 및 콜백시스템을 강화하고 추가 상담사를 채용할 예정이라고 합니다.

감정노동자를 보호하자는 것은 그리 거창한 것은 아닙니다. 법이나 제도로 규제하기 전에 스스로 회사 운영의 핵심이라고 할 수 있는 노동자가 안전한 환경에서 근무할 수 있도록 하자는 것이 핵심입니다. 다이어트를 하려면 10kg부터 감량하려 하지 말고 1~2kg부터 감량해서 단기간의 성공을 맛보는 것이 중요하다고 합니다. 모든 것을 한꺼번에 하려 하지 말고 우선 당장 시행할 수 있는 것부터 시작해 보는 것은 어떨까요?

Part 3

감정노동을
해결하라

관리보다 예방이 우선이다

최근 감정노동의 부작용이 조직에 좋지 않은 영향을 미친다는 사실을 깨닫고, 개선을 위해 다양한 노력을 경주하고 있는 업체들이 조금씩 늘고 있는 추세입니다. 서비스 산업의 발달로 인해 여러 가지 유형의 감정노동이 발생하고 있는 시점에 감정노동자들을 보호하고 이들이 안심하고 일할 수 있는 분위기를 조성하며 구체적인 보호 방안을 통해 감정노동으로 인한 폐해를 최소화하려는 노력은 칭찬받아 마땅합니다.

감정노동으로 다친 마음의 상처를 치유할 수 있는 적정한 시간과 장소를 마련한 곳도 있고, 감정노동에 대한 캠페인 진행, 스트레스 진단 및 관리, 심리 상담 치료 및 힐링 캠프 운영, 블랙컨슈머에 대응하기 위한 프로세스 마련, 훌륭한 일터 만들기 구현, 근무 환경의 개선, 직원의 전문성 및 커뮤니케이션 역량 강화, 정신적·신체적 건강 프로그램 운영 등 다양한 노력을 경주하는 곳도 있습니다.

한편 고용노동부에서는 감정노동과 관련한 사업주 관련 조항에 고객 응대 매뉴얼을 의무적으로 구비하여야 하며 사전에 스트레스 예방 교육은 물론, 사전 스트레스 해소를 위한 교육을 의무화하는 것을 골자로 하는 산업안전보건법 개정을 준비하고 있습니다. 그뿐만 아니라 직무 수행으로 인한 건강상의 문제가 발생하거나 정신적인 충격이 발생했을 경우, 사업주는 직무를 전환시켜야 한다는 내용도 함께 포함하고 있습니다.

특히 매뉴얼에는 폭언 및 폭력 시 응대를 거부하거나 그 정도가 심할 경우 법적으로 조치할 수 있도록 하는 내용도 포함되어 있다고 하는데, 과연 실효성이 있을지 의문입니다. 문제는 대부분 위와 같은 활동이 감정노동자 보호는 물론, 실제 현장에서 효과를 거두기에는 한계가 있다는 것입니다. 감정노동자 보호가 대부분 근무 환경 개선이나 업무 환경 지원 및 개선, 힐링이나 심리 치료 등에 초점이 맞춰져 있기 때문입니다. 그뿐만 아니라 실제 감정노동이라는 것은 관리보다는 예방에 초점이 맞춰져야 효과를 볼 수 있는데, 대부분의 활동이 사후 관리에 맞춰져 있습니다.

감정노동이라는 것은 크게 사전 예방 차원과 사후 보호 및 관리 차원에서 이루어집니다. 사전 예방 차원의 보호 방안은 말 그대로 사전에 감정노동이 발생하는 원인을 개선하는 데 초점을 맞춘 보호 방안입니다. 반면 사후 보호 및 관리 차원은 감정노동이 발생한 상황에서 각각 어떻게 대처하고 관리해야 하는가에 초점을 맞춘 보호 방안이라고 할 수 있는 것이지요.

우리나라 속담에 '소 잃고 외양간 고친다'라는 말이 있습니다. 이와 비슷한 말로 '사후약방문'이라는 것도 있습니다. 모두 일이 터지고 난 뒤 부랴부랴 움직이는 것을 뜻하는데, 이보다는 감정노동으로 발생할 수 있는 부작용을 미리 예측하고 이에 선제적으로 대응하는 것이 바람직합니다. 물론 '소를 잃기 전에 외양간을 고치는 일'이 생각보다 쉽지는 않습니다. 대부분 과정보다는 결과를 중요시하는 기업들의 정서를 고려한다면 설득한다고 해도 쉽지 않은 것이 사실입니다.

그럼에도 불구하고 예방과 선제적인 대응이 관리보다 우선되어야 하는 이유는 비용적인 문제도 있지만, 미리 예방함으로써 피해를 최소화할 수 있기 때문입니다. 기업들이 다양한 상황에 기인한 리스크를 최소화하기 위해 부단히 노력하는 것과 마찬가지로, 감정노동 문제도 예방과 선제적인 대응이 중요합니다. 성수대교 사건이 그렇고, 메르스 사태도 충분히 예방 또는 선제적인 대응이 있었다면 애초부터 발생하지도 않았을 사건들입니다. 우리나라는 꼭 일이 터져야 부랴부랴 움직이는 경향이 있는 것 같습니다.

우리나라에서 감정노동의 대응 방안은 현재 위에서 설명하였다시피 사전 예방 차원이라기보다는 대부분 사후 보호 및 관리 차원에서 이루어지고 있습니다. 물론 매뉴얼을 구축하거나 가이드를 제시하거나 교육 프로그램을 운영하는 것은 사전적인 대응이라고도 할 수 있습니다. 그러나 이와 같은 소극적인 대응이나 사후 중심의 관리보다는 좀 더 현실적으로 효과가 큰 것들이 선행되어야 합니다.

그렇다면 좀 더 효과가 크고 직접적인 효과를 내기 위한 예방 및 선제적인 대응 방법에는 무엇이 있을까요? 필자가 생각하는 가장 효과가 크고 현장 중심적인 조치 몇 가지를 제시하고자 합니다.

먼저, 감정노동자의 목소리에 귀 기울일 필요가 있습니다. 적지 않은 기업들은 감정노동을 수행하는 직원들이 말하는 불만이나 개선을 위한 제안에 귀 기울이지 않습니다. 대부분 비용으로 생각하기 때문이지요. 기업이 이러한 시각이나 태도를 가지면 당연히 예방이나 선제적인 대응보다는 관리에 초점을 맞출 수밖에 없으며, 마지못해 소극적인 대응으로 일관할 수밖에 없습니다. 따라서 감정노동자들이 현장에서 겪는 애로 사항이나 제안에 귀를 기울이는 자세가 먼저 선행되어야 합니다. 다양한 커뮤니케이션 채널을 통해 감정노동자들의 목소리를 듣고 이를 현장에 반영하여야 합니다.

다음으로 필요한 것은 감정노동자들에게 업무 재량권을 제공하는 것입니다. 사실 이보다 더 강력한 효과를 발휘하는 것은 없습니다. 결국 업무 재량권을 제공한다는 것은 고객 불만 리스크를 최소화할 수 있다는 의미입니다. 접점 직원이 고객에게 제대로 된 서비스를 제공해 줄 수 있는 범위를 스스로 결정하는 것만으로도 고객 불만을 줄일 수 있고, 감정노동으로 인한 부작용을 최소화할 수 있습니다.

현장에서 업무를 수행하다 보면 회사 규정이나 개뉴얼 외에 사례들이 지속적으로 발생하기 마련입니다. 게다가 성질 급한 고객은 당장이라도 문제를 해결하라고 윽박지르는 경우도 있습니다. 결국 권한도 없는 직원들이 할 수 있는 유일한 것은 자존심을 버리고 오로지 "죄송합니다.", "도움을 드리지 못해 죄송합니다."라는 말을 반복하는 것뿐입니다. 감정노동자를 보호하고 싶다면, 아니 고객을 만족시키고 싶다면 업무 재량권을 제공하는 것이 현명합니다.

세 번째, 블랙컨슈머 대상 대응 지침 마련 및 법적 대응을 하여야 합니다. 위에서도 설명하였다시피 최근 소비자 인식이 향상되면서 이를 왜곡시키는 블랙컨슈머도 증가 추세에 있습니다. 이들에 대한 명확한 정의(Definition)와 더불어 대응 지침을 마련해야 하며, 도저히 대응이 어려운 사람들에 대해서는 법적 대응도 적극적으로 고려해야 합니다. 실제 필자가 블랙컨슈머 관련 강의를 다니다 보면 적지 않은 기업에서 블랙컨슈머에 대한 정의를 내리지 못하고 있는 것을 볼 수 있습니다. 이렇게 되면 정확한 대응이 불가능합니다. 말 그대로 '코에 걸면 코걸이, 귀에 걸면 귀걸이' 식의 대응이 만연하게 되며, 결국 감정노동자들뿐만 아니라 기업 입장에서도 손해를 고스란히 떠안게 되기 때문입니다.

블랙컨슈머에 대한 명확한 기준과 정의를 바탕으로 단계별 대응은 물론, 필요에 따라 내용증명도 발송하고 대응 이력이나 CCTV 및 문서나 목격자 등 정황적 증거가 확보되면 이를 근거로 민사적인 조치나 형사적인 조치까지 취할 수 있어야 합니다. 그뿐만 아니라 블랙컨슈머를 전담해서 대응할 수 있는 조직을 갖추어야 합니다. 대부분 기업들이 이러한 비합리적인 고객에 대해서 명확한 기준이나 조치가 미흡하다 보니, 피해는 감정노동자들에게 고스란히 전가됩니다. 이렇게 되면 결국 기업 입장에서도 손해를 볼 수밖에 없습니다.

네 번째는 감정노동자를 대상으로 정기적인 건강검진 실시를 제도화하는 것입니다. 그동안 국회에 제출된 내용을 살펴보면, 감정노동자들의 신체적 또는 정신적 건강에 대한 내용은 빠져 있었습니다. 감정노동자를 대상으로 정기적인 심리 상담 서비스, 불안 및 스트레스 정도 측정 및 정신적인 장애 검진 등을 통해 어려움을 겪고 있는 사람들이 잘 치료받을 수 있도록 돕거나 사전에 미리 예방하는 것입니다.

특히 스트레스 테스트를 통해 스트레스 고위험군에 있는 직원들을 대상으로 적극적인 케어를 함으로써 감정노동으로 인한 피해를 최소화할 수 있습니다. 실제 한 업체의 경우, 심리 상태 징후를 조기에 발견함은 물론, 직무 스트레스로 인한 다양한 문제 확산을 사전에 예방

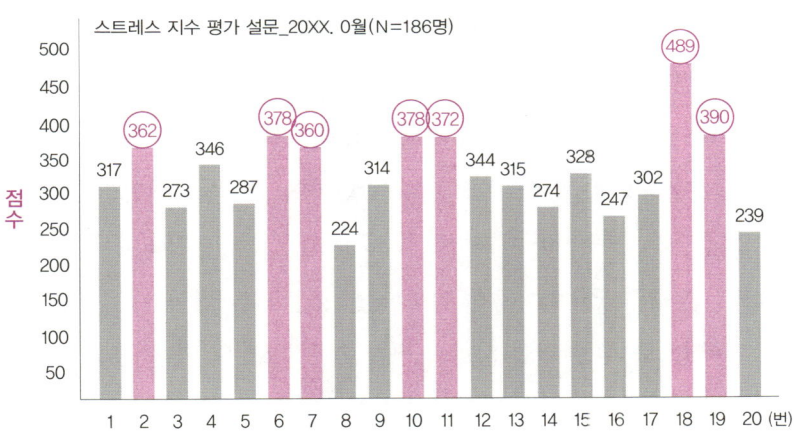

:: **직무 스트레스 지수 평가** ::

1. 직장에 출근하는 것이 부담스럽거나 두렵다.
2. 일에 흥미가 없고 지겹게 느껴진다.
3. 최근 업무와 관련해서 문제가 발생한 적이 있다.
4. 남들보다 업무능력이 떨어진다는 느낌이 든다.
5. 직장에서 업무에 집중하기 힘들다.
6. 항상 시간에 쫓기면서 일한다.
7. 업무상 책임이 너무 많은 것 같다.
8. 회사일을 집에까지 가져가서 할때가 많다.
9. 업무가 내 적성에 잘 맞지 않는다고 느낀다.
10. 내 일이 전망이 별로 없다고 느낀다.
11. 요즘 나는 우울하다.
12. 별 이유없이 긴장하거나 불안할 때가 있다.
13. 요즘 잠을 잘 자지 못한다.
14. 짜증이 나서 배우자 또는 가족과 다툰다.
15. 사람들과 어울리지 않고 혼자 지내고 싶을 때가 있다.
16. 요즘 대인관계가 원만하지 못할 때가 있다.
17. 최근 지나치게 체중이 늘거나 빠졌다.
18. 쉽게 피곤하다.
19. 무기력감을 느끼거나 멍할 때가 있다.
20. 술 담배를 예전보다 많이 한다.

직무 스트레스 관리 필요 항목 : 7개

출처 : KMAC GWP 특별 세미나 中 H사 사례

하고 직원들의 안정된 심리 상태를 유지하기 위해 직무 스트레스 검사 후 단계별 치료 프로그램을 운영하고 있습니다.

이 회사는 직무 스트레스 지수를 평가한 후, 스트레스 대처 과정이나 심리 상담사를 통한 심리 상담 및 미술치료를 통한 집단 심리상담 외에도 회복 탄력성 증진 프로그램을 통해 감정노동을 수행하는 데 있어 필요한 개인의 역량을 향상시키는 데 노력을 경주하고 있습니다. 또한 직무 스트레스 지수 평가 결과 경보 단계에 있는 항목을 철저히 관리함으로써 직무 스트레스를 개선하고 있습니다.

이와 같은 사례에서 보는 바와 같이, 업무를 수행하면서 발생할 수 있는 다양한 심리적 부작용을 사전에 검진을 통해서 원인을 파악하고 적절히 대처할 수 있습니다. 이와 관련하여 한국산업안전보건공단 산업안전보건연구원이 제시하는 '한국형 감정노동 평가도구'나 '직무 스트레스 측정 도구(KOSS)'를 활용하는 것도 바람직합니다.

마지막으로, 객관적인 서비스 평가 기준 마련 및 CS 지표를 개선해야 합니다. 대면 또는 비대면에서 이루어지는 서비스 평가에는 미스터리 쇼퍼(Mystery shopper)와 미스터리 콜(Mystery call)과 같은 것이 있습니다. 이 두 가지 모두 많은 장점이 있음에도 불구하고 폐해도 많습니다. 매뉴얼이 규정한 대로 정확한 서비스 제공이 이루어지고 있는지 그리고 기업이 보지 못하는 사소한 잘못을 시정하게 해서 더 좋은 서비스를 제공할 수 있도록 하는 것은 분명 장점이라고 할 수 있습니다.

그러나 감정노동자에게는 최악의 평가라는 점을 인식할 필요가 있습니다. 실제 미스터리 쇼퍼 또는 미스터리 콜을 진행할 때가 되면

극심한 스트레스는 물론, 제대로 업무에 집중할 수 없도록 하는 요인으로 작용하기 때문입니다. 그뿐만 아니라 평가에 따른 불이익으로 인해 심한 경우 우울증에 이른다는 조사 결과까지 나오고 있는 실정입니다.

현실적으로 이와 같은 모니터링 평가를 폐지하기에 무리가 있다면 개선 및 보완이 필요합니다. 평가에 있어서 가장 큰 문제는 바로 주관적인 평가 기준으로 인한 공정성 시비라고 할 수 있습니다. 이로 인해 평가자나 피평가자 모두 많은 스트레스를 받고 있지요. 따라서 획일적이고 주관적인 모니터링 방법을 좀 더 객관적으로 시행할 필요가 있으며, 무엇보다 '평가를 위한 평가'가 아닌 '개선을 위한 평가'로 전환될 필요가 있습니다. 이외에도 평가에 대한 이의 제기 프로세스를 마련하거나 평가의 공정성을 확보하기 위한 다양한 대안을 마련하여야 한다고 생각합니다.

직무 스트레스
예방과 감정 완화 기법

흔히 감정노동자들을 일컬어 '웃다가 병이 난 사람들'이라고 합니다. 고객과 조직이 끊임없이 요구하는 친절 행위를 지속적으로 제공하기 위해서는 억지로 웃어야 하기 때문입니다. 이렇게 억지로 강요하는 친절과 미소를 위해 서비스, 영업직을 포함한 특수 분야에 종사하는 감정노동자들의 경우 '입꼬리 올리기 수술'을 받는다고 합니다. 실제로 항공사 승무원을 희망하는 여성 구직자는 항공사 같은 서비스 업종에서 일하려면 밝은 미소가 필수라고 생각하여 '입꼬리 성형 수술'을 받으려고 한다는 말을 서슴없이 하기도 합니다. 상황이 이렇다 보니 정말 웃다가 병이 날 지경이라는 말이 가벼운 농담으로 들리지 않습니다.

그렇다면 회사로부터 미스터리 쇼퍼 또는 미스터리 콜과 같은 모니터링 활동을 통해 감시를 받고, 고객으로부터는 폭언, 폭력, 인격을 무시하는 행동에 쉽게 노출되어 있는 감정노동자들을 위한 감정노동 완화 가이드나 감정 관리 기법에는 무엇이 있는지 알아보도록 하겠습니다.

먼저 감정노동자들이 일선 현장에서 고객을 상대하다 보면 필연적으로 발생하게 되는 직무 스트레스를 예방 및 관리하여야 합니다. '스트레스 예방'이라는 것은 사전에 스트레스 요인의 통제 및 제거에 초점을 맞춘 것을 의미하고, '관리'라는 것은 스트레스를 효율적으로 대처하고 감소시키는 절차에 초점을 맞춘다는 점에서 차이가 있습니다.

흔히 직무 스트레스의 관리란 직무로 인한 부정적 스트레스 결과의 최소화를 위하여 스트레스 반응을 이해하고 주요 요인을 인식하며 스트레스 대처 기법을 이용하여 스트레스를 감소시키는 프로그램을 의미합니다. 스트레스 관리는 일반적으로 아래의 표에서 보는 바와 같

:: 개인 차원과 조직 차원의 직무 스트레스 관리 기법 예시 ::

분류	방법	내용
개인 차원	인지적 기법	스트레스 요인에 대한 개인의 반응이 인지적 과정이나 인지적 사고에 의해 조절(자기 위로, 자기 암시, 혼잣말 등)
	바이오 피드백	놀람, 짜증, 분노, 불안, 화 등으로 인한 신체적·생리적 변화를 전자감지장치나 컴퓨터를 이용해 관찰하고 변화시키려는 방법
	긴장 완화 훈련	호흡훈련, 근육이완훈련, 자율훈련, 다양한 정신 완화 전략
	초월명상법	명상을 통해 스트레스를 해소하고 나아가 질병 치유는 물론 건강을 유지하는 방법
	약물 사용 음식 조절	신경안정제, 항우울제, 흡연, 커피, 당분이 많은 음식의 절제
	업무 적응하기	고객의 입장을 이해하려고 노력하고 상황에 직접 적응
	업무와의 분리	일과 자신을 연관 지어 그 상황을 받아들이면 안 됨
	분노 조절 트레이닝	심호흡, 자극 피하기, 관심 바꾸기, 용서, 소리 지르기 등
	생각 멈추기	심리적 상처에 대한 생각 중지 및 긍정적 생각
	기타	충분한 수면, 식이요법, 자기 존중, 스트레스 대응 기술 연마 등

조직 차원	근로조건 개선	직무 스트레스 요인을 규명하고 변화 / 제거 종업원들의 직무 스트레스에 대한 지각과 이해를 지원 물리적 작업 환경 개선(휴게 시설 확충) 직무 재설계 / 조직 재구조화 업무 훈련 전 적합성 검사, 위험집단에 대한 특별한 프로그램 업무량 / 마감 시간 / 휴식 시간 / 업무 중지 작업 일정, 신축적 작업 시간, 휴식 시간 변경 목표 관리, 목표 설정 프로그램 실시 규칙적인 직업적 및 의학적 관찰 및 개선과 보완 활동 역할명료성 및 역할분석 Workshop 종업원들이 스트레스 결과에 효율적으로 대처하도록 지원
	조직관리 개선	보상체계 조정: 엄격한 성과 평가 및 공정한 보상 선발·배치·훈련의 공정성: 개인과 직무의 부적합 관계 해소 의사결정과정에 직원 참여 허용: 역할 갈등 및 역할 과중에 따른 스트레스 감소 효과 직무 정보의 공유 및 커뮤니케이션 채널 활성화

이 개인적인 차원의 관리 기법과 조직 차원의 관리 기법으로 구분합니다.

해외의 경우 감정노동과 관련하여 직무 스트레스를 예방하고 관리하기 위하여 근로자 지원 프로그램(Employee Assistance Program)을 운영하고 있는데, EAP의 경우 보통 아래와 같은 요건을 갖추도록 하고 있습니다.

O
- 아무도 상담을 필요로 하지 않을 때까지 기간의 무기한 연장
- 모든 직원의 자유로운 진입과 탈퇴
- 홍보 효과를 위해 주기적으로 모든 직원을 대상으로 하는 교육 실시
- 전 직원을 대상으로 한 주기적인 직무 스트레스 조사 시행

- 단순 상담이 아닌 정신과적 치료를 필요로 하는 상담자에 대한 관리 프로그램 연계
- 과도한 스트레스로 인해 적응하지 못하는 직원 대상 직무 순환, 재배치 고려
- 다양한 교육 훈련을 통하여 직무 만족도 제고
- 감정노동의 근본적 치유를 위한 '감정노동 매뉴얼', '관리자 매뉴얼' 채택
- 전 직원 대상 주기적 평가 설문 후 개선 과제 확정

해외 근로자 지원 프로그램의 사례[8]를 보면 일본 소니(Sony)의 경우 회사 내부에 별도의 정신과 의사가 상근하고 필요에 따라 EAP 전문기관에 의뢰하여 상담 및 컨설팅, 교육을 진행하기도 합니다. 캐논(Canon)의 경우 보건담당자가 상담 및 스트레스 관리 교육을 연간 80시간 이수하고 난 뒤 교육을 진행하며, 필요에 따라 외부기관에 의뢰하기도 합니다.

킴벌리 클라크(Kimberly-Clark)의 경우 'Livewell'이라는 건강 증진 프로그램을 통해 건강검진이나 정신 건강 관리를 시행하고 있으며, 영국의 BT그룹의 경우 직원들의 건강 상태와 스트레스 원인을 진단할 수 있는 온라인 진단 시스템을 운영하고 진단 결과와 원인 해결을 위한 정보를 제공하기도 합니다.

---

[8] 2011년 국가인권위원회에서 발간한 『여성 감정노동자 인권 가이드』와 『실천을 위한 사업주 안내서』에 나온 EAP 적용 사례를 인용하였음.

이외에도 감정노동자의 '감정소진' 및 기타 현상을 예방 또는 치유하기 위해 다양한 프로그램을 운영하고 있습니다. 예를 들어 감정 소진에 따른 부작용을 예방하고 최소화하기 위해 문화공연은 물론 다양한 심리치료를 병행하고 있으며, 나이키 사의 낮잠 제공 및 타임워너, 뉴스위크의 유료 수면실 이용권 제공과 같이 직원들의 스트레스 해소 및 완화를 위해 휴게실, 상담실, 체력 단련실을 운영하기도 합니다.

국내에서도 대기업을 중심으로 EAP를 실시하고 있는 업체가 조금씩 확산되고 있으며, 2010년 시행된 「근로복지기본법」에서는 "사업주는 EAP를 실시할 수 있도록 노력해야 한다."는 내용이 법제화되었습니다. 이와 같은 감정노동을 완화하기 위한 방법은 4가지 측면에서 검토되어야 하며, 4가지 측면의 결정 요인에 대해서는 아래의 표를 참고하기 바랍니다.

국가인권위원회에서 발간한 『여성 감정노동자 인권 가이드』에 감정노동을 완화하기 위한 가이드로서 아래 5가지를 제시하고 있습니다.

:: 감정노동 완화를 위한 4가지 측면과 결정 요인 ::

완화 측면	결정 요인
개인 특성	연령, 학력, 취미 여부, 임금, 고용 형태(계약직/정규직), 근속 기간 등
조직 특성	휴식의 자율성, 업무 강도, 동료 간 조언 및 지시, 운영 형태(직접 운영/수탁)
고객 대면	고객 수, 시간, 비중, 1명당 대면 시간, 부정적 경험 유무 등
운영 방침	감정부조화 시 이행 방침, 탄력적 업무 이행 여부, 미스터리 모니터링 등을 통한 스트레스 완화 노력을 위한 활동과 휴게 공간 여부 등

- 영업 시간 전·중·후 스트레칭 체조 시간 운영제도를 도입합니다.
- 서서 일하는 감정노동자에 대한 시설을 제공합니다.
- 사무 환경을 개선합니다.
- 적절한 휴식 시간과 휴게 시설을 마련합니다.
- 근로자 지지 프로그램을 제도화하여 운영합니다.

휴게 시설 마련과 관련해서는 「산업안전보건기준에 관한 규칙」 제79조에 의하면 "업주는 근로자들이 신체적 피로와 정신적 스트레스를 해소할 수 있도록 휴식 시간에 이용할 수 있는 휴게 시설을 갖추어야 한다."라고 규정하고 있습니다.

그렇다면 감정노동자를 위한 감정 관리 기법에는 무엇이 있는지 알아보겠습니다. 먼저 감정노동자의 감정 관리를 위해서는 감성적인 접근 방법이 필요합니다. 왜냐하면 감성을 자극하면 조직 분위기가 인간적이고 유연해져서 갈등과 스트레스를 줄여 주기 때문입니다. 감성적인 접근을 통해 감정 관리를 해 줌으로써 즐겁고 활기찬 직장 생활이 가능하고, 이를 통해 직원들의 자발적인 참여와 헌신을 유도하며 결과적으로 감정노동 문제를 해결할 수 있습니다.

위에서 설명했다시피 최근 국내 일부 기업들의 경우 근로자 지원프로그램이나 심리치료 프로그램을 운영함으로써 감정관리경영을 진행하고 있습니다. 또한 스트레스 진단 툴을 활용해 자가 진단을 하고 해결 방안에 대한 피드백을 받음은 물론, 이러한 방법을 통해 스스로 감정 관리를 할 수 있도록 도와줍니다. 그뿐만 아니라 감정이 상했을 때 폭언, 폭력과 같은 부정적인 방식으로 감정 표현을 하면 일시적인 감정 완화만 있을 뿐 근본적인 문제 해결이 어려우므로 직원들 스스로 감정 관리를 할 수 있도록 도움을 주는 교육이 필요합니다.

이와 관련하여 1960년대 미국에서 시작된 훈련 요법 중 하나인 자기 주장 훈련(Assertion Training)을 도입할 필요가 있습니다. 자기 주장 훈련(Assertion Training)은 스스로 행동을 변화시켜서 자신에 대한 태도와 감정을 조절하는 훈련입니다.

스트레스 검사 의무화 법안

위에서 설명하였다시피 감정노동은 관리보다는 예방과 선제적인 대응이 우선이라고 하였습니다. 국내 감정노동 대응 방식은 기업 차원보다는 개인 차원에서의 대응 방안이 주를 이룹니다. 대부분 직무로 인한 정신적인 스트레스를 속으로 삭히거나 아니면 주변 동료나 지인에게 털어놓는 행위에 그치는 경우가 많습니다. 고객으로부터 피해를 받은 사실을 알리면 기껏해야 위로의 말과 함께 참으라고 하는 경우가 대부분이며, 정도가 심할 경우 잘잘못을 따지기보다는 무조건 고객에게 사과하라는 등 일방적인 희생만을 강요할 뿐, 구체적이고 실질적인 조치가 취해지는 경우는 드뭅니다.

이러한 상황 때문에 정부와 각 기관에서는 감정노동을 위한 다양한 캠페인 전개는 물론, 감정노동자를 보호하기 위한 기업 및 소비문화 조성을 위한 활동을 진행하였습니다. 그뿐만 아니라 감정노동자를 보호하기 위한 여러 법안이 발의되기도 하였는데, 20여 개의 법안 중

금융권 감정노동자 보호법이 2016년 3월에 통과되어 소비자의 경각심을 일깨우는 좋은 계기가 될 것으로 예상하고 있습니다.

'금융권 감정노동자 보호법'을 살펴보면, 직원 요청 시 해당 고객으로부터 분리 및 업무 담당자 교체, 상시적 고충 처리 기구 마련, 직원 보호를 위한 필요한 조치, 형사 고발 또는 손해배상 소송 등 필요한 법적 조치, 직원 보호 미조치 또는 불이익 제공 시 1천만 원 이하의 과태료 부과 등이 주요 골자입니다. 그런데 직원 보호 미조치 또는 불이익 제공에 따른 과태료 부과 항목을 보면 "과연 금융권에서 제대로 조치를 취할까?" 하는 의문이 듭니다. 차라리 1천만 원 과태료를 물고 조치를 취하지 않는 것이 나을 것 같다는 인식을 심어 줄 수 있기 때문입니다.

최근에 금융권에서 은행원이 웃지 않는다고 웃으라고 강요한 고객에게 5일 구류를 선고한 사례는 감정노동자의 감정은 헤아리지 못한 채 감정노동자의 무조건적인 희생을 강요한 고객에게 경종을 울린 사례라고 할 수 있습니다. 이러한 판례가 의미하는 것은 감정노동에 대한 사회적인 의식을 반영한다고 하겠습니다.

이러한 기관들과 기업의 노력은 분명 크건 작건 직간접적으로 감정노동에 영향을 미칩니다. 다만 위에서도 언급한 바와 같이 예방과 선제적인 대응이 중요하므로 좀 더 세부적이고 실질적인 법안이 마련되었으면 하는 바람입니다. 이와 관련하여 일본의 경우 정신 건강 예방 차원에서 어떤 조치를 취하고 있는지 알아보도록 하겠습니다.

감정노동에 관한 한 우리나라 못지 않는 나라가 바로 이웃 일본입니다. 일본의 경우 2015년 12월 '스트레스 검사 의무화법'이 시행되었습니다. 주요 골자는 '발병 예비군의 발견', '조직의 건강 진단', '경영 손실을 미연에 방지' 등 3가지입니다. 정신적인 장애에 따른 산업재해보험 청구 건수 증가와 감정노동자의 자살이 줄어들지 않는 상황을 타개하기 위해 일본 후생성은 2010년부터 직장에서의 정신 건강 관련 대책 법제화를 검토하였습니다. 이후에 2014년에는 노동안전위생법을 개정하였고, 드디어 2015년에 '스트레스 검사 의무화법'을 시행하게 되었습니다.

'스트레스 검사 의무화법' 시행이 중요한 이유는 바로 필자가 강조한 대로 관리보다는 예방 차원의 법제화를 통해 직장에서의 정신 건강 완화를 통해 자살률을 감소시키고 산재비용을 최소화하려는 조치라는 데 있습니다.

'스트레스 검사 의무화법'은 아직 일본 기업체의 35% 정도만 알고 있을 뿐이어서 좀 더 많은 홍보가 필요한 것은 사실이지만, 이 법안은 직무 스트레스가 높은 직원들에게 재빠른 조치를 통해 병이나 질환을 미리 방지 및 예방하는 데 목적을 두고 있으며, 업무 및 근로 환경의 개선도 함께 병행되어야 할 것을 규정하고 있습니다. 종업원이 50인 이상인 기업에 의무적으로 적용되며, 의사 및 보건사 등에 의해 전 직원들의 스트레스 검사를 실시합니다.

스트레스 검사 결과 스트레스 지수가 높은 직원의 경우 의사에 의한 면담 및 지도를 시행하고, 면담 및 지도 결과 의사 의견을 토대로 필요하다고 생각되는 조치들(업무량 경감, 전환 배치 등)을 해야 한다고 규정하고 있습니다. 이와 같은 스트레스 검사를 통해 스트레스 고(高) 위험군에 해당하는 사람들을 대상으로 자가관리 지원은 물론, 집단

:: **직업성 스트레스 간이조사표** ::

A. 귀하의 일에 관해 여쭤보겠습니다. 가장 적합한 내용에 표시해 주세요.

- ☐ 대단히 많은 양의 일을 해야만 한다.
- ☐ 직장의 일에 관련된 방침에 나의 의견을 반영할 수 있다.
- ☐ 시간 내에 일을 다 처리하기 어렵다.
- ☐ 나의 기량이나 지식을 일에 발휘할 기회가 적다.
- ☐ 열심히 일하지 않으면 안 된다.
- ☐ 나의 부서 내에서 의견이 서로 엇갈리기도 한다.
- ☐ 꽤 주의 집중할 필요가 있다.
- ☐ 나의 부서와 타 부서는 잘 맞지 않는다.
- ☐ 고도의 지식과 기술이 필요한 어려운 일이다.
- ☐ 나의 직장 분위기는 우호적이다.
- ☐ 근무 시간 중 항상 일에 대한 것만 생각해야 한다.
- ☐ 나의 직장 작업 환경(소음, 조명, 온도, 환기 등)은 좋지 않다.
- ☐ 몸을 매우 많이 쓰는 일이다.
- ☐ 일의 내용은 나에게 알맞다.
- ☐ 나만의 속도로 일할 수 있다.
- ☐ 보람이 있는 일이다.
- ☐ 스스로 일의 순서, 처리 방법을 결정할 수 있다.

B. 최근 1개월간 귀하의 상태에 대해서 여쭤보겠습니다. 가장 적합한 내용에 표시해 주세요.

- ☐ 활기차다.
- ☐ 나른하다.
- ☐ 기분이 꿀꿀하다.
- ☐ 허리가 아프다.
- ☐ 아주 건강하다.
- ☐ 긴장 상태이다.
- ☐ 일이 손에 안 잡힌다.
- ☐ 눈이 피곤하다.
- ☐ 생기 있다.
- ☐ 불안하다.
- ☐ 슬프다.
- ☐ 심장이 두근거리거나 숨이 가쁘다.
- ☐ 분노를 느낀다.
- ☐ 진정되지 않는다.
- ☐ 현기증이 난다.
- ☐ 위장 상태가 좋지 않다.
- ☐ 내심 화가 난다.
- ☐ 우울하다.
- ☐ 몸의 마디마디가 아프다.
- ☐ 식욕이 없다.
- ☐ 짜증이 난다.
- ☐ 뭘 하든지 귀찮다.
- ☐ 머리가 무겁거나 두통이 있다.
- ☐ 변기가 있거나 설사를 한다.
- ☐ 매우 지쳤다.

□ 무언가에 집중이 안 된다.
□ 목덜미나 어깨가 뭉친다.
□ 잠이 잘 안 온다.
□ 녹초가 됐다.

C. 귀하의 주변인들에 대해서 여쭤보겠습니다. 가장 적합한 내용에 표시해 주세요.

아래의 사람들과는 얼마나 편하게 이야기할 수 있습니까?
□ 상사
□ 직장 동료
□ 배우자, 가족, 친구 등

당신이 곤란에 처했을 때 아래의 사람들은 얼마나 의지가 됩니까?
□ 상사
□ 직장 동료
□ 배우자, 가족, 친구 등

당신의 개인적인 문제를 상담한다면 아래 사람은 얼마나 얘기를 들어줍니까?
□ 상사
□ 직장 동료
□ 배우자, 가족, 친구 등

D. 만족도에 관하여 여쭤보겠습니다. 가장 적합한 내용에 표시해 주세요.

□ 일에 만족한다.
□ 가족 생활에 만족한다.

화답지 (4단계)	A 그렇다/보통이다/다소 그렇지 않다/그렇지 않다 B 거의 없었다/가끔 있었다/자주 있었다/거의 항상 있었다 C 매우/상당히/다소/전혀 없다 D 만족/보통/다소 불만족/불만족

출처 : 스트레스 검사 지침(2015년 4월 15일). 일본 후생노동청

분석과 결과에 근거한 개선 활동을 매우 중요하게 생각하고 있습니다. 스트레스 검사를 통해 스트레스 원인으로 생각되는 요소, 스트레스에 따른 심신의 반응 정도, 스트레스 대응에 영향을 미치는 다른 요소 등에 대한 결과가 나옵니다.

물론 '스트레스 검사 의무화법'의 경우 직원 자신의 스트레스 자각에 중심을 두고 있지만, 대책에 대해서는 아직까지 구체적으로 나온

것은 없습니다. 예를 들어 진단 검사 결과 점수에 따라 몇 점 이상부터 높은 스트레스인지 여부는 기업이 정하며, 조사 항목의 경우 기준을 충족하고 있다면 조정이 가능합니다. 즉, 후생성이 마련하였음에도 불구하고 신뢰할 수 있는 증거도 없고 병의 진단 검사가 아니라는 점, 그리고 같은 사람이라도 결과가 일정하지 않다는 점 등 많은 한계가 있지만, 그럼에도 불구하고 연 1회 누구나 스트레스 또는 정신 건강에 대해서 생각할 기회가 생긴 것만으로도 큰 진전이라고 보는 일본 내 전문가들도 있습니다.

실제 어떤 일이 실행력을 갖추고 현장에서 효과를 발휘하기 위해서는 좀 더 세밀하고 행동 지향적인 지침이나 제도 및 실행 방안이 나와야 합니다. 일본 후생성의 '스트레스 검사 의무화법'은 여러 가지 미흡한 점이 있지만, 실제 현장에서 적용할 수 있는 법제화라는 점에서 환영받을 만합니다. 스트레스 검사가 직원 관리는 물론 스트레스 예방을 통한 불필요한 비용을 줄일 수 있도록 해 주기 때문입니다.

국내에서도 한국산업안전보건공단 산업안전보건연구원이 제시하는 '한국형 감정노동 평가 도구'나 '직무 스트레스 측정 도구(KOSS)'가 있기는 합니다. 그렇지만 이는 감정노동을 평가하는 도구이자 가이드일 뿐, 실제 이러한 도구가 있는지조차 모르는 기업들도 많습니다. 이러한 상황에서 감정노동에 대한 환기 및 예방 차원의 구체적인 활동과 관련하여 '감정노동 검사 의무화법'을 법제화하는 것도 바람직해 보입니다. 이를 통해 감정 소진(Burn-out) 상태인지 우울증이나 기타 정신 건강에 문제가 있는지 여부를 사전에 파악하고, 스트레스가 될 수 있는 요인을 완화하기 위한 선제적인 대응을 할 수 있습니다.

진정성 있는 조치가 최고의 무기

우리는 살아가면서 자연스럽게 사회의 규범과 질서 그리고 문화에 길들여집니다. 그래서 집이나 직장, 학교와 같은 조직에서는 '절대 해서는 안 되는 일'이 자연스럽게 형성되고, 그러한 규범이나 질서를 어기는 일은 금기시되어 왔습니다. 예를 들어 "남자는 울면 안 돼!", "여자가 그런 식을 행동하면 못써!", "어른이 말씀할 때는 절대 끼어들면 안 돼!", "절대로 밥을 먹을 때 떠들지 마라!", "무조건 어른 말에 토를 달지 말고 시키는 대로 해!" 등이 대표적인 말들인데, 세상이 많이 바뀌었음에도 불구하고 아직도 우리나라에는 이러한 규범이나 문화가 사회 도처에 잔재하여 힘을 발휘하고 있습니다. 이러한 규범과 문화는 그대로 우리 사회의 DNA가 되어 때로는 비효율성이나 사회적 대립을 양산하기도 합니다.

또한 우리나라 말에 "가만히 있으면 중간이라도 간다."라는 말과 "혼자서 나대지 말고 조용히 지내라."는 말이 있습니다. 흔히 잘못된 일이나 개선의 필요성이 있는 일이 있어 의견을 개진하거나 스스로 개선해 보려고 뭔가 시도를 하려고 하면 꼭 이러한 얘기를 하는 사람들이 있습니다. 무심코 던진 이러한 말에 노출된 사람들이 스스로 자신의 주장이나 의견을 내기란 쉽지 않습니다.

위와 같은 현상은 현장의 직원들에게도 그대로 적용됩니다. 예를 들어 고객 만족이라는 미명하에 현장에서 이루어지는 다양한 교육은 거의 세뇌 수준이며, 일방적으로 고객에 대한 복종을 훈련받습니다. 직원들은 아무리 고객이 잘못했다고 해도 그들에게 바른 조언이나 항변을 할 수가 없습니다. 억장이 무너지고 슬프고 억울해도 그들의 감정을 표현하면 제대로 된 직원이 아니라는 황당한 교육을 받기도 합니다.

그들이 할 수 있는 말은 그저 "죄송합니다.", "잘못했습니다." 이외에는 반박이 불가능한 것이지요. 이러한 상황에서 고객과의 커뮤니케이션 자체는 말 그대로 스트레스를 유발하는 주요 요인으로 작용합니다. 귀하게 자란 우리들이 왜 그들로부터 "야! XX년아! 귓구멍이 먹었냐?", "무식한 네가 뭘 안다고 나대냐?", "아르바이트생 주제에 무슨 그리 말이 많아?"라는 말을 들어야 하는지 이해가 가지 않습니다.

국내 신용카드 시장의 강자였던 한 회사는 국내 최초로 콜센터 직원에게 욕설을 퍼붓거나 성희롱을 하는 고객에게 경고 후 전화를 끊도록 하였습니다. 보통은 이러한 상황에서는 콜센터 직원의 일방적인 희생을 강요하는 것이 일반적이어서 상당히 신선한 조치라고 환영했던 기억이 있습니다. 이 회사의 용기 있는 결단으로 인해 눈치 보기에 급급했던 다른 회사에서도 직원 보호를 명목으로, 욕하는 고객들에게 적극적인 조치를 하려는 움직임이 일었기 때문입니다. 한 회사의 용기로 인해 다른 업체에 긍정적인 영향을 미쳤으니 칭찬할 만합니다.

그런데 그로부터 몇 년이 지난 후 전문가들이 그 회사 접점 직원들을 대상으로 심층 인터뷰를 진행한 결과, 회사의 적극적인 조치에도 불구하고 여전히 언어폭력은 발생하고 있었고 적극적으로 대응하고 있을 것이라 생각했던 상담 직원들은 예전과 같이 소극적인 대응으로 일관하고 있었다는 것입니다. 심지어 자신을 욕하는 것은 참으면 되는데 "내장을 끄집어내겠다!", "네 부모가 널 낳고 미역국은 먹었느냐?" 또는 "네 어미가 그리 가르치디?"라는 비하 발언과 함께 부모를 모욕하는 언어폭력은 도저히 참을 수 없었다고 답하는 사람들이 많았다고 합니다.

회사에서 전화를 끊으라고 하기는 했는데 지침 자체가 두루뭉술하거나 구체적이지 않아서 전화를 끊기 힘들었고, 끊었을 경우 민원으로 이어지면 본인이 모두 책임을 져야 하는 불편으로 이어졌기 때문에 차라리 욕먹고 말겠다는 직원들이 의외로 많았던 것입니다.

전문가팀은 회사 측에 더 강경한 대처를 요구했고, 결국 회사에서는 상담사가 위협을 느끼거나 인격을 모욕당하거나 또는 욕설을 들으면 전화를 먼저 끊는 '전화 끊기 정책'을 실시하게 됩니다. 예전 조치와 달리 구체적으로 욕설이나 인격 모독에 대한 것은 2차례 경고, 이외의 것에 대해서는 3차례 경고 후에 전화를 끊게 하였습니다.

예전과 다른 점은 매뉴얼과 지침이 좀 더 세부적이고 명확해졌다는 것입니다. 어떤 말을 하면 끊어야 하는지를 매뉴얼화하고, 무엇보다

:: **욕설고객에 대한 단선정책(Ending policy) 사례** ::

유형	주요 내용	사례	대응법
위협	신체 상해 협박	가만히 안 둘 거야. 밤길 조심해라. 너 있는 주소 불러. 다 불질러 버리게. 길 가다 마주치면 사지를 다 찢어 죽일 거야.	*3회 경고 후 전화 끊음 *관리자가 콜백 진행
	직위 해제 협박	잘리고 싶지? 원하는 대로 해 줄게. 너 때문에 본사 가서 분신한다. 너 평생 일 못하게 할 수 있어.	
인격모독	가족 무시	네 부모가 가르치던? 네 어미는 너 이렇게 욕먹으면서 일하는 건 아냐?	2회 경고 뒤 전화 끊음
	교육 수준 무시	말귀를 왜 이리 못 알아들어. 너 초등학교 나왔니? 네가 못 배워 거기서 전화 받고 있는 거야.	
	직업 무시	너희가 이따위로 하니까 그런 대접을 받는 거야. 하는 거라곤 전화만 받을 줄 아는 것들이……	
	성차별, 외모 비하	여자가 받으면 재수 없으니 남자 상담원 바꿔. 얼굴 안 봐도 뻔하다. 애인도 없지?	
욕설	직접 욕설	'미친 X' 등 상담사를 지칭하며 직접 하는 욕설	2회 경고 뒤 전화 끊음
	혼자 욕설	'등신들'처럼 복수형 및 혼잣말하듯이 하는 욕설	

출처 : 서울대 곽금주 교수 연구팀 보고서

 욕설 또는 성희롱이 발생했을 때 발생하는 민원에 대해서는 어떤 일이 발생해도 책임을 묻지 않겠다는 점을 약속했습니다. 그뿐만 아니라 욕하는 고객과 통화하는 직원들이 끊지 않고 계속 참는지 여부를 수시로 모니터링하였습니다.

 회사의 이와 같은 조치 덕분인지 이후부터 욕을 하는 고객이 있으면 교육을 받은 그대로 경고를 했습니다. "이렇게 감정적으로 말씀하시면 제가 도와드리기 어렵습니다." 그리고 또다시 욕설이 시작되자 가차없이 전화를 끊었습니다. 물론 끊기 전에 ARS를 통해 "지속적인 욕설 사용으로 인해 통화가 종료되었습니다."라는 멘트를 나오게 했습니다.

이러한 실험 결과, 재미있고 의미 있는 결과가 나왔습니다. 먼저 전화를 끊은 직원 입장에서는 마음이 편해지고 욕설하는 고객에 대한 공포와 지속적인 스트레스가 감소되었다는 것입니다. 욕을 듣고 나면 도저히 일이 손에 잡히지 않은 상태에서 연거푸 마음에 내키지도 않는 "죄송하다."라는 말을 내뱉지 않아도 된다는 위안이 무척 크게 다가온다는 것입니다. 또한 초기만 하더라도 하루에 욕설, 인격 모독, 협박 건이 80건에 이르렀으나 시행 후 절반으로 줄어든 것은 매우 고무적이라고 할 수 있습니다.

무엇보다도 전화를 끊은 뒤 고객의 반응입니다. 속으로는 "어! 이게 아닌데……."라고 하면서 전화를 끊은 직원이 괘씸하고 화가 났을지는 모르지만, 실제 전화 끊김을 당한 고객들 중 97%가 다시 전화할 때는 호통을 치지 않았다고 합니다. 자신들이 욕하고 난리 부린 것에 대해서 스스로 잘못을 알기 때문에 그러한 결과가 나온 것입니다.

그뿐만 아니라 전화를 끊는 것에 대한 불만으로 금융감독원에 접수된 민원 건수는 8개월간 고작 6건에 불과하다고 했습니다. 또한 욕설로 인한 민원 10건 중 6건은 1차 경고를 듣고 바로 태도를 바꾼다고 합니다. 이와 함께 상담 직원들의 전화 끊기가 혹시 악용될 수 있는 여지에 대한 걱정이 있었는데, 오히려 정상적인 상담으로 유도하려는 수단으로 활용되고 있다는 점에서 고무적이라고 연구팀은 밝혔습니다.

이 회사의 경우, 법적인 대처 방안을 쓰지 않고도 고객이 스스로 몰상식한 행위를 멈추게 했다는 사실이 매우 고무적입니다. 다산콜센터의 경우 경고와 함께 재발 시 전담팀으로 이관하고 다시 재발할 경우 법적인 조치를 취해 성희롱이나 욕설을 하는 고객을 감소시킨 사례였다면, 이 회사의 경우는 내부 직원에 대한 철저한 교육과 모니터링을 통해 감소시킨 사례라고 할 수 있습니다.

여기서 필자가 말하고 싶은 것은 접점에서 감정노동으로 고생하는 직원들을 효과적으로 지원하기 위해서는 말이 아닌 실제 현장에서 체감할 수 있는 방안을 마련하고 이를 적용시킬 수 있어야 한다는 것입니다. 단순히 전화를 끊는 것이 아닌 해당 고객을 억제할 수 있는 실전 대응 스킬에 대한 보강 및 교육이 필요합니다.

이를 위해 추상적이고 현장과 괴리된 조치 및 지침이나 주면서 무조건 전화를 끊으라고 하기보다는 사안별로 구체적이고 명확한 사례와 표현에 따라 전화를 끊게 하도록 해야 합니다. 그뿐만 아니라 지속적인 모니터링을 통해 진화해 가는 비이성적인 고객에 대한 응대 스킬이나 프로세스 개선이 병행되어야 합니다. 이와 함께 직원들에게 업무 재량권 제공은 물론, 현장에서 실현 가능한 감정노동보호 제도나 보호 방안이 마련되어야 한다는 것입니다.

이와 같은 활동을 통해 을의 입장인 감정노동자도 좀 더 당당하게 비이성적인 고객의 행동이나 행위에 맞설 수 있는 용기가 생긴다고 생각합니다. 어설프게 본질은 외면한 채 의무적으로 효과가 크지 않은 힐링 및 OO 체험 프로그램 같은 것으로 채우려 하지 말고, 실제 직원들의 고충을 듣고 그들이 원하는 대로 좀 더 구체적이고 디테일이 살아 있으며 무엇보다 진정성이 담긴 조치를 취하는 것이 바람직합니다. 이제는 감정노동자들이 어깨를 펴고 당당히 맞설 수 있도록 좀 더 실효성 있는 대책이 나오길 바라 마지않습니다.

업무 재량권을 보장하라!

근래 들어 가장 주목을 받고 있는 말 중 하나가 바로 '감정노동'이라는 것에 이의를 제기하는 사람들은 그리 많지 않을 듯싶습니다. 서비스 산업의 발달로 인해 기업 간 경쟁이 심해지면서 기업은 고객 만족을 위해 또는 더 나은 서비스 품질(Quality)을 향상시키기 위해 이성 또는 합리성에 기인한 것이 아닌 감정(Emotion)을 전면에 내세워 서비스를 제공하고 있습니다.

문제는 이러한 감정노동이 일부 직종의 문제를 넘어 전 서비스 분야의 핵심 이슈로 확대되었다는 것이며, 대부분의 서비스가 감정노동자들의 일방적인 희생과 강요에 의해서 이루어지고 있다는 것입니다. 감정노동자들의 희생과 역량에 의존하는 감정노동의 결과로 인해 많은 부작용이 양산되고 있는 실정입니다.

직장을 다니는 사람치고 직무로 인한 스트레스를 겪지 않는 사람들은 없습니다. 자신에게 주어진 책임이나 업무가 막중할수록 스트레스의 강도는 더할 수밖에 없습니다. 특히 현장에서 직접 고객을 맞이해야 하는 접점 감정노동자들의 스트레스는 일반 직장인의 그것과는 비교할 수 없을 정도로 큽니다. 실제 감정노동이라는 것은 정신은 물론 신체의 건강에도 부정적인 영향을 미치는데, 한 조사 자료에 의하면 감정노동자가 일반 직장인에 비해 심리적 외상이나 스트레스를 3~4배 정도 더 받는 것으로 나타났습니다.

그렇다면 감정노동자가 일반 직장인에 비해서 스트레스를 더 받는 이유는 무엇일까요? 일상에서 감정노동을 유발하는 원인에는 여러 가지가 있겠지만, 실제 감정노동을 수행하는 사람들에게 주어지는 업무 재량권을 제한하는 것이 가장 큰 원인이 아닐까 싶습니다. 흔히 전쟁터에서 누군가와 싸우려면 무기가 있어야 하는데, 감정노동자들은 업무를 수행하는 데 있어 자신을 보호할 수 있는 무기도 없이 무방비 상태에서 일방적으로 당하는 경우가 많습니다.

미국의 인디애나대학 켈리 비즈니스 스쿨 연구팀의 2016년 조사 보고서에 의하면, 직무를 수행하는 데 있어 스트레스가 크더라도 업무에 대한 탄력성이나 업무 재량권이 크면 오히려 직원 건강에 유익할 수 있다고 합니다. 조사 결과에 의하면, 업무 강도가 높으면서 재량권이 없는 사람이 업무 강도가 낮고 재량권도 낮은 사람보다 수명 단축 비율이 무려 15.4%나 높은 수치를 보였습니다. 재미있는 것은 업무 강도가 높고 업무 재량권이 낮은 사람은 업무 저량권이 높은 사람에 비해 수명 단축 비율이 무려 34%나 높았다는 사실입니다.

업무 재량권이 감정노동을 수행하는 데 있어 중요한 역할을 한다는 사실을 뒷받침하는 연구 결과는 국내 조사 자료에도 유사하게 나타났습니다. 올해 연세대 의대 직업환경의학과 윤진하 교수팀이 서비스 및 판매직에 종사하는 2,000여 명의 감정노동자들을 대상으로 1년간 자살 충동과 감정적 직무 요구 및 자율성의 관계를 조사한 결과, 다른 직무에 비해 직무 자율성이 낮은 감정노동자들의 자살 충동이 무려 4.6배나 증가한다는 사실이 밝혀졌습니다.

해당 조사 결과에 따르면, 감정 소비가 높은 직무를 수행하면서 직무 자율성이 낮은 사람들의 자살 충동이 그렇지 않은 사람들에 비해서 남자는 4.6배, 여자의 경우 2.8배씩 높은 것으로 나타났습니다. 물론 직무 자율성이라고 하는 것은 근로자들이 자신의 업무를 수행하는 데 있어 허용되는 자율적인 재량권을 의미합니다.

실제로 누구나 직무를 수행하다 보면 스트레스를 받기 마련이지만, 그러한 스트레스를 적절히 해소하거나 현명하게 처리할 수 있는 조건이 주어지면 스트레스를 받는 정도가 감소할 수밖에 없습니다. 현장에서 고객을 응대하는 직원들의 경우, 똑같이 고객을 응대하더라도 직원들의 상황 판단에 따라 융통성 있게 조절할 수 있는 업무 재량권(직무 자율성)이 있느냐 없느냐에 따라 자살 충동의 비중이나 위험도가 달라지며, 직무에 따른 만족도 역시 달라질 수밖에 없습니다.

위에서도 간략하게 설명하였지만, 업무 재량권이란 조직에서 의사 결정 혹은 업무 수행 과정에서 조직 구성원에게 부여되는 재량권 또는 책임의 배분 및 정보 공유 등을 통한 권한의 배분을 의미합니다. 이러한 업무 재량권은 올바르게 사용되었을 경우, 직원들에게 동기 부여 측면에서나 직무를 수행하는 데 있어 다양한 이점을 제공합니다. 그러나 감정노동 측면에서는 단순히 동기 부여 측면이 아닌 다양한 감정노동으로부터 발생하는 부작용을 최소화하고 감정노동자를 보호하는 데 있어서 실질적인 효과를 보인다는 점에 주목해야 합니다.

최근 디지털 디바이스가 확대 보급되고 SNS가 일상화되면서 서비스가 느린 것 자체를 죄악시 여기는 풍조가 만연하고 있습니다. 따라서 서비스의 본질도 친절보다는 신속하고 정확한 서비스에 초점을 맞춰 제공해야 합니다. 약간 친절이 떨어지더라도 자신이 원하는 서비스를 신속하고 정확하게 제공해 주면 만족도가 높아지는 반면, 아무리 친절해도 신속하고 정확하지 않으면 고객의 불만이 폭발하는 시대에 접어든 것입니다.

실제 2015년 마크로밀엠브레인의 트렌드모니터가 만 19세 ~ 59세 성인 남녀 2,000여 명을 대상으로 한 시간 관련 소비자 인식 조사 결과에 의하면, 시간 부족을 경험하는 고객은 무려 75%나 된다고 합니다. 일상적으로 시간이 부족하다고 하는 사람들은 대부분의 원인을 물리적인 시간 부족보다는 심리적인 시간 부족이 원인에 기인한다고 답했습니다.

75%나 되는 성인들이 심리적인 시간 부족을 호소하는 상황에서 서비스 또한 시간을 절약해 주는 방향으로 제공되어야 하는데, 실제 기업에서 고객들에게 제공하는 서비스는 아직 고객의 기대 수준에 미치지 못하고 있습니다. 특히 고객 불만이 발생했을 때 느린 의사결정으로 인해 오히려 불만의 강도가 심해서 2차 불만으로 이어지는 경우도 많습니다. 또한 접점 직원에게 제대로 된 업무 재량권을 부여하지 않아 직원은 직원대로 힘들고, 고객의 경우도 실질적인 해결이 되지 않아 오히려 불만이 가중되는 것을 쉽게 볼 수 있습니다.

이러한 기업의 행태로 인해 접점에서 일하는 일반 직원이 고객이 요구하는 바를 기업의 입장이 되어 감정을 소비하면서 막아 내는 경우가 비일비재합니다. 그러다가 도저히 자신이 가진 권한이나 역량이 안 되어 관련 부서 또는 관리자에게 이관하면 쉽게 고객의 요구대로 해 주는 일이 자주 발생합니다. 이러한 조직의 의사결정 구조나 절차를 경험한 고객은 무슨 일이 발생하면 일반 접점 직원과 말을 섞지 않으려 합니다. 그래서 이런 말들이 직원들을 더욱 난처하게 합니다.

○
"윗사람 바꿔!"
"너하고 얘기해 봤자 너는 해결 못하는 일이니, 너희 팀장 바꿔!"
"책임자 또는 사장 나오라 그래!"
"네가 나에게 해 줄 능력이나 권한도 없잖아? 윗사람 바꿔 줘!"

물론 이렇게 얘기하는 사람들을 대상으로 화를 누그러뜨리게 하거나 대응하는 스킬이 있기는 하지만, 이는 지극히 미봉적이며 근본적으로 해결책을 제시해 주지 못합니다. 방법은 하나입니다. 접점 감정노동자들이 업무를 수행하는 데 있어 필요한 업무 재량권을 제공하는 것입니다. 감정노동으로 인한 피해는 단순히 업무를 수행하는 직원에 한정되지 않습니다. 기업의 지속 성장에 필요한 생산성이나 효율성은 물론 회사 이미지 등 여러 가지 요소에 직간접적인 영향을 미칩니다. 기업을 움직이는 요소 중 가장 핵심은 '사람'이기 때문입니다.

실제 호주에서는 감정노동자를 위한 6가지 예방 지침을 제시하였는데, 그중 가장 먼저 선행해야 할 지침은 업무 재량권에 관한 것입니다. 아래는 호주에서 시행하고 있는 감정노동자 보호를 위한 6가지 예방 지침입니다.

1. 감정노동자들에게 자신의 업무에 대한 재량권 부여(권한 부여를 통한 감정적 요구도 최소화)
2. 감정적인 요구로부터 멀어질 수 있는 휴식의 시간 제공
3. 감정적인 요구가 심각해지는 상황을 해결(대처)할 수 있는 훈련 제공
4. 다양한 고객을 응대하는 근로자들에게는 특별한 추가 훈련 및 지지 제공
5. 고객에 의한 폭력과 위협의 위험(risk) 평가 및 위험을 관리할 수 있는 시스템 개발 및 도입
6. 감정적인 요구도와 사고성 사건에 직·간접적으로 연루된 직원들에게 심리학·의학적인 지원

최근 국내에서는 감정노동의 폐해를 최소화하기 위한 다양한 노력이 이루어지고 있는 것을 볼 수 있습니다. 감정노동자들을 위한 직무 스트레스 해소 방법과 힐링 프로그램 또는 심리 치료와 같은 것이 대표적입니다. 사실 이렇게 단발적으로 시행되거나 지속적으로 이루어지더라도 예방이 아닌 사후약방문 식으로 이루어지는 활동은 감정노

동으로부터 직원들을 보호하기에는 한계가 있습니다.

감정노동 문제는 근본적으로 예방이 선결되어야 할 사안입니다. 따라서 진정으로 감정노동자를 보호하고자 한다면, 지금 현장에서 일하고 있는 직원들에게 실질적인 업무 재량권을 주는 것이 훨씬 효과적이고 바람직합니다. 예방이나 보호가 선행되지 않는 감정노동자 보호는 본질적인 문제 해결이 되지 못합니다.

리더의 감성 역량이 중요하다

얼마 전 은행 여직원에게 왜 웃지 않느냐며 친절한 웃음을 강요하고 자신이 보는 앞에서 직접 돈을 세라고 요구해 10분이면 끝날 업무를 1시간 넘도록 지연시킨 사람이 있었습니다. 이 사람은 친구 계좌의 자동이체 한도 변경 요구를 했다가 거절당하자 결국 폭력을 행사해 5일간 구류를 살게 되었습니다. 말 그대로 이 고객은 진상 중에 진상이 아닐 수가 없는데, 이 사건을 맡은 재판부는 "세상 그 누구도 상대방에게 웃으라고 강요할 권리는 없다."라며 구류 5일을 선고해 한동안 화제가 되기도 했습니다.

문제는 이렇게 막돼먹은 고객이 적지 않으며, 이들의 무리한 요구에 감정노동자들은 속수무책으로 당할 수밖에 없다는 것입니다. 주요 이유로는 업무 재량권의 제한도 있겠지만 만일 일이 커지게 되면 결국 관리자까지 나서게 해야 하는 부담감을 줄 수 있고, 이러한 상황은 결국 고스란히 개인의 불이익으로 이어지기 때문입니다. 이러한 상황이 지속되면 감정노동자 입장에서는 일할 의욕이 사라집니다. 가뜩이나 실적에 대한 압박은 물론 다른 직원과의 경쟁으로 인한 심리적 불안 등으로 인해 스트레스를 받고 있는 상황에서 진상 짓을 해대는 고객까지 상대한다는 것은 여간 버거운 일이 아닐 수 없습니다.

이럴 때 중요한 것이 바로 리더의 역할입니다. 매일 반복되는 감정노동과 직무 스트레스는 감정노동자 개인의 몫이기 이전에 조직에서 관리되어야 할 이슈이기도 하기 때문입니다. 따라서 감정노동자들의 불안과 분노 그리고 부정적인 감정을 예방하고 치유할 수 있는 리더의 역할이 무엇보다 중요합니다.

조직에서는 감정노동자들을 위해 주기적으로 스트레스 원인은 무엇이며 스트레스 수준(정도)이 어느 정도인지 파악하고 분석하는 것은 물론, 스트레스의 정도를 파악하기 위해 정기적인 면담이나 만족도 조사, 토의가 이루어져야 합니다. 그뿐만 아니라 감정노동자들이 업무에 몰입할 수 있도록 분위기를 조성하는 것도 필요합니다.

그러나 무엇보다 중요한 것은 직원들의 감정이나 정서를 관리할 수 있는 감성 리더십입니다. 흔히 감성이라고 하는 것은 여러 가지 정서와 관련된 문제와 직면했을 때 효과적으로 상황에 대처하고 업무를 성공으로 이끄는 능력을 의미하는데, 이 말은 결국 리더의 감성 역량이 중요한 요소임을 의미합니다.

실제로 고도의 지식사회로 발전하면서 객관적인 제도와 시스템만으로 해결하기 어려운 일들이 지속적으로 발생하고 있는데, 이를 해결하기 위해서는 이성에 의한 제도 또는 효율성이 아닌 감성이 중요한 요소라는 사실을 기억해야 합니다. 해외 사례를 보더라도 조직에 있어서의 감성 역량이 성과를 향상시키는 데 중요한 요인이라는 인식이 점차 확산되고 있으며, 이에 따라 리더십에 있어서도 감성 역량이 중요시되고 있습니다.

조직에서 감성 역량이 필요한 이유는 바로 효과적인 업무 수행 및 성과를 좌우하는 핵심 요인이기도 하지만, 무엇보다도 조직 내 부정적인 감성을 감소시키고 이를 극복할 수 있도록 업무 환경이나 분위기를 개선하는 역할을 하며 내·외부 고객과의 갈등이나 불만을 순기능적으로 해결하기 때문입니다. 이러한 이유로 인해 리더의 감성 역량의 중요성은 아무리 강조해도 지나치지 않습니다.

흔히 감성 리더십이라는 것은 직원들이 즐겁고 신나게 일할 수 있도록 업무 환경이나 분위기를 조성해 주거나 그러한 상황이 가능하도록 배려해 주는 리더십을 의미합니다. 실제 다양한 연구 자료에 의하면, 조직에서 탁월한 성과를 내는 리더들의 공통점은 높은 감성을 가지고 있다는 것입니다. 이 말을 바꾸어 말하자면, 우리가 흔히 우월하다고 생각하는 리더십의 핵심 요소는 바로 감성 역량이라고도 할 수 있습니다.

높은 감성 역량을 갖춘 리더는 개별 직원들에 대한 이해와 더불어, 공감과 배려를 통해 팀이나 조직이 이루고자 하는 목표를 공유하고 추구합니다. 이러한 리더십을 통해 직원들은 열정과 주인의식은 물론, 헌신을 불러일으켜 조직에 긍정적인 영향을 미칩니다.

특히 우리나라의 경우, 감정노동이라는 것이 여성을 중심으로 많이 발생되고 있어 단순히 업무 또는 조직 관리 측면에만 국한하게 되면 몰입이나 열정을 이끌어 내는 데 한계가 발생합니다. 그래서 최근 감성과 관련하여 학자나 기업에서 활발하게 논의되고 있는 것이 바로 감정노동과의 연관성입니다. 감정노동은 일종의 직무 특성이므로 그러한 직무를 수행하는 직원들 입장에서는 감정노동은 필수적인 요소라고 할 수 있습니다. 그런데 문제는 직무 수행 과정에서 발생되는 감정노동이 생산성 및 다양한 성과를 창출하는 데 있어 방해 요소로 작용하게 되면 부정적인 결과를 초래하므로 지속적인 관리가 필요하다는 것입니다.

따라서 감정노동에 기인한 직무 스트레스를 최소화하기 위해 직원 개개인의 감성 지능을 향상시키거나 조직적인 차원에서 감성 경영을 시행하는 방법이 있을 수 있습니다. 그러나 무엇보다도 중요한 것은 이러한 감정노동을 수행하는 조직의 리더 자리에는 반드시 감성 역량을 갖춘 사람들을 배치해야 한다는 것입니다. 이와 관련하여 작년에 언론을 떠들썩하게 했던 뉴스가 하나 있습니다. 국내의 한 도시락 업체 대표가 자신의 소셜미디어서비스(SNS)에 '공정서비스 권리 안내'에 대한 글을 올린 것인데요. 내용은 아래와 같습니다.

○

"우리 직원이 고객에게 무례한 행동을 했다면 직원을 내보내겠지만, 우리 직원에게 무례한 행동을 하면 고객을 내보내겠다."

"직원들이 감사를 담아 서비스를 제공하겠지만, 무례한 고객에게까지 그렇게 응대하도록 교육하지는 않겠다."

"직원들에게 인격적 모욕을 느끼는 언어나 행동, 큰소리로 떠들거나 다른 고객들을 불편하게 하는 행동을 하실 경우에는 저회가 정중하게 서비스를 거절할 수 있습니다."

"우리 직원들은 언제 어디서 무슨 일을 하든지 항상 존중을 받아야 할 훌륭한 젊은이들이며 누군가에게는 금쪽같은 자식이기 때문이다."

어떤 미사여구보다 해당 업체 대표가 한 말들을 하나씩 곱씹어 보면, 감정노동에 시달리는 직원들을 위한 진정한 감성이 무엇인지가 전해질 것입니다. 직원들의 감성 역량이나 지능을 개발하고 감성 경영을 위한 프로그램을 만드는 것도 중요하지만, CEO의 솔선수범과 자발적인 행동에 기인한 감성적 배려가 감정노동에 종사하는 직원들로 하여금 얼마나 힘이 나게 하는지를 잘 보여 준 사례라고 하겠습니다. 고기도 먹어 본 사람이 잘 먹고 연애도 많이 해 본 사람이 잘하듯 감성이라는 것도 많은 공부와 경험 그리고 자기 노력이 뒷받침되어야 합니다.

필자가 신입사원 시절에 모시던 상사가 이러한 부류의 사람이었습니다. 신입사원 초기에 전혀 알지 못했던 콜센터를 운영하면서 나와는 다른 많은 사람들과 매일 부딪혀야 했는데, 외부 고객보다는 내부 조직에 있는 직원 관리가 무척이나 힘들었습니다. 대부분이 여성이었고, 따라서 그들의 사고방식과 사용하는 언어는 물론 말투의 뉘앙스를 제대로 이해하지 못했습니다. 남자 중심의 사고를 가진 필자는 모든 조직이 그러하듯이 감성보다는 이성적이고 사무적인 말투로 그들을 대했으니 제대로 조직이 돌아갈 리 만무했습니다.

업무뿐만이 아니라 개인적인 일로도 힘들어하던 시절에 그 상사는 제가 고민하고 있는 것을 들어주고 묵묵히 직원 관리에 대해서 말씀해 주셨던 것이 기억이 납니다. 잘 기억은 나지 않지만 아래와 같은 내용이었던 것으로 기억합니다.

○
"성과를 내려고 하지 말고 사람의 마음을 잘 이해하고 그들 편에 서서 도와주려는 마음과 그들과 함께 호흡해야 한다는 것 그리고 외부 고객도 고객이지만, 바로 저기서 열심히 전화를 받는 분들이 진정한 고객이라는 사실을 잊지 말라. 그것만 제대로 되면 나머지는 부수적인 일이 되는 것이지."

조직 관리는 사람이 중요하며 사람이 먼저여야 하고 본질적으로 사람에 대한 무한한 애정을 가지고 있어야 합니다. 특히 감정노동에 종사하는 직원이 많은 기업일수록 직원에 대한 감성이 중요한 역할을 합니다. 위에서 언급한 상사는 아침에 출근하면 일일이 부스를 돌아다니면서 직원들과 인사하고 안마나 스트레칭을 하기도 하고, 직원들의 고민을 최대한 듣고 그들을 이해하려고 노력하였으며, 조그만 일이라도 기억해서 직원들을 끌어안으려 노력했던 것으로 기억합니다. 작지만 정성이 가득 담긴 물건을 건네면서 직원과 소통하는 것을 즐거움으로 생각하였습니다.

예를 들어 책이나 필요한 물건들을 직접 메모와 함께 직원들에게 전달하고 힘든 상황에서도 묵묵히 일하는 당신들이 자랑스럽다고 말씀해 주시는 것을 보며, 조직의 감성은 저러한 방법으로 해야겠다는 생각이 들었습니다. 그 결과, 그분이 재직하고 있는 동안 그 조직은 건전하고 건강한 기업으로 거듭났고 업계에서도 꽤 인정을 받게 되었습니다. 이렇듯 감정노동에 대한 감성 경영은 말이 아닌 실천입니다.

스트레스에는 공감이 최고

우리나라에서 가장 많이 사용하는 외래어는 무엇일까요? 의외겠지만 그것은 바로 '스트레스'라고 합니다. 만병의 근원이라는 스트레스는 삶의 건전한 원동력이기도 하지만 자칫 방치했다가는 우울증, 불안장애와 같은 심리적 질병을 유발하고 심혈관계 질환이나 면역력 저하 및 자해와 같은 행동 증상으로 이어지는 경우가 있어 각별한 주의가 요구됩니다.

스트레스라는 것은 의학적인 용어로 적응하기 어려운 환경이나 상태에 처할 때 느끼는 심리적 또는 신체적 긴장 상태를 의미합니다. 따라서 직장을 다니는 사람이라면 누구나 스트레스는 업보와 같은 것이지만, 현장에서 직접 고객과 대면하는 접점 직원들은 항시 신체적·정신적으로 긴장 상태를 유지할 수밖에 없는 환경에 노출되어 있습니다.

일반적으로 '스트레스'라는 단어를 떠올리면 우리는 긍정적인 것보다는 부정적인 것을 먼저 떠올리는 경향이 있습니다. 아무래도 사회적으로도 그렇고 우리가 접하는 다양한 지식이나 정보를 통해서도 스트레스의 긍정적인 측면보다는 부정적인 측면의 것들이 심하게 각인되어 있어서 좋은 것으로 받아들이기에는 무리가 따르기 때문입니다.

하지만 여기 재미있는 조사 결과가 있습니다. 스탠퍼드대 건강심리학자인 켈리 맥고니걸은 8년간 미국의 성인 3만 명을 추적한 연구 결과를 발표하였는데, 조사를 진행하는 과정에서 이들에게 아래와 같은 질문을 던졌다고 합니다.

ㅇ
질문 1: 작년에 당신은 얼마나 스트레스를 경험하셨습니까?
질문 2: 당신은 스트레스가 건강에 해롭다고 믿으십니까?

결과는 아이러니하게도 3만 명 가운데 스트레스를 많이 경험했다고 응답한 43%의 사람들은 실제 더 많이 사망할 위험성을 보였는데, 이는 오로지 스트레스가 건강에 해롭다고 믿는 사람들에게만 해당하는 수치였습니다. 반면에 스트레스가 해롭다고 생각하지 않은 사람들은 사망과 관련한 질병이 적었으며 오히려 사망 확률이 낮았다고 합니다. 8년간 진행된 연구 결과는 실제 이른 나이에 사망한 수많은 사람들이 스트레스 때문이 아니라 스트레스 자체가 본인에게 나쁘다는 믿음 때문에 더 빨리 사망에 이르렀다는 주장을 펼쳤습니다. 이 실험의 핵심은 결국 스트레스라는 것을 어떻게 생각하느냐에 따라 스트레스에 대한 신체적·정신적인 반응을 바꿀 수 있다는 주장입니다.

예를 들어 스트레스를 받으면 일반적으로 심장박동수가 증가하거나 호흡이 가빠지는 현상이 발생하는데, 이를 단순히 우리 신체가 심리적인 불안이나 초조 및 압박에 잘 대처하지 못하기 때문에 발생하는 것이라고 해석하는 경향이 있습니다. 그런데 이러한 신호들을 "활력을 얻은 신체가 어려움을 극복해 내기 위해 사전 준비를 하는 것이구나!"라고 생각한다면 어떻게 될까요?

과학이 밝혀낸 유의미한 결과는 바로 스트레스를 어떻게 생각하고 받아들이느냐에 따라 그 결과는 큰 차이를 보인다는 사실입니다. 실제로 스트레스를 받을 때 부정적인 생각보다는 "지금 내 몸이 어 어려운 상황을 잘 이겨 낼 수 있도록 돕고 있는 것이다."라고 생각한다면 신체 또한 그렇게 믿고 반응한다는 것입니다.

'스트레스' 하면 빼놓을 수 없는 호르몬이 바로 옥시토신(Oxytocin)입니다. 옥시토신은 인간의 뇌에 있는 뇌하수체에서 분비되는 호르몬으로, 포옹을 하거나 아기를 출산할 때 또는 젖을 먹일 때도 나온다고 합니다. 그러나 옥시토신이 중요한 것은 사람이 친밀한 관계를 강화하고 가족이나 친구들과 신체적인 접촉을 하고 싶도록 유도함으로써 공감 능력을 강화시키는 신경호르몬이라는 사실입니다.

이러한 옥시토신은 인간으로 하여금 스트레스를 올바르게 수용할 수 있도록 해 주고 공감 능력을 향상시켜 타인과의 관계를 바르게 형성할 수 있도록 도와줍니다. 스트레스를 받는다면 옥시토신이라는 호르몬은 스트레스를 받고 있는 자신을 보살펴 줄 누군가를 찾도록 해 줍니다. 그뿐만 아니라 스트레스로 고통받고 누군가에게 후원이나 지지, 도움을 주려고 한다면 옥시토신은 더욱더 분비가 활발해져 결국 당신이 품고 있던 스트레스를 더 빠르게 회복시킵니다.

　감정노동에 시달리는 직원들에게 공감이나 지지만큼 훌륭한 버팀목은 없습니다. 또한 여러분들이 스트레스로 고통받고 있을 때, 이러한 스트레스 반응을 유익하다고 생각하며 스트레스를 받고 있는 동료나 직원들에게 접촉이나 지지, 공감하려는 노력을 한다면 오히려 자신이 겪고 있는 시련이나 어려움을 극복해 낼 수 있는 탄력회복성을 강화시킬 수 있을 것입니다.

　주변의 동료가 감정노동으로 인해 힘들어한다면 가서 그 동료를 지지하고 공감해 주세요. 그리고 그들을 보살피려는 노력이 결국 자신의 스트레스를 감소시킨다는 사실을 꼭 기억하기 바랍니다.

빌리지 효과와 로제토 효과

이탈리아 사르데냐라는 섬은 세계에서 제일 유명한 장수촌입니다. 100세 이상의 노인의 비율이 세계 장수마을과 비교했을 때 무려 6배나 높을 정도로 장수하는 노인들이 많다고 합니다. 그뿐만 아니라 보통은 남자보다는 여자가 장수를 하는데, 이 지역은 특이하게 남녀 모두 똑같이 장수를 한다는 사실입니다. 사르데냐 지역 사람들은 타 지역 사람보다 20~30년을 더 산다고 하는데, 이 마을은 다른 지역과 구분되는 몇 가지 전통적인 특징이 있다고 합니다.

먼저 성인이 된 자녀들이 부모들과 끈끈한 유대를 맺고 있고, 부모나 어른들의 음식을 준비하거나 몸을 씻기는 행위 자체를 당연하게 여기는 전통이 존재했습니다. 그뿐만 아니라 마을 사람들끼리 자주 얼굴을 마주치고 음식을 나눠 먹었으며, 부부간의 유대도 깊고 대부분 사교적이고 활동적이라고 합니다. 또한 사별하더라도 금세 재혼을 하는 등 혼자 살기보다는 함께하는 삶 속에서 심리적인 안정을 유지하고, 대부분 양이나 염소를 키우는 목동으로 해발 400m 산간 지역을 오르내리며 하루 평균 12km를 걷는다고 합니다.

미국 펜실베이니아에는 이탈리아 이민자들의 공동체인 로제토(Roseto)라는 마을이 있습니다. 이탈리아에서 미국으로 이주는 했으나 이들은 그들이 이탈리아에서 살았던 방식대로 공동체 생활을 했다고 합니다. 1950년대 스튜어트 울프라는 사람이 이 공동체에 초청 강연을 하러 왔는데, 이 지역 의사가 17년간 진료를 하면서 특이하게 로제토 공동체에는 65세 미만의 노인들에게서 심장마비 환자가 거의 없다는 말을 듣고 놀라게 됩니다. 그 당시 미국에서는 65세 미만의 사람들의 사망 원인 중 1위가 심장마비였기 때문입니다.

그런데 재미있는 사실은 로제토 지역 사람들은 운동은 고사하고 연일 담배와 술을 즐기고 올리브 기름이 아닌 돼지기름을 사용한 음식을 즐겨 먹을 정도로 식습관도 최악이었다는 사실입니다. 다양한 연구 조사가 진행되었지만 도저히 로제토 공동체 사람들의 심장병 사망률이 낮은 이유를 찾아내기 힘들었다고 합니다.

하지만 우연히 기회에 심장병 사망률이 낮은 이유를 발견하게 되는데, 그것은 바로 '확장된 가족공동체'라는 사실이었습니다. 이들은 상호 간의 유대와 상호 부조 및 공감을 통해 척박한 환경을 이겨 낸 것입니다. 예를 들어 음식을 함께 만들어 먹거나 공동체 내에 수많은 모임이 있었으며 3대가 함께 모여 사는 것이 흔했고, 누가 죽으면 온 마을 사람들이 애도를 하고, 부모가 사망할 경우 그 자녀들을 함께 돌봐 주며 가족을 잃은 사람들에게는 공동체에서 식량과 돈을 지원하였습니다. 어떤 사람이 어려움에 처해 있을 때 자신이 속한 집단이 자신을 보호해 줄 수 있다는 확신과 공동체가 함께한다는 유대가 이들이 힘들고 척박한 환경에서도 적응할 수 있도록 도운 것입니다.

여러 연구 자료에 의하면 사회적인 접촉이 많을수록 치매 증상이나 심장질환이 급격히 낮아지고 친구들이나 지인들의 관계가 지속적이고 끈끈할수록 수명이 길어지며 상호 간의 지지와 격려, 공감만으로도 생리학적인 스트레스성 반응이 현저하게 줄어든다고 합니다.

위에서 언급한 이탈리아 샤르데냐 섬의 경우는 흔히 '빌리지 이펙트(Village effect)'라고 불리며 관계의 중요성을 강조합니다. 갈수록 각박해져 가는 사회를 살리기 위해서는 우리가 오랫동안 잊고 지내던 상호 간의 '관계'에 다시금 관심을 가져야 함을 일깨워 줍니다.

로제토 효과의 경우도 결국은 사람 간의 관계가 신체적·정신적으로 힘든 상황을 능히 떨쳐 나가게 할 수 있도록 한다는 사실을 강조하고 있습니다. 빌리지 효과나 로제토 효과에서 보듯이, 아무리 척박한 환경이나 상황에서도 서로 배려하고 공감하고 사교적이며 서로의 아픔이나 슬픔을 함께할 수 있는 것만으로도 부정적인 정서나 상황을 극복해 낼 수 있습니다.

감정노동은 이제 개인적인 이슈로 치부하기에는 강도 자체가 상상을 초월할 정도로 심각해지고 있습니다. 감정노동이 사회적인 이슈로 대두되면서 일부 기업체에서는 감정노동을 완화 및 개선하기 위한 다양한 프로그램이나 제도를 마련하고 있지만, 실제 감정노동으로 인한 피해를 줄이기에는 한계가 있습니다. 필자가 주장하고 싶은 것은 바로 빌리지 효과나 로제토 효과에서 보듯이 조직 내에서 직원들끼리 상호 위로와 격려할 수 있는 분위기를 마련하자는 것이며, 적어도 감정노동에 있어서 만큼은 '우리'라는 공동체 의식이 필요하다는 것입니다.

대부분의 시간을 직장에서 보내는 직장인의 경우 아무래도 직장이라는 일터가 편안하고 친근해야 업무를 효과적으로 수행할 수 있습니다. 그런데 직장에서 감정노동으로 시달린다면 효과적으로 업무를 수행하기에는 한계가 있습니다. 따라서 감정노동으로 인해 소진 상태에 있는 직원에게 따뜻한 격려의 말 한마디나 그들의 아픔에 공감하고 배려하는 태도만으로도 상당한 치유 효과가 있습니다.

별것이 아님에도 불구하고 자신의 억울하고 답답한 심정을 털어놓을 수 있는 사람이 있다는 것만으로 답답한 마음이 풀리고 공감을 받은 만큼 기운도 얻을 수 있는 것입니다. 사람으로부터 받은 상처는 사람으로부터 치유된다는 말은 우연히 나온 것이 아닙니다.

따라서 조직에서는 직원간에 자주 어울릴 수 있는 기회나 상황을 만들고 직원 간의 유대를 강화하기 위한 프로그램을 운영하는 것이 바람직합니다. 멘토링 프로그램이나 문화를 통한 직원 간의 소통도 좋지만, 누군가에게 자신의 상황을 털어놓을 수 있고 문제를 함께 고민할 수 있는 기회가 많이 제공된다면 감정노동으로부터의 부정적인 정서를 완화시키는 데 큰 도움을 받을 수 있습니다.

최근 적지 않은 업체에서 직무 스트레스와 감정노동 문제를 해결하기 위해 심리 상담 프로그램을 도입하여 효과를 거두고 있는데, 이에 덧붙여 직원들이 '우리'라는 공동체 의식을 느끼고 동참할 수 있도록 직원과의 소통을 위한 채널을 다변화하고 정기적인 면담이나 미팅은 물론 감성 역량을 향상시킬 수 있는 프로그램을 마련하고 시행하는 것도 바람직합니다.

　조직에서는 '우리'라는 공동체 인식을 심어 주고 지지해 주는 노력과 더불어, 개인의 경우 자신을 보호해 줄 수 있는 파트너로서 직장 동료와의 끈끈한 관계를 유지할 필요가 있습니다. 유대를 통한 공동체 의식이 공유된 직장 동료와의 관계는 감정노동으로부터 서로를 보호하고 어려울 때 서로를 지지하고 위로함으로써 부정적인 정서를 최소화하고 감정노동으로부터의 피해를 최소화하는 데 핵심적인 역할을 합니다.

『빌리지 이펙트』라는 책에는 이러한 문구가 있습니다.

○
　'접속하지 말고 접촉하라!'

　감정노동으로부터 자신을 보호하길 원한다면, 인터넷이나 SNS에 접속하는 것보다는 직장 동료나 지인과의 잦은 접촉이 오히려 도움이 된다는 사실을 잊지 마세요. 어차피 세상은 혼자가 아닌 여럿이 함께 사는 곳이며 '혼자가 아닌 더불어 살 때' 비로소 의미가 있다는 사실도 부디 잊지 말길 바랍니다.

Part 4

감정노동을 치유하라

감정노동 치유는
자존감 회복부터

얼마 전 뉴스에 나온 실화입니다. 벤츠를 몰고 다니는 50대 여성이 셀프주유소에 가서 아르바이트생에게 카드를 던지며 주유해 달라는 요청을 했고, 셀프 주유의 의미를 설명해 주며 아르바이트생은 카드를 주워 다시 되돌려주었습니다. 50대 여성이 이번에는 차 안에 있는 쓰레기를 집어 던지기 시작했습니다. 아르바이트생도 지지 않고 다시 되돌려주었는데, 이에 분을 못 이긴 못난 사모님은 이 아르바이트생에게 주먹질을 해댔고 결국 약식기소로 마무리되었습니다.

뒤를 이어 장류를 취급하는 식품회사 사장의 운전기사 폭행 및 욕설 사건에 이은 피자업체 회장의 경비원 폭행 사건, 그리고 대기업 사장의 '갑질 매뉴얼'에 폭행 사건에 이르기까지, 이제는 별로 새로울 것 없는 비뚤어진 사람들의 갑질을 보게 됩니다. 일련의 갑질을 보면서 우리나라의 감정노동은 일부 고객의 삐뚤어진 의식이 변화되진 않는 한 지속적으로 발생할 수밖에 없겠다는 생각이 들었습니다. 앞으로도 마찬가지겠지만 갑과 을의 관계가 지속적으로 유지되는 한 감정노동 관련해서 어처구니없는 사건들은 지속적으로 발생할 수밖에 없고, 이러한 환경하에서는 감정노동자에 대한 보호 또한 큰 변화를 기대하기는 어렵다는 생각입니다.

연일 터져 나오는 감정노동 관련 뉴스를 접하면서 현장에서 다양한 형태의 감정노동을 직접 목격하고 경험한 필자로서는 감정노동의 이슈가 꼭 '남의 일이라고 간단히 치부할 수 있는 성질의 것이 아니다.'라는 생각을 해왔습니다. 그러한 생각이 본 책을 집필하는 이유이기도 합니다. 갑질로 인한 감정노동자들의 폐해들을 보면서 우리가 주목해야 하는 것은 그들이 갑질을 받아들이는 방식과 그 결과로 인해 그들이 받을 상처와 고통입니다. 무엇보다 이들이 폭행과 욕설을 당하면서도 참아야 했던 저간의 사정도 이해는 되지만 그보다 이후에 자존감의 저하로 이어지지 않을지 걱정이 됩니다.

필자의 경우, 감정노동의 부작용을 극복해 내는 데 있어 가장 중요한 핵심 요소는 자존감의 회복이라고 생각합니다. 흔히 자존감은 자신의 품위를 스스로 지키려는 감정 또는 있는 그대로의 자신을 존중하는 것으로 정의 내릴 수 있는데, 접점 직원들이 자신이 하는 업무에 대한 자존감을 잃지 않도록 하는 것이 중요합니다.

한 연구 자료에 의하면 직업에 대한 자존감이 높을수록 고객의 감정적인 자극에 대해서 의미를 두지 않고 업무에 집중할 수 있으며, 자신 스스로 긍정적인 자기자각을 통해 스스로 가치 있는 사람이라고 생각해 어려운 상황을 잘 헤쳐 나가고 스트레스에 잘 적응한다고 합니다.

전문가들에 의하면 자존감이 낮은 사람들이 보이는 전형적인 패턴 3가지가 있다고 합니다. 첫 번째 패턴은 자존감이 낮은 상태에서 자신이 처한 상황에 대해 직접적으로 맞서기보다는 회피하는 경향을 보이는 경우이고, 두 번째 패턴은 자신이 쓸모없는 존재라고 생각하는 낮은 자존감을 만성적으로 유지하는 경우입니다. 마지막 패턴은 위에서 설명한 패턴과는 달리 자존감을 다시 회복하기 위해 노력하는 경우입니다.

마지막 패턴을 유지한다면 큰 문제가 없겠지만, 첫 번째 패턴의 경우 대인기피와 같이 타인과 거리를 두거나 자신의 약함을 숨기기 위해 강한 척하거나 까칠하게 구는 행위를 반복합니다. 또는 은따, 왕따를 주도하면서 자신이 우수하다는 평가를 받고자 하거나 도박이나 게임을 통해 현실을 도피하는 등의 행동을 보입니다. 이러한 행동은 임시방편일 뿐 근본적인 문제 해결이 아니어서 결국에는 또 다른 나쁜 선택을 하게 될 위험성이 높습니다. 두 번째 패턴이 가장 위험한데, 장기간 지속되면 결국 육체적·심리적으로 무방비 상태가 되어 우울증에 빠지거나 심하면 자살로 이어질 수 있습니다.

보통 부정적인 감정이나 분노, 불안, 불만의 기저에는 낮은 자존감이 깔려 있는 경우가 많은데, 사실 자존감이 낮으면 아무리 좋은 심리 프로그램이나 힐링을 시행해도 단기적인 효과에 그치는 경우가 많습니다. 따라서 조직이나 개인은 이러한 직원들을 대상으로 자존감을 살리거나 강화하기 위해서 노력해야 합니다.

최근 일부 기업에서 접점 직원들을 대상으로 자존감을 회복시키기 위해 다양한 프로그램을 도입하여 활용하고 있습니다. 대표적인 것이 집단 심리상담 또는 심리치료를 통해 자존감 향상 및 회복을 돕기도 하고, 자존감 회복을 위한 특강이나 훈련을 통해 스스로 자존감을 찾게 하는 경우가 대표적입니다. 이외에도 칭찬이나 미담 사례가 자존감을 높이는 데 효과적이라고 판단하여 직원들에게 시상하고 관련 사례를 공유하기도 합니다.

이러한 기업들의 노력도 필요하지만, 자존감이라는 것은 개인적인 측면에서 스스로 향상시켜야 할 과제라고 생각합니다. 자존감을 회복하는 데 있어서 중요한 것은 자신의 존재에 대한 소중함을 느끼는 것입니다. 이 세상은 나 자신이 없으면 존재하지 않습니다. 내가 존재하므로 세상이 존재하기 때문에 나 자신만큼 소중한 존재는 없다고 생각해야 합니다.

자신의 존재 이유와 함께 소중한 존재라는 것을 자각하였다면 생활 속에서 자신이 좋아하는 일을 하는 것은 어떨까요? 자신이 살아오면서 가장 행복했던 일을 떠올리거나 아니면 꼭 해 보고 싶었던 일을 해 보는 것입니다. 그리고 자존감을 저하시키는 요인들과 거리 두기를 해 보는 것도 좋습니다. 우리 주변에는 의도적이든 비의도적이든 우리의 자존감을 무너뜨리려는 사람들이 많습니다. 예를 들어 아래와 같은 말을 상습적으로 해대는 사람들 말입니다.

○
"야! 네 주제에 뭘 그런 것을 하려고 난리냐?" "어차피 해도 되지도 않을 것이고 괜히 시간 낭비하지 말고 지금하고 있는 일이나 잘해라!" "야! 제발 그러지 말고 하라는 대로만 하라고!" "네가 정말 걱정되어서 그러는 건데, 그러다가 정말 큰일난다." "너 자신과 상황을 정확히 봐라. 그게 가능한 일인지……. 정말 답이 안 나온다."

이러한 사람들은 매사가 부정적이며 주변 사람들에게 상처가 되는 말을 스스럼없이 내뱉어 상대방을 위축시키거나 의지를 꺾어 놓습니다. 이러한 사람을 주위에 두면 친분을 빌미로 우리의 자존감을 한없이 끌어내리므로 이들과는 거리를 두는 게 좋습니다. 오히려 자기 자신의 장점과 강점을 발견해 내고 힘을 실어 주는 지인들과 친하게 지내는 것이 낫습니다.

위에서 말한 것과 함께 중요한 것은 자신에 대한 칭찬이 선행되어야 한다는 것입니다. 스스로를 칭찬하지 못하는 사람은 당연히 자존감이 낮을 수밖에 없습니다. 누구나 콤플렉스는 있으며, 몇 가지 안 되는 사실들(Facts)만을 부각시켜 스스로를 비하할 필요는 없습니다. 그보다는 자기 암시를 통해 긍정적으로 받아들이고 인식하는 것만으로도 자존감을 향상시킬 수 있음을 잊지 말아야 합니다.

우리 주변에는 타인이 자신을 칭찬하는 것에 대해 못 견뎌 하는 사람들이 의외로 많습니다. 물론 겸손을 미덕으로 삼는 사회 속에 살다 보니 누군가의 칭찬을 자연스럽게 받아들이지 못하는 문화에 익숙하다는 것을 잘 알고 있습니다. 그러나 자연스럽게 타인의 칭찬을 자연스럽게 받아들이는 연습 또한 필요합니다. 남의 칭찬이 조금 부담스럽고 오그라들더라도 그냥 "그렇게 말씀해 주시니 고맙습니다."라고 자연스럽게 받아들이고 넘어가는 습관을 들이는 것만으로도 자신을 스스로 긍정함으로써 자존감을 높일 수 있습니다.

지금 당장 자신의 자존감을 향상시킬 수 있는 쉬운 것부터 직접 실행에 옮겨 보는 것은 어떨까요?

감정노동에 의한 스트레스 자가 진단법

 일반적으로 스트레스란 인간이 신체적으로 또는 심리적으로 어려운 상황에 처해 있을 때 느끼는 불안이나 위협의 감정을 의미하는데, 스트레스를 받게 되면 걱정, 근심, 초조 등의 불안 증상이 나타나고 심하면 우울증으로 이어지기도 합니다. 과도한 스트레스가 오랫동안 지속될 경우 식이장애는 물론 수면 장애와 함께 면역 기능이 저하되는 등 다양한 부작용을 양산하고 당뇨, 두통, 만성피로, 체중 감소 또는 증가, 위장 질환과 같은 신체 질환을 동반하기도 합니다.
 문제는 이러한 스트레스가 감정노동과 결부되면서 더 많은 부작용을 양산하고 있다는 사실입니다. 친절을 강요하는 기업 정책과 그러한 기업의 정책을 당연시 여기는 고객들의 기대 수준이 높아짐에 따라 감정노동자들의 직무 스트레스는 더욱 가중될 수밖에 없습니다. 고객 만족이 기업의 지속적인 성장과 생존에 직간접적인 영향을 주면서 감정노동의 강도는 갈수록 커지고, 감정노동으로 인한 폐해 또한 정도가 심해지고 있는 상황입니다.

감정노동으로 인한 스트레스는 서비스 산업의 특성에 기인한 바가 크며 '서비스 사회화'와 같은 서비스 산업의 급격한 발달과 함께 '고객은 왕'이라는 왜곡된 인식이 과도하게 서비스에 반영되는 과정에서 발생합니다. 또한 고객과의 대면 시간이 길어짐에 다라 감정노동자 자신의 감정과 노동자로서 느끼는 감정의 부조화로 인해 스트레스가 발생되기도 합니다. 그뿐만 아니라 어떠한 상황일지라도 고객을 상대로 자신의 감정을 숨기고 외적으로는 친절한 표정과 말투, 행동을 유지하도록 강요받기 때문에 발생하는 경우가 대부분입니다.

이외에도 기업 측이 서비스 업무 수행에 필요한 구체적인 행동요령에 대한 지침서를 만들어서 배포하거나 지침서대로 잘 따르고 있는지를 수시로 감독하기 때문에 발생하기도 하는데, 대표적인 것이 대고객 서비스의 이행이 규정대로 되고 있는지에 대한 모니터링 평가(미스터리 콜, 미스터리 샤퍼 등)입니다. 이를 인사고과에 반영하는 기업의 조직적인 인사평가 체계로 인해 감정노동의 스트레스가 발생하기도 합니다.

본서에서는 감정노동과 관련하여 중간중간에 관리보다는 예방이 중요함을 지속적으로 강조합니다. 위에서 감정노동으로 인한 스트레스를 설명하고 스트레스의 발생 원인을 살펴보았는데, 예방과 관련하여 중요한 활동을 하나 꼽으라고 한다면 감정노동에 대한 진단이라고 할 것입니다.

국내에서 아직 직무 스트레스나 감정노동을 예방하기 위한 정기적인 스트레스 테스트가 의무화되어 있지 않았지만, 가까운 일본의 경우 2015년에 '스트레스검사 의무화법'이 발의되어 50명 미만의 사업장에서는 1년에 한 번씩 시행되고 있습니다. 모든 것이 그렇지만, 측정하고 평가하지 않으면 개선이나 보완이 이루어질 수 없습니다.

그렇다면 이와 같이 대면이나 비대면 채널에서 감정노동자들이 겪는 스트레스의 경우 국내에서는 어떠한 방법으로 평가할까요? 안전보건공단에서는 직무 스트레스 예방 지침이라고 할 수 있는 KOSHA(Korea Occupational Safety & Health Agency) 가이드를 통해 직무 스트레스 파악을 위한 체크리스트를 개발하여 공시하였습니다. KOSHA 가이드에서는 감정노동을 주로 하는 사람들에게서 아래와 같은 증상이 평소보다 많이 발생한다면 직무로 인한 스트레스가 위험한 수준에 도달해 있음을 인식하여야 한다고 제시하고 있습니다.

- 일의 능률이 저하된다.
- 별것도 아닌 일에 동료한테 화를 낸다.
- 짜증나고 성가신 경우가 많다.
- 업무 성과가 오르지 않는다.
- 회사를 며칠이라도 쉬었으면 좋겠다고 생각한다.
- 괜히 초조하고 안절부절못한다.
- 내 뜻대로 일이 진행되지 않는다.
- 머리가 자주 아프다.
- 소화가 잘 안 된다.
- 전보다 잠이 잘 안 온다.
- 흡연이나 음주가 전보다 늘었다.

이외에도 2013년 산업안전보건연구원에서는 한국형 감정노동 평가 도구와 작업장 폭력의 수준을 평가할 수 있는 도구를 개발하였고, 2014년 도구의 적용과 함께 타당성 검토에 관한 연구를 수행하였습니다. 이를 토대로 2015년 한국형 감정노동 평가 도구를 국내 언론사와 함께 디지털 콘텐츠를 접목, 활용함으로써 감정노동자 스스로 자신의 감정노동 수준을 테스트할 수 있는 '감정노동 스트레스 수준 테스트'를 개발하고 이를 활용하도록 하였습니다.

산업안전보건연구원에서 개발한 감정노동 평가 도구는 총 5가지 항목으로 구성되어 있습니다. 주요 평가 항목은 감정 조절의 요구 및 규제(5문항), 고객 응대의 과부하 및 갈등(3문항), 감정부조화 및 손상(6문항), 조직의 감시 및 모니터링(3문항), 조직의 지지 및 보호 체계(7문항)이며, 총 24개 항목을 통해 감정노동 수준을 평가합니다.

항목 1. 최근 2주간 항상 우울한 느낌이 들거나 기분이 가라앉는다.

항목 2. 최근 2주간 여러 가지 일에 흥미가 없어지거나 즐기고 싶지 않다.

항목 3. 식욕이 감소 또는 증가했다. 의도하지 않았는데 체중이 감소 또는 증가했다.

항목 4. 매일 밤잠을 잘 못 들고 밤중 또는 아침 일찍 눈이 뜨이거나 반대로 늦게까지 잔다.

항목 5. 말이나 동작이 느려지고 불안 초조하여 진정이 안 되고 가만히 앉아 있을 수 없다.

항목 6. 항상 피로를 느끼거나 기력이 없다고 느낀다.

항목 7. 항상 자신이 가치가 없다고 느끼거나 또는 죄의식을 느낀다.

항목 8. 항상 집중이 안 되거나 빨리 판단할 수 없다.

항목 9. 자신에게 상처를 내거나 '죽었으면 좋겠다'라고 반복적으로 생각한다.

이외에도 우울증, 우울 상태가 의심될 때의 체크 항목을 개발하였는데, 위 9가지 항목 중 1번과 2번 항목 중 한 개 이상을 포함하고 합계가 5개 이상의 증상이 있을 경우 우울증이라고 추정할 수 있다고 가이드를 제시하고 있습니다.

그 밖에도 최근에는 스트레스 자가 진단 테스트를 할 수 있는 애플리케이션도 선을 보이고 있습니다. 스마트폰 카메라에 손가락을 대면 몸과 마음의 스트레스를 수치로 판정해 주는 앱도 있고, 문진 형태로 물어보고 문항별로 점수를 취합하여 결과치에 따라 스트레스 지수를 알려 주는 유용한 앱들도 있으니 참고하시면 좋겠습니다.

우리가 감정을
조절해야 하는 이유

살다 보면 한두 번쯤은 '우리를 지배하는 것은 과연 육체일까? 아니면 정신일까?'라는 질문을 해 보곤 합니다. 비단 필자만 그런 것이 아니라, 대부분의 사람들이 궁금해하는 질문 중에 하나가 아닐까 싶습니다. 대부분의 전문가들의 의견에 따르면, 정신이 육체를 지배한다는 주장이 우세합니다.

예전에 읽은 책 중 베르나르 베르베르가 쓴 『개미』라는 소설에는 어떤 사람이 냉동 컨테이너에 갇힌 사건을 다룬 내용이 나옵니다. 일하다가 냉동 컨테이너에 먹을 식량이 충분했음에도 불구하고 갇힌 사람은 시간이 지남에 따라 오래 버티지 못할 것을 예상하고 자신이 겪은 고통을 시간별·날짜별로 냉동 컨테이너 벽에 새겨 놨다고 합니다. 즉, 자신이 경험한 죽음의 고통을 하나도 빼놓지 않고 꼼꼼히 기록한 것입니다.

목적지에 도착해서 냉동 컨테이너를 열어 보니 그 사람은 이미 죽어 있었습니다. 그러나 냉동 컨테이너 속 온도는 영상 19도였습니다. 더 웃긴 것은 해당 냉동 컨테이너는 화물이 아니었기 때문에 냉동 장치가 가동되고 있지도 않았다는 사실입니다.

이외에도 내셔널지오그래피 채널에서는 행동 변화 전문가인 다니엘 핑크(Daniel Pink)가 노인들을 대상으로 한 가지 실험을 했습니다. 실험 참가자들에게 실제 결과와는 상관없이 체력 측정 결과 신체지수가 10년은 젊게 나왔다고 한 것입니다. 즉, 실제 나이보다는 10살은 젊게 나왔다는 생각을 지속적으로 주입한 것인데 이러한 생각을 주입한 후 다시 체력을 측정한 결과 모든 참가자들의 힘과 속도가 달라졌습니다. 속도는 실험 참가자 평균 11%가 증가하였고, 힘의 경우 무려 17%가 증가하였습니다.

위 이야기나 실험은 바로 어떤 생각을 가지고 사느냐에 따라 행동 또한 달라진다는 것을 보여 줍니다. 즉, 자기 암시(Auto suggestion)가 중요하다는 것을 보여 주는 사례라고 할 수 있습니다. 그렇다면 감정은 어떨까? 감정이라는 것은 과연 신체에 어떤 영향을 줄까요?

이와 관련하여 핀란드 알토대학 연구팀은 700여 명을 대상으로 아주 흥미로운 실험을 진행하였습니다. 참가자를 대상으로 특정 단어나 영상물을 보고 느끼는 감정에 따라 감각이 활성화 또는 오히려 저하되는 신체 부위에 직접 색칠을 하게 한 것입니다. 체온이 올라간다고 느낀 부위는 노란색, 떨어진다고 느껴지는 부위는 파란색, 변화가 없는 곳은 검은색으로 표시한 결과 대부분의 감정이 강한 신체적인 지각을 유발한 것으로 나타났습니다. 예를 들어 분노와 두려움은 상체를 자극하였고, 화가 났을 경우 팔과 손 부위가 활성화되었으며,

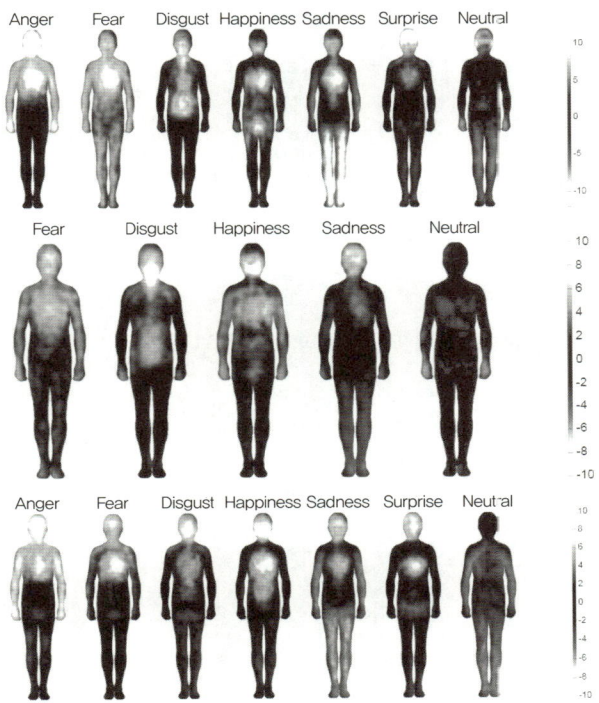

감정에 따른 신체의 활성화 정도를 보여 주는 감정지형도 | 출처 : Aalto University website

슬픔이나 수치심이 들었을 경우 상체는 활성화되지만 하체는 비활성화되었습니다.

   실제로 우리가 어떤 일이나 상황으로 인해 스트레스를 받으면 가슴이 답답해지고, 문제가 발생하면 머리가 지끈지끈 아프거나 기분 나쁜 일이 있으면 속이 메스껍다고 느끼는 것처럼 우리가 일상에서 느끼는 모든 감정이나 생각은 우리 몸에 고스란히 반영됩니다. 어떤 사건이나 상황 때문에 우울함을 느낀다면 우리 몸은 축 처지며, 이에 반해 행복감을 느끼면 온몸에 활기차고 따뜻한 느낌을 받습니다.

위 실험에서 행복감을 느끼는 사람들의 경우 머리부터 발끝까지 신체의 모든 부분이 활성화되었는데, 실제 사람이 행복하면 온몸이 따듯해지고 전율을 느끼는 경험을 한다고 하는 것은 일정 부분 실험을 통해서도 증명된 셈입니다. 이를 통해 우리가 어떤 생각과 어떤 감정을 가지고 있느냐에 따라 우리 신체가 다르게 반응한다는 사실을 알 수 있습니다. 따라서 감정노동으로 인해 부정적인 감정이나 생각을 가진 사람들이라면 하루 빨리 긍정적인 태도 변화와 함께 자기 암시를 통해 부정적인 감정이 자신을 지배하지 않도록 노력해야 합니다.

우리 몸에 부정적인 감정이나 생각이 지배적이면 당연히 우리가 살아가는 데 필요한 삶의 에너지는 고갈될 수밖에 없으며 이로 인해 스트레스, 불안장애는 물론 다양한 질병에 시달릴 가능성이 높습니다. 이 때문에 접점에 있는 직원들은 자신을 보호하고 건강한 신체와 행복한 삶을 영위하기 위해서라도 감정을 조절하여야 합니다. 특히 우리나라와 같이 자신의 감정을 솔직히 드러내는 것을 꺼려하는 문화와 환경에서 살면서 동시에 직장에서는 자신의 의지와는 상관없이 업무에 필요한 감정만 사용할 것을 강요당하는 사람들이 많은 곳에서 감정 조절은 필수적이라고 할 수 있습니다.

감정 조절을 하기 위해서는 다양한 방법이 있으나 시간적·물리적 공간의 한계가 있는 직장인들에게 가장 좋은 방법은 호흡과 명상이라고 할 수 있습니다. 여러 가지 방법이 있으나 아래와 같은 순서대로 진행해 보면 감정을 조절하는 데 도움이 된다고 합니다. 이를 '뇌파진동 명상'이라고 합니다.

○
① 간단히 목, 어깨, 가슴, 팔 등 주요 부위에 대한 스트레칭을 통해 스트레스를 완화시킨다.
② 호흡을 할 때는 코로 들이쉬면서 팔을 벌리고 입으로 내쉬며 팔을 접는 행위를 반복하는데, 호흡을 하면 부교감 신경이 활성화되어 마음이 편안해진다.
③ 앉은 자세에서 눈을 감고 머리를 흔들어 주는데, 약 10회가 적당하며 이때 입을 약간 벌리고 흔들어야 어지러움을 방지할 수 있다.
④ 머리 흔드는 것을 멈추고 호흡을 크게 내쉬며 어깨, 목, 가슴, 얼굴이나 팔의 긴장을 풀며 눈을 감는다. 머리를 흔든 후 눈을 감는 행위는 근심이나 걱정 또는 불안한 상황을 해소 및 제거시켜 주는 역할을 한다.
⑤ 눈을 감은 상태에서 근심이나 걱정, 불안한 감정이나 생각에 집중하고 편안한 마음으로 인정해 준다. 현재 자신의 불안, 걱정, 근심에 대한 감정을 관조적인 자세로 바라본다[객관화하기].
⑥ 지금 자신이 겪고 있는 고민이나 감정이 가치 있고 의미 있는 일인지 스스로 자문해 본다.
⑦ 스스로 고민이나 감정이 별것이 아니라고 생각하거나 호흡을 내쉬면서 고민과 걱정을 내쉰다.
⑧ 편안한 마음으로 숨을 내쉬며 눈을 뜬다.

감정 조절이 되지 않을 때는 위와 같은 방법을 주기적으로 반복 시행해 봅시다. 하루에도 수많은 고객과 대면하면서 감정을 소모해야 하는 사람들에게는 이와 같은 방법을 통해 자신의 감정들이나 생각들이 어떻게 움직이는지를 이해하고 인정하며 관조적인 자세로 객관화시키면, 감정 조절은 물론 마음의 평화가 깃드는 것을 느낄 수 있을 것입니다.

셀프 감정 케어법

필자도 감정노동에 시달려 봤기에 감정노동에 대처하기란 쉽지 않다는 것을 잘 알고 있습니다. 특히 사회적으로 또는 제도적으로 뒷받침되지 않은 상황에서는 더욱더 대처하기가 어렵습니다. 익히 알고 있다시피 감정노동으로 인한 스트레스는 상상을 초월합니다. 그러나 대부분의 사람들은 감정노동으로 인한 스트레스를 제때 풀지 못하고 쌓아 두는 경향이 많습니다. 실제로 가까운 사람들과의 대화를 통해 자신의 감정을 솔직히 드러내는 것만으로도 감정노동으로 인한 폐해를 어느 정도 막을 수 있는데도 말입니다.

그렇다면 개인이 감정노동에 대처하는 현명한 방법은 무엇일까요? 몇 가지 대안을 생각해 보고자 합니다.

먼저, 감정노동이 발생하게 하는 대상 자체를 객관적으로 분리하는 것입니다. 보통 기업에서는 감정노동자들에게 본래의 감정노동에 필요한 감정을 내면화하기를 요구하는 경우가 많습니다. 그러한 상황에서 우리가 제일 먼저 할 수 있는 것은 내면화가 아닌 대상 자체를 객관적으로 분리하여 생각하고 업무를 수행하는 것입니다.

예를 들어 몰상식한 고객이 자신을 하대하거나 비이성적인 행동을 할 경우, 감정노동자 자신을 대상으로 하는 것이 아닌 기업의 상품이나 서비스를 대상으로 그와 같은 행동을 한다고 생각하는 것이 대표적입니다. 감정을 지닌 인간인지라 쉽지는 않겠지만 객관적으로 분리하려는 노력은 상황을 객관적으로 볼 수 있도록 도와주기 때문에 이러한 사고의 변환이 필요합니다. 예를 들어 아래와 같이 생각해 보는 것입니다.

○
"업무로 인해 발생한 문제지, 나로 인해 발생한 것은 아니잖아."
"저 사람의 불만은 서비스나 상품으로 인한 불만이지, 나로 인해 발생한 것이 아니잖아."
"고객이 이따위 식의 행동을 하는 것은 나의 태도와 문제와 아무 관련이 없는 것이잖아."

이렇게 일과 자신을 분리하여 객관적으로 생각하는 것이 자신을 보호하는 방법 중에 하나라는 사실을 인식할 필요가 있습니다. 억압 또는 발산하는 것도 감정노동에 대응하는 방식이기는 하지만, 그리 좋은 방법은 아닙니다. 차라리 제3자의 관점에서 자신의 감정을 객관화해 보는 것이 낫습니다. 이렇게 부정적인 감정은 분명 인식하되 상황 자체를 객관화함으로써 습관적인 반사반응을 최소화하는 것입니다.

　두 번째로, 상황에 대한 인정 및 역지사지의 태도도 필요합니다. 흔히 욕설이나 폭언 또는 억지 주장과 폭력은 물론 공갈, 협박까지 해대는 몰상식한 사람들은 정상적인 사람들이 아닙니다.

　가끔 번화가에 나가 보면 술 먹고 싸우는 사람들을 종종 목격합니다. 스트레스나 불안으로 인한 것인지 아니면 개인적인 문제인지는 모르지만, 대부분 술을 먹고 싸우는 사람들을 대상으로 정상적인 사람들이 같이 주먹다짐을 하는 경우는 드뭅니다. 술 먹은 사람하고 싸우는 것이 비정상이기도 하지만, 이미 상대방의 상황을 알고 있기 때문에 그 자리를 피하는 것이 상책임을 잘 알고 있기 때문입니다. 따라서 몰상식하고 비이성적인 고객은 취객이나 정상적인 사고를 가지고 있지 않은 사람들이라고 생각하고, 이들의 상황을 이해하고 대응해 주는 것입니다.

　예를 들어 "지금 현재 일어나고 있는 상황을 있는 그대로 받아들이자."라고 지속적으로 되뇌면서 상황을 인정하는 것입니다. 쉽지는 않겠지만 상황을 인정하면서 '해당 고객은 정신적으로 병들고 평정을 잃은 사람'이라고 생각하는 것과 함께 "이러저러한 상황 때문에 그랬구나. 그러한 상황이라면 나도 그랬을 거야."라고 역지사지의 태도로 공감해 주는 자세가 필요합니다.

　왜냐하면 이런 부류의 사람들일수록 빨리 감정을 중립상태로 끌어내려야 더 이상 비상식적인 행위를 하지 않기 때문입니다. 좀 더 자세히 설명하자면, 역지사지를 통해 공감(Emphasize)한다는 것은 이러한 부류의 고객을 중립상태로 끌어내리는 데 효과적인 E.A.R 기법 중 한 가지 요소이기 때문입니다.

　세 번째, 자신의 감정을 표출하거나 공감해 줄 수 있는 지인을 확보합니다. 이러한 정상적이지 않은 사람들을 상대하고 난 뒤 느끼는 불안함이나 억울함, 그리고 불안한 감정을 표출하거나 제거하기 위해서 자신의 속마음을 털어놓을 수 있는 지인들을 확보하고 이들과 지속적으로 대화하는 것이 필요합니다. 예를 들어 직장 동료나 친구, 선배 등 지인들과의 대화를 통해 자신의 억울함을 말하고 공감을 얻는 것도 좋은 방법이라고 할 수 있습니다.

　실제로 많은 사람들이 스트레스를 푸는 방법의 하나로 수다를 꼽습니다. 친한 선후배들 또는 친구 및 동료들과 이야기꽃을 피우기도 하고 쉴 새 없이 떠들다 보면 쌓였던 앙금이 풀리기도 하는데, 특히 감정노동자의 대부분이 여성인 것을 감안하면 이러한 노력들은 반드시 필요합니다. 또한 여성들은 문제를 해결해 주거나 이러저러한 판단을 하는 사람들보다는 자신의 상황이나 이야기를 묵묵히 들어 주는 사람들을 좋아하는데, 이러한 성향의 사람들과 어울리면서 속 시원히 털어놓을 수 있는 환경을 마련하는 것이 바람직합니다.

　네 번째는 스스로에게 칭찬이나 격려를 해 주는 것입니다. 사람들이 남을 이기는 것은 쉬울지 모르지만, 자신을 이기는 것은 절대 쉬운 일이 아닙니다. 그런데 쉽지 않은 감정노동을 수행하면서 턱밑까지 차오르는 분노를 잠재우고 업무를 제대로 수행하였다는 것은 그 어렵다는 자신을 이긴 일이 아닌가요? 따라서 이러한 사실에 대해서 자신을 칭찬하고 격려하는 것이 좋습니다. 예를 들어 자기 암시 또는 혼잣말을 통해 아래와 같이 조용히 말해 보는 것입니다.

○
"좋아! 잘했어. 앞으로 이런 식으로 하면 돼!"
"이렇게 어려운 일을 극복해 내다니 정말 난 대단해!"
"다른 사람들이라면 아마 절대 견뎌 내지 못했을 거야."
"앞으로 어떤 일이 있다고 해도 잘 견뎌 낼 수 있을 거야."

실제 감정노동을 수행하면 마음속에 감정의 찌꺼기들이 쌓일 수밖에 없습니다. 그럴 때 자신에 대해서 칭찬과 격려 그리고 자기 암시를 통해 감정의 찌꺼기들을 제거할 수 있을 뿐만 아니라, 실제 똑같은 상황이 발생하더라도 부정적인 방식을 통한 표출이 아닌 스스로 긍정적인 강화를 통해 자신의 감정을 케어할 수 있습니다.

이외에도 감정노동에 대처하기 위한 자신만의 대처 방법을 개발하고 활용하는 것이 좋습니다. 사람마다 기질이 다르므로 감정노동에 대한 대처법 또한 다를 수밖에 없습니다. 조용하거나 신나는 음악을 감상한다든지 친구들과 맛있는 음식을 먹는다든지 영화 감상을 통해 자신만의 스트레스를 해소시키는 방법을 개발하는 것입니다. 이외에도 가벼운 산책이나 명상과 같이 정서적으로 안정감을 줄 수 있는 활동을 병행하는 것이 바람직합니다.

감정노동에 종사하는 분들을 보면 대부분 신체가 경직되어 있습니다. 아무래도 감정노동이라는 것이 항상 긴장 속에서 이루어지다 보니 근육 또한 긴장 및 경직된 상태에서 벗어나기 힘듭니다. 감정노동으로 인한 긴장 및 경직 상태가 지속되면 정신적으로 또는 육체적으로 다양한 질병을 유발하기도 합니다. 따라서 이러한 긴장 및 경직된 상태를 이완시키고 스트레스 수준을 완화시켜 주는 이완 훈련을 받는 것이 필요합니다. 이완 훈련에는 호흡을 이용한 이완법과 점진적 근육 이완법, 4·7·8호흡이나 마음 챙김 명상, 요가 또는 필라테스, 목욕 등 다양한 방법이 있습니다.

무엇보다 중요한 것은 감정노동에 종사하는 사람들이 자신에게 주어진 업무가 권한 밖의 일이거나 자신이 처리할 수 있는 수준의 일이 아니라면 불필요한 책임감에서 벗어나야 한다는 것입니다. 불필요한 책임감은 감정노동자를 신체적·정신적으로 경직시켜 불필요한 에너지를 쓰게 하여 쉽게 지치게 만들기 때문입니다.

실제로 상품이나 서비스로 인해 발생하는 고객 불만에 대해서 자신이 처리할 수 있는 권한이나 환경이 마련된다면 모를까, 그것이 지극히 제한적이라면 본인이 책임질 수 있는 부분만 책임을 지고 자신이 감당되지 않는 부분에 대해서는 과감히 포기하거나 전문 상담팀 혹은 관리자에게 이관하는 것이 바람직합니다.

화내지 않고 적절히 감정 표현하기

우리나라 말 중에는 '뒤끝이 있다'는 표현이 있는데, 긍정적인 의미보다는 부정적인 의미로 쓰이는 표현이기도 합니다. 요즘에는 흔히 '뒤끝 작렬'이라는 표현으로 많이 쓰기도 하는데, 이는 어떤 일이 끝이 났음에도 불구하고 감정이 지나간 상황이나 해당 기간에 머물러 있는 상태라고 할 수 있습니다.

한 여인을 업고 강을 건너게 해 준 수도승의 일화가 있습니다. 수도승 2명이 여행을 가다가 강을 건너지 못해 안절부절못하고 서 있는 여인을 만나게 되었습니다. 이를 딱히 여긴 한 수도승이 여인에게 "내가 당신을 업고 강을 건너도록 하겠으니 내 등에 업히십시오."라고 하며 여인을 등에 업고 강을 건넜습니다. 수도승의 도움을 얻은 아리따운 여인은 고맙다는 말을 남기고 떠났습니다.

다시 2명의 수도승은 여행을 떠났는데, 이 중 한 수도승이 조용히 "우리 수도승은 출가를 하여 여인네를 멀리해야 함에도 불구하고 어찌 여인을 업고 강을 건넜는가?"라고 물었습니다. 그러자 여인을 업고 강을 건넌 수도승이 "나는 강을 건너자마자 여인을 잊었는데 어찌 그대는 아직까지 마음에 그 여인을 업고 있는 것입니까?"라고 말했습니다.

위 일화에서 수도승은 여전히 해당 여인에 대한 감정과 자신의 생각을 마음속에 가둬 두었기 때문에 결국 뒤끝이 있는 상황을 만들어 버린 것입니다. 우리도 현장에서 업무를 하다 보면 다양한 이유로 인해 수많은 감정이 오가게 되고, 이러한 감정이 지속적으로 우리 마음속에 축적되는 것을 경험하게 됩니다. 그런데 문제는 그러한 감정들이 우리 마음속에 계속해서 쌓이게 되면 우리 몸과 마음에 반드시 문제가 생긴다는 것입니다.

특히 부정적인 감정이 지속적으로 쌓이게 되면 스트레스로 작용하게 되고, 그것이 결국 신체에도 영향을 미치게 됩니다. 예를 들어 지속적으로 정신적 긴장 상태에 놓이게 되면 불안이나 우울증은 물론 뇌심혈 관계 질환이나 목, 허리, 어깨 등 근골격계에도 다양한 질환을 유발시킵니다.

알고 있다시피 우리 마음속에 감정을 쌓아 두게 되면 언젠가는 폭발하기 마련입니다. 긍정적인 방법으로 폭발시키는 경우가 있는지는 모르겠지만, 대부분 쌓였던 감정은 부정적이고 폭력적인 방법을 통해 폭발하는 것이 일반적입니다. 우리들이 흔히 접하는 말 중에 '풍선 효과'라는 것이 있습니다. 어떤 문제를 해결하기 위해 사용한 방법이 정작 문제는 해결하지 못하고 다른 영역에 영향을 미치거나 더 큰 문제를 양산하는 현상을 일컫는 말입니다. 우리 주변에는 이처럼 내부에 있는 감정을 적절히 해소하지 않고 축적한 결과, 어느 순간에는 걷잡을 수 없을 만큼 폭발하는 사람들을 흔히 만날 수 있습니다.

영화 〈제8요일〉에는 성공한 세일즈 강사 아리(Harry)가 나옵니다. 아리는 가족보다는 일에 얽매어 사는 성공 지향적인 사람인데, 어느 날 이런 아리의 삶에 환멸을 느낀 아내는 아이들을 데리고 자신이 사는 고향으로 내려갑니다. 가정 불화와 매일 반복되는 삶에 지친 아리는 결국 폭발하고 맙니다. 아침 미팅 때 커피가 잘 나오지 않자 여럿이 모인 공간에서 갑자기 찻잔을 집어 던지고 소리를 지른 것입니다.

이렇게 평소 감정을 겉으로 잘 드러내지 않고 억제하게 되면 나중에 반드시 어떤 형태로든 폭발하기 마련입니다. 타인에 대한 공감이라고는 찾아보려야 찾아볼 수 없는 무식한 고객으로부터 폭언을 듣거나 그들의 억지 주장을 들으면서도 어쩔 수 없이 친절한 태도를 유지해야 하는 감정노동자들이 심리적으로 피폐해지거나 별것도 아닌 것에 공격적으로 변하는 것이 이에 해당합니다. 그뿐만 아니라 심할 경우 번아웃 증후군이나 우울증, 심지어는 자살로 이어지게 되는데, 이는 감정을 제대로 발산하지 못하고 계속 마음속에 쌓아 놓기 때문입니다.

이렇게 감정을 폭발시키는 행위는 그 행위 자체로 끝나는 것이 아니라, 또 다른 후폭풍을 몰고 옵니다. 고객에게 분노를 폭발하였다면 더 큰 클레임이나 불만에 봉착하게 되어 곤란을 겪을 수 있고, 만약 감정 폭발 대상이 주변 동료나 지인들이라면 충격을 넘어서 또 다른 분노 유발과 불편을 감내해야 합니다. 결국 이렇게 마음에 감정을 축적하다 보면 타인에게 피해를 주기 마련입니다. 본인이 감정노동으로 인해 피해를 봤음에도 불구하고 결국은 본인이 감정을 축적하고 폭발한 결과, 아무 죄도 없는 타인에게 가해자가 되는 상황이 발생하는 것입니다.

감정노동에 시달린 사람들은 자신이 받은 스트레스나 정신적인 압박을 주로 가족이나 지인에게 푸는 경우가 대부분입니다. 작년에 〈안녕하세요〉라는 TV 프로그램에서는 상담사를 엄마로 둔 자녀가 엄마의 이중적인 성격이 고민이라고 털어놓았습니다. 밖에서 한없이 천사 같은 모습을 한 엄마가 집에만 오면 확 돌변해 악마가 된다고 합니다. 쌓였던 감정을 제때 풀지 못하고 쌓아 놓고 있다가 결국 주위 사람에게 화풀이를 하는 '폭탄 돌리기'가 지속되고 있다는 증거입니다. 종로에서 뺨 맞고 한강에서 화풀이하는 식의 감정 표현은 누구에게도 도움이 되지 않습니다.

위에서 설명한 바와 같이 여러 가지 이유로 인해 우리 마음에 감정을 담아 두는 일은 결코 바람직하지 않습니다. 극단적인 상황에 이르러서야 감정을 폭발시켜 자신은 물론 주변 사람들을 곤경에 빠뜨리지 않기 위해서는 차라리 감정을 솔직히 드러내는 것이 좋습니다. 상황이 여의치 않을 경우, 자신에게 주어진 상황 속에서 조금씩이라도 감정을 조절하거나 지인에게 털어놓는 것이 바람직합니다. 만일 타인에게 털어놓는 것이 부담스럽다면 자신의 상황을 솔직하게 말이나 글로 표현해 보는 것이 좋습니다.

감정 표현이라는 것이 꼭 이성적이거나 합리적일 필요는 없습니다. 감정이라는 것은 그러한 것과는 전혀 무관한 것이기 때문입니다. 자신이 느끼는 불편한 상황이나 감정을 그대로 표현하는 것만으로도 극단적인 상황으로 치닫는 것을 예방할 수 있습니다. 그것이 일기를 쓰는 형태로 표현되든 아니면 산책을 하거나 또는 주변 지인에게 털어놓는 방식이든 자신의 감정을 그대로 인식하고 느끼는 그대로를 솔직하게 표현하는 것이 중요합니다.

만약 자신의 감정을 솔직히 털어놓는 것에 어려움을 느낀다면 전문가로부터 조언을 듣는 것도 한 가지 방법입니다. 전문 심리 상담사나 의사 및 치료사도 괜찮고, 카운슬러 역할을 해 줄 수 있는 사람을 찾아가서 도움을 요청하는 것입니다. 최근 불안으로 인해 정신과에 치료를 받으러 오는 직장인이 무척 많아졌다고 합니다. 대략 10명 중 8명이 정신과적인 치료를 필요로 한다고 합니다. 정도가 심하다면 전문가의 도움을 받아 보는 것도 괜찮습니다.

자기 자신의 감정 표현과 관련하여 자기주장 훈련(Assertion training)이라는 것이 있습니다. 자기주장 훈련법은 고든 H. 바우어가 고안한

:: 자기주장 훈련 순서 및 주요 내용 ::

순서	내용
Describe(묘사)	자신의 현재 상황과 감정에 대해 객관적인 묘사 자신의 주관이 섞이지 않고 있는 그대로 간결하게 전달
Express(표현)	그러한 상황과 감정에 대한 표현 자신의 의견이나 기분을 표출 '나'라는 주어를 명확히 표현함으로써 경청 유도
Specify(구체화)	감정관리를 위한 해결책 제시 자신에게 일어났으면 하는 바람직한 결과 행위를 구체화 상황을 바꾸기 위한 해결책 또는 타협안 제시 "~해 주시지 않겠습니까?"라는 표현을 활용
Consequences(결론)	결과를 구체화함(긍정적인 결과와 부정적인 결과) 자신의 요구 사항에 대해 수용 여부에 따른 다음 행동 염두 이러한 일련의 행동을 상대방에게 인지시킴

방법으로, 자신의 감정을 제대로 표현하지 못하거나 자신의 욕구 또는 주장을 제대로 펼치지 못하는 사람들을 위해 개발되었으며 부정적인 감정을 제거하고 좀 더 명확하게 자신의 주장을 하도록 해 주는 기법입니다. 훈련 순서와 주요 내용은 앞 페이지 표와 같습니다.

파괴적인 스트레스 해소법이
위험한 이유

우리는 종종 화가 나면 분을 삭이지 못하고 흥분하거나 기물이나 집기를 집어 던지는 행위를 하기도 하고, 심할 경우에는 주먹을 벽에 치거나 자해를 하는 경우도 있습니다. 이러한 행위를 하는 이유를 곰곰이 생각해 보면 나에게 분노를 유발하는 사람을 직접적으로 응징하고 싶은데 그러하지 못할 때 하는 행위라고 할 수 있습니다.

최근 미국에서는 스트레스를 과도하게 받는 사람들에게 파괴적 분노를 적절히 해소시켜 주고 돈을 받는 직업들이 생겨나고 있습니다. 분노를 조절하기 어려운 사람들 또는 직장 상사나 지인으로 인한 스트레스가 쌓였는데 적절히 해소할 수 없는 사람들을 대상으로 실제 돈벌이를 하고 있는 것입니다.

국내의 경우, 스트레스를 받는 사람에게 글러브를 끼고 원하는 만큼 때리도록 하고 돈을 받는 아르바이트를 한 사람이 있어 화제가 된 적이 있습니다. 1만 원을 내면 1분 동안 자신이 원하는 만큼 때릴 수

분노 객실을 이용한 고객 | 출처 : 인스타그램(Instagram) 캡처

있다는 것인데, 의외로 벌이가 좋았다고 합니다. 인간 샌드백 아르바이트를 한 사람은 나중에 자신이 원했던 한국 슈퍼웰터급 챔피언이 되었다고 합니다.

이보다 더 나아간 경우도 있습니다. 외국에서는 '분노 객실(Anger room)'이라는 것을 운영하여 일정 금액을 지불하면 객실 안에 있는 모든 물건을 모두 박살낼 수 있는 서비스를 제공합니다. 예약하면 5분에 25달러, 15분에 45달러, 25분에 75달러 하는 3개의 패키지 중 한 가지를 선택할 수 있습니다. 객실에 입장하기 전에는 안전하게 때려부술 수 있도록 특수 제작한 옷이나 헬멧은 물론 고글을 착용해야 합니다. 그리고 나서 정해진 시간 동안 때려 부수는 것입니다.

그런데 이런 분노 객실 서비스는 예약하지 않으면 이용할 수 없을 정도로 인기가 엄청나다고 합니다. 미국에서도 꽤 많은 곳에서 프랜차이즈가 생겼고 호주로 건너가서도 호황을 누리고 있다고 하니, 말 그대로 스트레스로 인한 분노를 이용해 돈벌이를 하고 있는 사례라고 하겠습니다.

그렇다면 과연 이렇게 다 때려 부수거나 화를 표출하면 스트레스가 해소될까요? 답부터 말하자면, 일정 부분 그렇습니다. 스트레스나 화가 우리 자신을 감쌀 때 무엇인가를 파괴하는 행위는 분명 스트레스를 감소시키는 데 효과가 있습니다.

그러나 스트레스가 해소되는 지속성 측면에서 보면 일시적인 효과만 있을 뿐 오히려 부작용을 양산한다는 것이 대부분 의사들의 견해입니다. 마치 충치로 인해 치통이 발생했을 때 진통제를 먹는 것과 마찬가지로, 근본적인 원인은 제거되지 않고 고통을 잠시 잊게 해 주는 역할에 그친다는 것입니다.

또한 과격한 행위를 통한 일시적인 스트레스 해소법은 오히려 많은 부작용을 낳을 수 있습니다. 먼저 파괴적인 스트레스 해소 행위 자체에 중독될 수 있습니다. 만약 때려 부수는 것에 만족감을 얻게 되면 이후에도 다른 방법보다는 뭔가를 때려 부수어야만 스트레스가 해소되기 때문입니다.

그뿐만 아니라 이러한 방법을 통해서 만족감을 얻게 되었다면 기존의 것보다 좀 더 강한 자극이나 파괴적인 행위를 해야만 만족감을 얻을 수 있기 때문에 결국 파괴적인 해소 방법에 중독될 위험성이 있습니다. 최근 사회면을 장식하고 있는 보복 운전(Road rage)과 같은 각종 분노형 범죄는 과격한 방법으로 스트레스를 해소하는 습관에서 기인한 것으로 볼 수 있습니다.

그렇다면 어떻게 화를 풀어야 할까요? 분노나 화를 완화시켜 주는 약물을 통해 조절하는 방법도 있지만, 의존성을 고려한다면 좀 더 좋은 효과를 발휘하는 방법도 있습니다. 먼저 분노를 효과적으로 다스리는 방법 중 하나는 우리의 몸을 움직이는 방법입니다. 생각은 감정을 일으키고 그 감정은 신체적인 반응으로 나타납니다. 예를 들어 분노가 생기면 주먹을 꽉 쥐거나 심하면 벽에다 치는 경우가 그렇습니다. 흔히 몸이 약하면 분노가 그대로 드러나기 마련입니다. 이때는 몸을 자주 움직이거나 스트레칭 또는 계단 오르기 등을 통해 숨이 차오를 때까지 몸을 움직여 주는 것이 도움이 됩니다.

또 다른 방법은 화가 날 때의 상황이나 환경에서 잠시 벗어나는 것입니다. 전문가들에 의하면 화가 나더라도 화의 지속 시간은 3분을 채 넘기지 않는다고 합니다. 약 3분간 화난 상황이나 환경에서 벗어나 부교감신경을 활성화시키는 활동을 해 보는 것입니다. 우리가 아이들이 잠이 오지 않는다고 할 때 별이나 양을 세라고 하는 것은 부교감신경을 활성화시키기 위한 것입니다. 부교감신경이 활성화되면 마음이 차분해져 분노나 화를 줄여 주는 효과가 있습니다. 분노 상태에 있을 때 화난 상황을 복기하는 것은 오히려 분노를 더욱 증폭시키므로 화난 상황을 떠올리는 것은 바람직하지 않습니다.

분노를 다스리는 데 있어서 쉽지는 않겠지만 상황이나 처지를 그대로 인정할 수 있는 유연한 사고와 태도 또한 필요합니다. 사람들은 저마다 살아온 환경이 다르기 때문에 가치관 또한 다를 수밖에 없습니다. 그렇기 때문에 개인적으로 '~해야 한다', '~하는 것은 당연하다' 또는 '일반적으로 ~식으로 한다', '~하지 않으면 안 된다'라고 말하는 경우가 많습니다. 어떤 상황을 무조건 단정 지어 생각하거나 당위적인 생각이 우리 의식을 지배하면 부정적인 사고와 함께 자신을 자책하거나 심하면 분노로 이어지는 악순환이 지속됩니다. 따라서 매사 '그럴 수도 있지' 또는 '그러면 어때?', '~하면 더 좋을 것 같다'라는 유연하고 긍정적인 사고도 필요합니다. 예를 들어 조용히 아래와 같이 생각해 보는 것입니다.

> "그래, 지금 나는 무척 화가 나 있는 상태야. 그렇지만 어차피 지금 상황에서 화를 낸다고 해도 달라지는 것은 없잖아? 여기서 화를 낸다고 바뀔 수 있는 것이 없다면 더 이상 화를 낼 필요는 없지. 그저 있는 그대로의 상황을 받아들이는 것이 현명해. 차라리 화를 내는 대신 앞으로 이러한 상황이 닥치면 어떻게 화를 내지 않을지를 고민해 볼까?"

물론 위와 같이 되뇌면 당신의 감정이라는 것은 계속해서 반란을 일으킬 것이 분명합니다. 그때도 똑같이 되뇌면서 감정과 자신의 생각이 일치할 때까지 반복해 보세요. 알고 있다시피 감정 중에서 분노나 화라는 에너지는 가장 강력한 성질의 것이기 때문에 절대 냉정해질 수 없습니다. 그뿐만 아니라 과도한 분노나 화가 우리 신체에 미치는 영향은 굉장히 큽니다.

이러한 감정과 자신의 태도의 갭이 너무 커서 화나 분노를 적절히 조절하겠다면 감정을 중립 상태로 끌어내리는 것이 중요합니다. 감정이 중립 상태가 되지 않은 상황에서는 아무리 이성적으로 자신을 타이르고 감정적으로 안정을 취하려고 해도 마음속의 분노나 화는 쉽게 가라앉지 않기 때문입니다.

  필자는 화가 나거나 분노가 치밀어 오르면 호흡법을 택합니다. 호흡이라는 것은 부교감신경을 활성화시키는 것입니다. 호흡은 우리 몸에 산소를 공급하는 활동이지만, 제대로 호흡을 하면 스트레스에 효과적으로 대처할 수 있도록 해 줍니다.

  반면에 부적절하게 이루어지는 호흡은 불안이나 공황은 물론 긴장, 두통, 피로를 유발합니다. 우리가 평상시에 호흡을 제대로 하지 못하고 있다는 증거는 하품으로도 나타납니다. 보통 지루하거나 피곤함을 느낄 때 기지개를 켜면서 하품을 하는 경우가 많은데, 이는 신체에 산소가 부족하다는 신호이기도 합니다. 호흡을 제대로 하지 못하면 당연히 우리 몸에 필요한 산소가 그만큼 부족하므로 하품이 나오는 것입니다.

  불안이나 스트레스가 많은 상태에서는 산소의 유입이 적어져 두뇌 활동에도 영향을 미칩니다. 따라서 자신에게 맞는 호흡법을 익혀 불안이나 분노가 지속될 때 활용해 보는 것이 바람직합니다.

번아웃 증후군으로부터 탈피하는 방법

얼마 전 기사에 과도한 스트레스로 인해 우울증에 시달리다가 결국 자살을 선택한 근로자가 10년간 무려 118명에 이른다는 공식 산업재해 통계 자료가 나와 세상을 놀라게 한 바 있습니다. 118명은 공식 산업재해로 인정된 케이스이지만 직무 스트레스와 자살 사이의 인과관계가 입증되지 않아 실제 산업재해로 인정되지 않은 건수를 포함하면, 실제 직무 스트레스로 인해 자살한 근로자의 수는 훨씬 더 많을 것으로 추정됩니다. 또한 공식 통계에서 우울증이나 자살이 산재로 인정된 기간이 짧기 때문에 실재 자살로 추정되는 산업재해는 몇 배 더 많을 것이라는 것이 전문가의 공통된 견해입니다.

흔히 직무상 정신질환은 우울증, 적응장애, 급성스트레스장애, 불안장애 등 네 가지 유형으로 구분하는데 4가지 유형 중 가장 높은 것은 우울증입니다. 또한 정신질환의 원인으로는 과도한 감정노동 수행, 업무 강도, 직장 상사의 폭언이나 폭력, 직장 내 따돌림으로 나타났으며 직무 스트레스로 인한 정신질환을 호소하는 사람들이 해마다 증가하는 추세라고 합니다.

우리가 여기에서 주목하고자 하는 것은 감정노동에 의한 번아웃 증후군입니다. 현장에서 과도하게 감정노동을 수행하다 보면 결국 스트레스를 받을 수밖에 없는 환경이나 상황에 그대로 노출될 수밖에 없습니다. 거의 모든 업종이 감정노동으로부터 자유로울 수 없다 보니, 마음에 여유도 없고 신체적 또는 정신적으로 모든 에너지가 소진되어 무기력한 상태가 지속됩니다.

위에서도 설명했다시피 '번아웃'이라는 것은 만성피로로 인해 발생하는 증상과는 현저한 차이를 보입니다. 만성피로의 경우 일반적으로 신체적인 측면의 피로를 의미하며 보통 과로나 음주 또는 과도한 운동으로 인해 발생하는 경우가 많지만 시간이 지나거나 휴식을 통해 충분히 회복 가능한 반면, 번아웃의 경우 신체적인 증상 외에도 정신적인 측면에 이상 증상을 유발하는 것이 특징이라고 할 수 있습니다.

우리 몸은 스트레스를 받게 되면 호르몬의 이상이 발생하게 됩니다. 예를 들어 스트레스에 과도하게 노출되면 우리 몸에서는 코르티솔(Cortisol)이라는 호르몬이 분비되는데, 이는 급성 스트레스에 반응해서 분비되며 스트레스에 대항해서 우리 신체 각 부분에 필요한 에너지를 공급해 주는 역할을 수행합니다. 그런데 이 코르티솔이라는 호르몬이 우리 몸에 과다하게 많거나 또는 너무 적으면 부작용이 발생됩니다.

예를 들어 과도한 감정노동으로 인해 스트레스를 받게 되면 우리 몸은 이러한 스트레스에 대항하기 위해 코르티솔을 분비하게 되는데, 이

때 너무 과다하게 분비되면 우리 몸은 무기력에 빠지거나 불안 또는 초조 상태로 이어지거나 면역기능이 약화되는 현상이 나타납니다.

또한 코르티솔의 경우 보통 새벽 시간에 많이 분비되는데, 과도한 스트레스가 야기되면 저녁 시간대에 분비됩니다. 이렇게 저녁 시간대에 분비되면 흔히 수면장애는 물론 무기력한 상태가 지속되고, 과도할 경우 흔히 우울증이나 자살로 이어지는 경우도 있다고 합니다. 이와 같이 신체적인 증상뿐만이 아닌 정신적으로도 많은 문제를 야기시키는 스트레스로 인해 발생하는 번아웃은 감정노동을 수행하는 모든 사람들에게 있어 '공공의 적'이라고 할 수 있습니다.

감정노동으로 인한 번아웃을 사전 예방하는 것은 현실적으로 불가능에 가깝습니다. 감정노동자가 번아웃을 인식하기도 쉽지 않고, 폭행이나 폭력의 경우 근로기준법이나 기타 형사 처벌이 가능하지만 고객에 의한 갑질을 제재하거나 처벌할 수 있는 제도적인 장치가 제대로 갖추어져 있지도 않기 때문입니다.

그나마 최근에는 감정노동 캠페인을 통해 감정노동의 폐해가 많이 알려지면서 공단이나 일부 기업체에서는 감정노동자를 대상으로 감정노동 치유 프로그램을 운영하거나 심리치료 상담사를 활용하여 정신건강을 관리하기도 하는 등 직간접적으로 감정노동을 예방하는 활동을 펼치고 있으나, 원천적인 예방 관리에는 한계가 있어 보입니다.

그렇다면 개인적인 차원에서 감정노동을 예방하고 번아웃에 빠지지 않기 위한 방법은 없을까요? 위에서도 언급하였다시피 번아웃 증후군의 가장 큰 핵심은 슬럼프 및 무기력에 빠지는 것이라고 할 수 있습니다. 슬럼프와 무기력 상태로 빠지는 것은 신체적 · 정신적 피로

:: **번아웃 증후군 여부 체크리스트** ::

주요 진단 체크리스트	해당여부 체크
아침마다 출근을 생각하면 피곤하다.	☐ 예 ☐ 아니오
몸이 피곤하고 피로가 누적된 느낌이 든다.	☐ 예 ☐ 아니오
예전보다 지인들과 떨어져 지내는 시간이 많다.	☐ 예 ☐ 아니오
업무 중 무기력이나 싫증을 느낀다.	☐ 예 ☐ 아니오
어디론가 훌쩍 떠나고 싶다.	☐ 예 ☐ 아니오
매사 흥미가 떨어지고 삶이 무미건조하며 행복하지 않다.	☐ 예 ☐ 아니오
하고 있는 일에 대해서 성취감을 못 느낀다.	☐ 예 ☐ 아니오
최근 폭식, 폭음, 흡연량 등이 증가하였다.	☐ 예 ☐ 아니오
평소보다 짜증이 심하고 불안감이 증가하였다.	☐ 예 ☐ 아니오
업무 처리 시 소극적이고 방어적으로 행동한다.	☐ 예 ☐ 아니오

가 극도로 쌓여 더 이상 업무를 수행할 수 없는 상황에 이르는 것입니다. 이는 결국 모든 일상에서 '흥미'를 잃는다는 것으로 해석할 수 있는데, 기존에 자신이 스스로 즐겨 했던 일이나 활동에 대해 더 이상 흥미를 느끼지 못한다면 번아웃 증후군을 의심해 봐야 합니다.

위의 체크리스트를 활용해서 본인이 번아웃 증후군에 해당하는지 진단해 보세요. 10개 중 3개 이상을 체크한다면 번아웃 증후군을 의심해 봐야 합니다.

진단 결과 번아웃 증후군 초기에 해당하거나 이미 번아웃 증후군에 시달리고 있는 상황에서 벗어나려면 어떻게 해야 할까요? 먼저 자신이 번아웃 증후군에 빠져 있다는 사실을 빨리 파악하는 것이 번아웃 증후군을 예방하고 치료하는 데 있어서 가장 중요합니다. 위에서 제시한 번아웃 증후군 여부를 체크하고 난 뒤 번아웃 증후군에 빠져 있는 자신을 발견했다면 독일의 심리학 전문가인 마르쿠스 페스가 제안하는 '번아웃으로 지친 정신을 달래는 8가지 방법'을 활용해 볼 필요가 있습니다.

○
1. 스스로 '번아웃 상태'임을 인정하는 것입니다.
   스스로 자신이 번아웃 상태에 빠져 더 이상은 견디기 힘들다는 사실을 인정하는 것이 번아웃으로 인한 정신적인 피해를 최소화하고 문제를 해결할 수 있습니다.
2. 지금 하고 있는 일을 줄이세요.
   전문가에 의하면 번아웃 상태는 단기간에 개선되는 것이 아니므로 일의 양을 줄이고 충분히 휴식을 취하면서 재충전의 시간을 가지는 것이 현명합니다.
3. 상황을 받아들이세요.
   자신의 상황을 솔직하게 받아들이고 번아웃을 발생하게 한 원인은 무엇인지 생각해 봅니다. 일반적으로 내적 요인(스트레스, 완벽주의 기질 등)과 외적 요인(마감의 압박, 지나친 업무, 과도한 야간 근무 등)이 있을 수 있습니다.
4. 자기 자신의 욕구가 무엇인지 이해하세요.
   개인적인 욕구와 감정이 무엇인지 이해하려고 노력하며 자신의 욕구를 있는 그대로 받아들이고 느끼는 방법을 배워야 합니다.
5. 자신의 몸이 원하는 것이 무엇인지에 관심을 기울이세요.

정신적으로 힘든 상황에서 자신의 몸이 원하는 것이 무엇인지 이해하고 실행에 옮기는 것이 중요합니다. 예를 들어 휴식이나 수면, 여행, 휴식, 식사, 운동 등이 될 수 있습니다.

6. 계획을 세우세요.

    멀리 내다보고 계획을 세웁니다. 재충전한 후 언제 어떻게 다시 시작할지 천천히 생각합니다.

7. 주변의 지인이나 즐거운 일을 통해 힘을 얻으세요.

    자신의 상황을 이해하고 도움을 줄 수 있는 사람이 누구인지 파악하고 그 사람에게 도움을 요청하거나 자신에게 즐거움이나 행복을 주는 일을 찾아서 집중하는 것도 좋습니다.

8. 우선순위를 정하세요.

    현재 번아웃 상태를 극복하는 것이 가장 중요합니다. 따라서 번아웃 상태를 극복하는 데 있어 가장 효과적인 것이 무엇인지를 파악하고 우선순위를 정합니다.

위에서 설명했다시피 번아웃을 극복하는 법은 자신이 스스로 번아웃 상태에서 놓여 있다는 것을 먼저 인정하는 데 있습니다. 따라서 정기적으로 번아웃 상태를 체크할 수 있는 진단이나 평가를 통해 자신의 상태를 확인하고, 번아웃 상태에 있다면 이를 제거하거나 최소화할 수 있는 방법을 찾아보고 실행에 옮기는 것이 바람직합니다. 특히 감정노동자의 경우 육체적인 피로 외에 감정을 억제함으로써 발생하는 감정노동의 부작용으로부터 자신을 보호하고 예방하는 노력이 필요합니다.

감정을 효과적으로 자제하는 방법

일상생활을 하다 보면 참으로 다양한 사람들을 만나게 됩니다. 감정노동자들에게도 이러한 일은 일상적으로 발생하는데, 문제는 어떠한 상황에서도 자신의 감정과 무관하게 행동을 해야 하기 때문에 육체적·정신적으로 상처를 안고 산다는 것입니다. 게다가 진상고객이라도 만날 것 같으면 마음의 상처는 우리가 상상하는 것 이상으로 크며 상당 기간 지속되어 고통스럽습니다. 특히 밑도 끝도 없이 화를 내거나 인신공격은 물론, 욕설 및 폭언을 퍼붓는 사람들을 상대하다 보면 감정을 효과적으로 통제하기 힘이 들지요.

 대부분의 사람들은 이러한 상황에 마주하게 되면 적극적으로 대응하거나 회피하는 경향을 보입니다. 만약 적극적으로 대응하게 되면 결국 상처를 입게 되는 것은 본인일 수밖에 없습니다. 예를 들어 진상 고객이나 참기를 강요하는 상사에게 부당함을 느껴 적극적으로 대응하다 보면, 자신이 의도한 상황이 아닌 지점에까지 이르게 됩니다.

감정은 계속해서 전이되고 확장되어 나중에는 걷잡을 수 없을 정도가 되고, 순간 떠오른 말이나 감정을 그대로 표출하게 됩니다.

- "꺼져! 너 같은 것이 무슨 고객이냐?"
"내가 만만해 보이냐? 한심하다!"
"진짜 미치겠군!"
"내참! 더러워서……. 내가 그만두더라도 너 같은 인간은 가만 둘 수가 없어!"

위와 같이 순간적으로 내뱉은 말들은 다시 주워 담기도 힘들고 상황을 더욱더 심각하게 만듭니다. 그렇다면 회피를 하는 것은 어떨까요? 회피라는 것은 결국 문제 해결에는 절대 도움을 주지 않으며 오히려 감정을 억압하는 형태로 나타나 부작용을 양산할 수 있습니다.

그렇다면 감정을 자제하는 것은 어떨까요? 보통 감정을 자제한다는 것은 감정적으로 반응하는 것이 아니라, 의식적으로 감정이나 행동을 통제 또는 조절한다는 것을 의미합니다. 우리가 감정을 자제한다고 할 때 핵심이 되는 것은 바로 '집중'이라고 할 수 있습니다. 일반적으로 감정에 휘둘리다 보면 오히려 집중하기 어려운 상황에 직면하게 되고, 집중이 어려워지면 문제 해결이 어려워지는 상황에 이르게 됩니다.

따라서 진상 고객이 아무리 감정을 자극한다고 해도 절대로 그들의 의도에 말려들지 말아야 하며, 마음의 평정심을 유지할 수 있도록 노력해야 합니다. 예를 들어 이러한 상황이 발생하게 된 원인은 무엇인지 그리고 어떻게 해결할 수 있는지에 집중해야 합니다. 이들이 욕을 하고 폭언과 함께 화를 내거나 인신공격을 하는 것은 문제의 본질에서 벗어난 것입니다. 그러므로 이러한 의도에 말려드는 것은 오히려 시간만 축내고 감정만 소진할 뿐 문제 해결에는 전혀 도움이 되지 않으므로 문제의 핵심에 집중해야 합니다.

다음으로 감정을 자제하는 효과적인 방법으로 평정심을 유지하는 것입니다. 말이 쉽지, 평정심을 유지한다는 것이 어디 쉬운 일인가요? 쉽지는 않지만 그럼에도 불구하고 감정을 자제하려면 적어도 부정적인 믿음이나 인식을 개선할 수는 있어야 합니다. 사람들은 진상 고객을 만나게 되면 머릿속에 온통 부정적인 믿음이나 인식이 자리잡으며, 끊임없이 부정적으로 자신과의 대화를 이어 나갑니다. 대표적인 상황은 아래와 같습니다.

○
"절대 나는 이 상황에서 벗어날 수 없어!"
"내가 할 수 있는 것은 아무것도 없어!"
"나는 이러한 상황이 너무도 싫고 화가 나고 분노가 치밀어!"
"나는 아무리 봐도 이러한 일이 어울리지 않아."
"도대체 나보고 어쩌란 말이지? 이제는 지쳤어. 포기할래."

우리 마음이 불안하면 항상 고개를 들고 나타나는 것이 바로 부정적인 인식이나 믿음이라고 할 수 있습니다. 사람이므로 어쩔 수 없는 현상이지만 이러한 부정적인 인식이나 믿음을 제거하기 위해서는 더 강한 긍정적 믿음이나 인식을 갖는 것이 중요합니다. 긍정적인 믿음이나 인식을 갖고자 할 때 자기 최면 또는 자기 암시를 거는 것이 대표적입니다.

자기 최면이라는 것은 스스로 자신에게 최면을 유도하는 것을 의미하는데, 긍정적인 암시를 통해 자신감을 회복하거나 업무를 효과적으로 처리할 수 있도록 해 줍니다. 중요한 것은 이러한 긍정적인 자기 최면이나 암시를 받아들이지 못하고 고착화된 부정적인 사고의 패턴을 유지하는 사람들은 오히려 더 큰 고통을 받을 수 있다는 것입니다.

위에서도 얘기했다시피 진상 고객의 비이성적인 행동에 맞설 때 가장 중요한 것은 집중이라고 하였는데, 자기 암시에 의한 최면이란 한 가지 사안에 대해서 집중된 상태를 의미하므로 스스로 해결할 수 있다는 믿음과 자기 암시는 현명한 감정 절제의 방법이기도 합니다.

O

"이런 상황이라면 충분히 해결할 수 있어."
"고객의 말을 충분히 경청한 다음 현명하게 대처할 거야."
"며칠 전에 겪어 본 상황이어서 문제 해결이 어렵지 않을 거야."
"나는 이 업무의 전문가야. 이러한 상황을 즐기면서 처리할 수 있어."

진상 고객을 만났을 때 감정을 자제하게 하는 방법 중 또 다른 하나가 육체적인 활동을 병행하는 것입니다. 예를 들어 진상 고객이 소리를 지르거나 욕설은 물론 막무가내로 무시할 경우, 대부분 신체는 다양한 반응을 나타냅니다. 예를 들어 얼굴이 붉어지고 심장박동수가 증가하며 몹시 흥분된 상태에서는 제대로 된 대응을 할 수 없게 되는 것이지요.

이럴 때는 규칙적인 호흡법을 통해 흥분된 상태를 가라앉혀야 합니다. 이후에는 자리를 옮기거나 잠시 양해를 구한 뒤 물을 마시는 등의 행동을 통해 흐름을 끊는 것입니다. 잠시 물을 마시면서 시간을 버는 것만으로도 흥분된 감정을 자제할 수 있고, 이때 생각을 정리하는 것만으로도 훨씬 효과적으로 대처할 수 있습니다.

비대면인 경우는 즉각적인 대응보다는 양해를 구한 뒤 재통화를 약속함으로써 분위기를 반전시킬 수 있습니다. 재통화를 약속하고 이후에 관련 부서 또는 도움을 줄 수 있는 사람들에게 도움을 요청하거나 자신의 생각을 정리하는 것만으로도 자신의 흥분된 감정을 절제할 수 있고, 보다 현명하게 대처할 수 있도록 도와줍니다.

지친 당신이 할 수 있는
가장 좋은 감정노동 치유법

서비스 업종에 종사하는 대면 또는 비대면 종사자들은 하루 종일 육체적인 고통과 정신적인 스트레스에 시달립니다. 대부분 감정노동자들은 앉아서 업무를 하거나 또는 하루 종일 서서 근무하는 사람들이 많아 육체적·정신적으로 더욱 힘이 듭니다. 감정노동을 수행하다 보면 감정 소진으로 인해 스트레스가 발생하고, 결국 스트레스가 쌓이게 되면 자연스럽게 우리 몸은 비상이 걸리기도 하지요. 또한 억눌린 감정이나 불안, 분노, 짜증이 적절히 해소되지 못한 상태로 쌓이게 되면 우리 몸의 자율신경은 흥분되고 부조화가 발생하여 혈압이 상승하는 원인이 되기도 합니다.

일반적으로 심리적인 압박이나 갈등이 발생하는 상황 속에서 불안이나 스트레스는 위산을 많이 분비시키고 궤양을 유발하여 위장 쪽에 문제를 일으킨다고 합니다. 그뿐만 아니라 이러한 스트레스가 장기화되면 우리 몸은 면역 기능이 저하되어 심각한 질병을 유발하기도 합니다. 의학전문가들은 스트레스가 정신적·신체적 장애는 물론이고 암과 같은 치명적인 병을 유발하는 요인이라고 말합니다. 따라서 감정노동자처럼 장시간 동안 스트레스에 무방비로 노출된 사람들은 몸이나 정신이 견딜 수 없을 정도로 스트레스가 쌓일 수밖에 없고, 적절히 해소하지 못해 결국 신체적으로나 정신적으로 많은 문제를 야기할 수 있습니다.

또한 스트레스라는 것은 정신적인 영향을 미치는 주요 요인으로 신경 호르몬이나 신경전달물질에 직간접적인 영향을 주어 불안, 우울, 초조, 강박이나 약물 및 알코올 남용, 자살과 같은 다양한 정신적 증상을 유발합니다. 감정노동자들이 스트레스로 인해 겪는 다양한 증상들은 일종의 경고 반응이라고 할 수 있습니다. 따라서 우리가 스트레스를 어떻게 받아들이고 그것을 적절히 해소하느냐가 매우 중요합니다.

만약 감정노동으로 인해 머리가 복잡하고 우울하거나 가슴이 답답할 때 또는 두통이나 근육이 경직되어 몸이 피곤할 때, 스트레스를 해소하기 위해 우리가 할 수 있는 가장 효과적인 방법에는 무엇이 있을까요? 결론적으로 말하자면 걸어 볼 것을 추천합니다. 전문의에 의하면 걷기는 실제로 항우울제를 사용했을 때처럼 아드레날린과 세로토닌을 분비한다고 합니다. 이미 알고 있다시피 세로토닌은 우리 뇌의 세로토닌 신경에서 분비되는 호르몬인데, 뇌의 움직임은 물론 우리의 기분을 좋게 하여 스트레스나 우울증을 극복할 수 있도록 해주는 역할을 합니다.

아무래도 약물은 장기간 복용하다 보면 내성이 생기기 마련이므로 전문의들은 약물보다는 직접 걷는 것이 세로토닌 분비를 촉진하는 데 더 효과적이라고 말합니다. 이렇듯 걷는다는 행위 자체를 통해 내성이 전혀 없는 완벽한 항우울제를 복용하는 효과를 누릴 수 있고, 걸으면 걸을수록 스트레스를 해소시켜 주는 호르몬 분비량이 증가한다고 하니 하루 10분씩이라도 걷는 것이 좋겠습니다.

그뿐만 아니라 과도한 업무량이나 감정노동으로 인한 스트레스를 제때 풀지 못하고 방치한 결과 충분히 쉬었음에도 불구하고 쉽게 피로가 해소되지 않는 만성피로증후군에 시달리는 경우가 많습니다. 흔히 주말에 쉬고 월요일에 출근하려면 발생하는 월요병도 엄밀히 보면 만성피로증후군의 일환이라고 할 수 있습니다. 우리가 주말에 아무런 야외 활동도 하지 않고 하루 종일 잠을 자거나 TV만 보고 있으면 오히려 더 피곤한 이유는 몸을 움직이지 않아 활동량 자체가 적기 때문입니다. 몸을 움직여 주지 않으면 당연히 산소 섭취량도 적어지고 혈액 순환이 원활하지 않아 오히려 피곤이 더 쌓이게 됩니다.

이렇게 만성피로증후군에 빠져 있다면 약물 치료보다는 운동을 통한 치료가 훨씬 효과적입니다. 걷기나 수영, 자전거 타기와 같은 유산소 운동이 큰 도움이 되는데, 특히 걷기를 하면 우리의 두뇌에 산소 섭취량이 증가하고 혈액 순환이 원활해져 만성피로증후군을 극복하는 데 탁월한 효과가 있다고 하니 꼭 해 볼 것을 권합니다.

실제로 세계 3대 의학지 중 하나라고 하는 영국 의학전문지『란셋(Lancet)』에 실린 연구 결과에 의하면, 만성피로를 느끼는 환자 640명을 대상으로 운동을 시키고 24주에서 많게는 52주까지 관찰한 결과 '집 밖에서 운동할수록 피로 회복을 더 빠르게 도와준다'는 사실을 밝혀냈습니다. 따라서 적절한 걷기 운동과 같은 유산소 운동은 만성피로를 극복하는 데 최고의 치료제라고 할 수 있습니다.

그렇다면 어떻게 걸어야 할까요? 먼저 걷기 전에 5분~10분 정도 간단히 스트레칭을 하는 것이 좋습니다. 모든 운동의 시작은 간단한 스트레칭이라고 할 수 있습니다. 스트레칭을 통해 몸을 이완시키면 시킬수록 유연해짐은 물론 유산소 운동을 통한 효과가 배가됩니다. 운동할 때는 충분한 수분 섭취는 필수이며, 유산소 운동을 통해 효과를 보려면 운동 후 20분이 경과한 뒤에 효과가 난다고 하니 적어도 30분은 지속하는 노력이 필요합니다.

스트레칭 후에는 걷기를 본격적으로 하는데, 여기서 주의할 것은 무작정 아무렇게나 걷는 것이 아니라 바른 자세로 걷는 것이 중요하다는 점입니다. 모든 스포츠에 있어서 바른 자세 또는 폼이 중요한 것처럼 걷기도 바른 자세로 걷는 것이 효과를 극대화합니다. 효과를 극대화하는 올바른 자세란 허리를 꼿꼿이 세우면서 걷는 자세를 말합니다.

다음으로 걸을 때 보폭을 넓게 걷는 것이 좋습니다. 왜냐하면 작은 보폭으로 걷는 것은 다리 근육이 긴장되지 않아 유산소 운동의 효과가 발생할 가능성이 적기 때문입니다. 따라서 보폭을 넓게 해서 걷는 것이 효과적입니다. 보통 평상시 보폭보다는 10~20㎝ 넓게 걷는 것이 좋습니다. 또한 걸을 때는 척추에 무리가 가지 않게 다리에 힘을 주어서 발꿈치를 땅에서 끌지 않도록 합니다. 또한 의식적으로 엄지발가락에 힘을 주고 걸으면 팔자걸음이 되는 것을 막을 수 있습니다.

감정노동으로 인해 피곤하다면 출근할 때 또는 퇴근할 때 1~2정거장 미리 내려 걷거나 가볍게 산책하는 것만으로도 신체적 또는 정신적으로 안정감을 준다는 사실을 잊지 말기 바랍니다.

감정노동에 대한
내성 키우기

마음이 편해야 건강해진다는 사실은 너무도 당연한 말입니다. 우리나라 속담 중에 "때린 놈은 편히 못 자도 맞은 놈은 발 뻗고 편히 잔다."라는 속담이 있습니다. 근심이 없으면 편히 자지만 근심이나 불안한 상황이 되면 마음이 편치 못해 쉽게 잠들 수 없습니다. 결국 심리적으로 편해야 신체적으로도 편해서 양질의 삶을 유지할 수 있다는 말과 일맥상통한다고 볼 수 있습니다. 이와 같은 현상에 대해서 우리는 당연하다고 생각하지만 이를 객관화하기에는 한계가 있을 수 있는데, 핀란드 노동위생연구소에서 진행한 실험이 있어 흥미롭습니다.

핀란드 노동위생연구소에서는 심혈관 질환을 가진 40대 관리직 1,200명을 대상으로 2개 그룹으로 나누어 15년 동안 흥미로운 실험을 진행하였습니다. 한 그룹에는 술과 담배는 끊고 소금이나 설탕이 들어간 음식을 줄이며 지속적으로 운동을 권했습니다. 이와 함께 정기적인 건강검진을 통해서 각 개인에 대한 처방을 내렸습니다. 또 한 그룹에는 특별한 지침이나 조건 없이 평소대로 생활하게 하였습니다. 예상했다시피 15년 후 건강 상태를 측정했더니만 놀랍게도 아무런 지침 없이 평소대로 생활하게 한 그룹이 그렇지 않은 그룹에 비해서 심장 혈관계 질환, 암, 고혈압, 각종 사망과 자살 등이 현저하게 낮은 수치를 보였다는 사실입니다.

우리는 너무 많은 강박과 스트레스 속에 살아가고 있습니다. 건강하기 위해서 "~을 해야 한다" 또는 "절대 ~을 하면 안 된다" 등 다양한 제한과 제약은 오히려 심신을 힘들게 합니다. 핀란드 증후군은 건강에 대한 과도한 집착이나 강박이 오히려 건강을 해친다는 점을 잘 알려 주는 실험으로, 심리적인 스트레스가 오히려 신체적인 건강을 해친다는 사실을 객관적으로 증명한 사례입니다.

그렇다면 일상에서 감정노동자들이 할 수 있는 정신과 육체에 긍정적인 영향을 미치는 행동에는 어떤 것이 있을까요? 흔히 전문가들은 우리 심신(心身)에 긍정적인 영향을 주는 3가지 요소가 있다고 합니다.

먼저 건전하고 긍정적인 생각입니다. 건전하고 긍정적인 생각은 긍정적인 감정을 유발하고, 결국 우리 신체는 그러한 긍정적인 감정에 맞춰 반응합니다. 즉, 생각대로 몸은 반응한다고 보면 됩니다. 우리 주변에 흔히 쓰는 말 중에는 '억장이 무너진다', '간이 콩알만 해졌다', '구역질이 난다', '가슴이 철렁 내려앉았다', '식은 땀이 절로 난다' 등이 대표적인데, 이렇게 생각으로 구체화된 감정은 신체 반응으로 나타나는 것입니다.

불교에는 일체유심조(一切唯心造)라는 말이 있습니다. "세상사 모든 일은 마음먹기에 달려 있다."라는 의미인데 원효대사가 진리를 깨달은 것도 바로 일체유심조라고 할 수 있습니다. 이는 곧 우리의 생각이나 마음에 따라 감정이 발생하고 그 감정에 따라 우리 육체가 반응한다는 것을 의미합니다.

아주 신맛이 나는 레몬을 떠올리거나 추운 겨울 어머니가 해 주신 보글보글 끓는 묵은지 김치찌개를 생각하는 것만으로도 우리 입에서 침이 고이는데, 이것이 바로 생각이 감정으로 이어지고 신체적인 반응으로 이어지는 구체적인 증거라고 할 수 있습니다. 따라서 우리가 감정노동을 어떻게 받아들이느냐 그리고 감정노동에 대해 우리 내부에 있는 마음의 힘을 어떻게 활용하느냐에 따라 우리 삶이 결정될 수 있다는 사실을 잊지 말기 바랍니다.

두 번째 요인은 우리 육체의 반응이나 태도(Body language)입니다. 우리 자신의 육체적인 활동이나 신체 언어도 우리 심신(心身)에 긍정적인 영향을 미치는 요소 중 하나입니다. 우리의 몸과 마음은 따로따로 움직이는 것이 아니라 상호 조화를 이루려고 하는 경향이 있기 때문에 육체적인 활동이나 신체 언어를 통해서도 우리의 감정이나 생각도 변화될 수 있습니다.

예를 들어, 아침에 즐거운 음악을 듣고 하루 종일 기분 좋게 노래를 흥얼거리면서 일해 본 경험이 있을 것입니다. 또는 아침에 거울을 보고 자신에게 긍정적인 말과 함께 웃는 얼굴이나 주먹을 쥐고 파이팅을 외쳐 본 경험이 있을 것입니다. 그리고 긴장되거나 누군가를 만날 때 얼굴을 통한 스트레칭(아애이오우)을 하거나 심호흡을 하는 경우가 있는데, 이러한 행위 모두가 사실은 우리 심신에 긍정적인 영향을 미치기 때문입니다.

우리가 흔히 들었던 격언 중에는 로마시인 유베날리스(Jubenalis)가 말한 "Mens Sana in Corpore Sano(건강한 육체에 건강한 정신이 깃든다)."라는 격언이 있습니다. 그만큼 육체적인 운동이 중요하다는 것을 강조한 말이기도 합니다. 사실 감정노동에 종사하는 사람들에게 주기적으로 운동을 하라는 것만큼 어려운 것은 없습니다. 회식도 해야 하고 업무로 인한 스트레스와 피로로 인해 마음먹은 만큼 쉽지 않기 때문입니다.

핀란드 증후군에서도 설명했다시피 운동을 해야겠다는 너무 과도한 심리적인 스트레스와 강박은 오히려 상태를 악화시키므로 다른 방법을 통해 건강한 육체를 유지하는 것이 바람직합니다. 예를 들어, 정기적으로 운동하기 힘들다면 차라리 점심시간을 이용해 가벼운 산책을 하거나 출퇴근 시 1~2정거장 걷는 것이 좋습니다. 그뿐만 아니라 회사 건물을 있는 계단을 오르내리는 방법도 좋습니다. 실제로 하루 30분 이상의 걷기는 암이나 종양에 의한 사망 또는 각종 질환 발생률을 현저히 낮춰 주는 효과가 있다고 합니다.

또한 우리가 어렸을 때 부모님이나 선생님들이 항상 "바른 자세로 앉아라."라는 말을 많이 하셨던 것으로 기억합니다. 그런데 바른 자세로 앉아 있다는 것이 얼마나 힘든지는 직접 해 본 사람만이 잘 알 것입니다. 바른 자세로 앉으면 체형이 바뀐다는 사실은 익히 알고 있는 상식이지만, 전문가들에 의하면 바른 자세는 뇌세포를 활성화시켜 주기 때문에 두뇌 발달은 물론 집중력을 높여 주는 효과가 있다고 합니다. 또한 신진대사를 원활하게 하고 소화장애를 예방하며 몸 전체의 유연성을 확보하여 부상을 완화하거나 예방하는 효과도 있다고 합니다.

그러나 무엇보다 중요한 것은 우리의 자세가 우리의 생각이나 감정을 형성한다는 사실입니다. 그렇다면 바른 자세를 유지하는 것만으로도 우리의 감정을 변화시킬 수 있다는 사실도 증명이 된 것이지요.

이처럼 자세를 바르게 하거나 운동을 하거나 또는 다양한 활동을 통해서 우리의 감정을 긍정적으로 전환할 수 있습니다. 우리 스스로 바른 자세를 취하고 상대방의 시선을 맞추면서 자신감이 있는 태도로 이야기한다면, 자신감이 향상될 뿐만 아니라 스스로 상황을 헤쳐 나갈 수 있는 용기도 얻을 수 있습니다.

이외에도 심호흡이나 짧은 시간 명상을 통해 마음을 차분히 하는 행위는 마음을 편안하고 차분하게 하는 등 감정을 변화시킬 수 있습니다. 특히 심호흡을 하는 것은 실제 두려움을 맞서는 데 큰 도움이 됩니다. 왜냐하면 업무 시간에 우리의 신체는 대부분 교감신경이 활성화되는데, 심호흡을 하게 되면 체내에 다량의 산소가 유입되고 혈관이 확장되는 등 부교감신경이 활성화되어 심신의 긴장 상태가 이완되면서 휴식 모드로 전환되기 때문입니다.

그 밖에 가벼운 산책이나 재미있는 웹툰을 보거나 신나는 음악을 들어서 기분을 좋게 하는 것도 좋은 방법입니다. 또한 주기적인 호흡이나 명상 또는 이완 연습 및 운동을 병행하면 장기적인 효과를 볼 수 있습니다.

마지막으로, 음식을 섭취하는 것입니다. 최근 한 대학에서 국내 직장인들과 주부 700여 명을 대상으로 조사한 결과를 보면, 몸매 관리와 다이어트에 신경을 쓰는 사람들이 계속해서 증가하고 있음을 알 수 있습니다. 몸매 관리를 하고 있는가에 대한 질문에 응답자의 절반이 '필요시 가끔 한다'로 48.6%를 차지하였으며 '안 한다'는 응답은 27.6%, '지속적으로 한다'가 23.9%로, 70% 이상이 몸매 관리에 신경을 쓰는 것으로 나타났습니다. 이 중 몸매 관리를 위해 시도해 본 방법을 묻는 질문에 70.5%가 '요가 및 헬스'로 가장 높았고 2위가 식단 관리(61.6%), 3위가 다이어트 약이나 식품 복용(23.4%)로 나타났습니다.

심신에 영향을 미치는 긍정적인 요소 중 생각과 육체 활동 외에 바로 음식물 섭취가 있습니다. 좋은 음식물을 섭취하는 것은 실제 우리 몸과 마음을 건강하게 합니다. 무엇보다 영양제보다는 과일이나 야채와 같은 자연에서 난 식재료를 섭취하는 것이 좋습니다. 우리가 흔히 현장에서 당이 떨어지거나 과로를 했을 때 초콜릿이나 당류를 섭취하면 피로 회복은 물론 우리 기분까지 좋아지는 느낌을 갖습니다. 또한 의사들에 의하면 밥, 빵, 국수와 같은 탄수화물이나 계란, 고기, 단백질 함유 음식 및 각종 채소 등은 감정을 조절하는 데 핵심적인 역할을 하는 세로토닌을 향상시킨다고 합니다. 이외에도 우리 몸에 70% 이상을 차지하는 수분을 충분히 공급하고 계란이나 견과류를 섭취함으로써 집중력과 인지력을 향상시킬 수 있습니다.

그런데 무엇보다 중요한 것은 맛있는 양질의 음식물을 섭취하는 것도 좋지만, 과도한 다이어트 스트레스로 인한 걱정보다는 심리적인 스트레스를 최소화할 수 있는 방법을 병행하는 것이 부작용을 최소화할 수 있다는 점입니다. 예를 들어 칼로리 걱정이나 다이어트에 대한 두려움 또는 과식한 것에 대한 자책 및 자기 비하는 전혀 도움이 되지 않습니다. 즉, 음식물을 섭취하려면 아주 즐겁게 먹는 것이 중요하다고 하겠습니다. 칼로리를 신경 쓰기보다는 점차적으로 줄여 나가는 방법도 좋고, 하루에 한 끼니 정도는 자신이 먹고 싶은 것으로 메뉴를 정하는 것도 괜찮습니다.

작지만 확실한 휴식 방법

최근 소확행(小確幸)이라는 말이 유행하고 있지요. 무라카미 하루키의 '작지만 확실한 행복'이라는 에세이 제목이기도 하지만 취업, 결혼, 육아는 물론 타인과의 경쟁으로 인해 지치고 힘든 사람들이 삶 속에서 작은 행복을 찾기 위한 노력이라고 해석하면 될 것 같습니다.

며칠 전 〈리틀 포레스트(Little forest)〉라는 영화를 봤는데 연애, 시험, 취업 등 어느 것 하나 되지 않는 현실 속에서 편의점 아르바이트를 하며 지내던 여주인공이 이러한 각박하고 숨막히는 현실을 피해 자신이 살던 고향에 내려와 사계절을 보내는 이야기입니다. 고향에서 사계절을 보내면서 그전에는 느끼지 못했던 행복이 무엇인지 자각하게 되는 영화라고나 할까요?

이렇게 작지만 확실한 행복은 우리 삶 속에 자주 목격하게 됩니다. 바쁜 시간을 쪼개어서 자신만이 느낄 수 있는 행복에 시간을 할애하는 것도 삶 속에서 마주치는 작지만 확실한 행복입니다. 그뿐만 아니라 비싼 음식을 먹는 대신 도시락을 싸 와서 동료들과 같이 음식을 나눠 먹거나 후식은 조금 비싸지만 아주 맛있는 것을 먹는 것도 일종의 '소확행'이라고 할 수 있습니다.

몸이 힘들다면 잠을 자 버리면 그만이지만 마음이 힘들다면 어떻게 회복을 해야 할까요? '감정' 그 자체가 상품이 되는 감정노동자들에게 휴식은 매우 중요합니다. 제대로 된 휴식을 취하는 것만으로도 몸과 두뇌를 조율해 육체와 정서를 회복하게 해 주기 때문입니다. 흔히들 "쉬어도 쉰 것 같지가 않아!"라는 말을 많이 하곤 하지요?

일상생활을 이어 감에 있어 휴식이 매우 중요하다는 사실을 모르는 사람은 없을 것입니다. 그러나 많은 감정노동자들에게 충분한 휴식 시간이 주어진다 해도 걱정, 불안, 긴장 때문에 제대로 된 휴식을 취하지 못하는 데 문제가 있습니다. 그도 그럴 것이 이전에 말씀드렸던 고객과의 갑을 관계에서 오는 부당한 대우와 다양한 원인에 의해서 발생하는 감정전염은 물론, 법과 제도로부터 보호받지 못하는 등 부정적 상황이 지속적으로 감정노동자들을 괴롭히는 주요 원인으로 작용하기 때문입니다.

이렇게 부정적인 상황에서 단순히 티브이를 시청하거나 소셜네트워크서비스(SNS)를 하는 것은 바람직한 휴식 방법이 아닙니다. 제대로 된 휴식을 위해선 한 번을 쉬더라도 확실히 휴식을 취해야 하며, 이를 위해서는 직접적으로 생각이나 방향을 설정하는 것이 좋습니다. 이렇게 말씀을 드리면 "복잡하고 실행에 옮기기 어려운 것이 아닐까?"라는 의심에 오히려 스트레스를 얻어 가는 것이 아닌가 하는 생각이 들 수도 있지만, 이제부터 제안하는 몇 가지 기법은 수행하는

데 많은 시간과 특별한 노력을 요구하지 않으니 부담 없이 실행에 옮겨도 무리는 없을 것 같습니다.

우선, 휴식의 기본이자 보약이라고 할 수 있는 수면에 대해서 설명하겠습니다. 수면은 체중 조절, 기억력 증진, 뇌세포 활성화, 면역력 향상 등 많은 유용한 결과를 가져오지만 가장 중요한 기능은 정서적 안정과 피로회복이라고 할 수 있겠습니다. 그뿐만 아니라 수면은 집중력을 향상시키기도 합니다.

따라서 수면이 부족하면 여러 가지 문제가 발생됩니다. 수면 부족은 일상생활을 이어 가는 데 장애가 되기도 하고 집중력을 저하시켜 근무 의욕을 상실하게 합니다. 또한 수면은 면역력과 밀접한 관련을 가지고 있어, 부족할 경우 감기 또는 바이러스에 쉽게 노출되게 하는 반면 충분한 수면은 면역을 담당하는 림프구 수를 증가시켜 감기나 독감 같은 바이러스에 강한 저항력이 생기게 합니다.

많은 심리학자들이 숙면을 방해하는 요소로 '걱정'을 뽑습니다. 과한 고민은 잠드는 데 어려움을 겪게 하고 잠에 든 후에도 깊은 수면 상태로 빠지는 것을 방해하기 때문입니다. 정신분석가 아론 벡(Aaron Beck)은 잠에 들기 전 걱정을 덜기 위한 효과적이고 실용적인 훈련을 제안했습니다. 훈련 이름은 '인지치료(Cognitive Therapy)'로, 시행 방법은 매우 간단합니다.

○

1. 종이를 준비한 후, 현재 나를 괴롭히는 걱정거리 1~5개를 적는다.

2. 걱정거리를 해결하기 위한 방법을 적는다.

예제로 만약 고객과의 사이가 틀어져 걱정이 된다면 관계 개선을 위해 할 수 있는 방법을 모두 적어 보는 것입니다. 막연히 생각만 하는 것은 몇 시간이 걸려도 해결책이 잘 나오지 않아 더 많은 생각을 필요로 하지만, 이렇게 적극적으로 몇 가지 고민에만 집중하는 것만으로도 걱정하는 시간을 단축시킬 수 있습니다.

종이에 고민을 적을 때 유의해야 할 점이 있습니다. 해결책을 찾았음에도 걱정거리를 계속 생각한다면 인지치료의 효과를 보지 못하게 됩니다. 그러므로 본인이 소유하고 있던 걱정을 잠시 종이 속에 보관한다는 생각으로 마무리해야 합니다.

그렇다면 잠들기 전에는 어떤 생각을 해야 숙면에 도움이 될까요? 흔히 양 100마리를 세다 보면 잠이 온다는 말을 들어 봤나요? 사실 이는 영어권에서 양을 의미하는 'Sheep'이라는 단어가 '수면(Sleep)'과 비슷하여 생긴 말이라고 합니다. 양을 세는 것보다는 드넓고 푸른 초원이나 뻥 뚫린 해변과 같이 평화로운 풍경을 그 어떤 조건도 없이 상상하는 것이 빠르게 잠에 빠져들기 위한 가장 효과적인 방법입니다.

다음으로는 시간과 장소에 구애받지 않는 휴식 방법인 명상에 대해 이야기해 보겠습니다. 인간의 뇌는 본능적으로는 영적인 부분에서 안정을 얻을 수 있도록 설계되어 있습니다. 영적 휴식을 얻기 위해 가장 많이 활용되는 것이 바로 명상입니다. 대부분 명상이라고 하면 종교적 의미를 떠올리지만, 여기서 의미하는 명상은 단순히 눈을 감고 순간순간 호흡에 집중하는 것입니다. 최근 들어 백팔 배가 종교적인 의미에서 이루어지는 것이 아니라 집중력 향상과 건강, 올바른 체형 유지를 위해서 하는 것과 같은 이치라고 보시면 될 것 같습니다.

즉석 명상법 또는 1분 명상법은 위에서 말씀드린 대로 눈을 감은 채로 순간순간의 호흡에 집중하는 것입니다. 1분간 명상을 하는 데도 별의별 잡생각이 들어 우리의 마음은 수시로 흩어질 겁니다. 그렇지만 그것은 너무도 자연스러운 일이므로 걱정하지 않으셔도 됩니다. 그렇게 마음이 흐트러진다면 그것을 알아차리는 순간 곧바로 '흐음' 하고 주의를 다시 호흡으로 되돌리면 됩니다. 이렇게 1분간 명상을 한 뒤 눈을 뜨고 어떤 느낌이 드는지 느껴 보세요. 기분 전환이 되었거나 정신이 좀 더 깨어 있거나 또는 마음이 정리되고 기분이 좋아지는 것을 느낄 수 있을 겁니다.

여기서 1분간 명상을 하는 것은 명상을 통해 짧은 시간 동안 우리의 마음 상태가 변화될 수 있는지를 확인하기 위해서입니다. 따라서 1분 이상은 하지 않는 것이 좋습니다. 이러한 1분 명상은 달리는 지하철에서도, 줄을 서서 기다리는 동안에도, 지루한 회의를 하거나 중요한 일을 처리하기 전에도, 하루를 마무리할 때도 요긴하게 활용할 수 있습니다.

마지막으로 음악 듣기에 대해 이야기해 보겠습니다. 문명이 닿지 않은 원시인들은 막대 형태의 물건을 일정한 리듬으로 내려 치는 활동으로 긴장감이나 즐거움을 표현했고, 우리의 옛 선조들은 일할 때 부르는 노동요를 통해 고된 일을 즐겁게 하고자 했으며, 서양의 오페라는 문화적 풍요와 감성 발달의 역할을 해왔습니다. 이처럼 음악은 다양한 역할을 수행함과 동시에 인간의 삶에서 빼놓을 수 없는 필수 요소가 되었는데요.

　사람의 두뇌는 음악적으로 움직이기 때문에 인류는 어떠한 활동에 음악을 첨가하는 것을 좋아합니다. 또 상황에 따라 놀라운 효과를 발휘하기도 하죠. 슬픈 노래를 들으며 눈물을 흘려 감정을 표출할 수 있고, 리드미컬한 노래는 자동적으로 신체를 움직이게 해 활기를 불어넣어 줍니다. 또 음악에 집중을 하면 여러 가지 잡념에서 벗어나게 해주죠.

　차분히 생각을 정리하고 싶을 때는 가사가 없는 노래를 활용해 보세요. 음악의 가사는 사람의 공감을 일으키기 때문에 집중력이 흐려질 수 있습니다. 파도가 치는 소리, 새 울음소리, 계곡에 흐르는 물소리, 여름 밤에 내리는 빗소리와 같이 자연의 소리로 구성된 노래를 듣는 것도 매우 좋은 방법입니다. 실제로 유튜브에 '자연의 소리'로 검색을 하면 심신의 안정을 주는 다양한 음악들을 들을 수 있습니다.

　감정의 회복이 필요하다면 슬픈 음악을 들어 보는 것도 좋습니다. 슬픈 음악을 들으면 향수, 편안함, 애틋함 같은 감정이 느껴집니다. 슬픈 음악이 오히려 우울한 감정을 자극시키는 것이 아닌가 걱정할 수 있지만, 베를린의 프라이에 대학 연구팀의 연구 결과에 의하면 슬픈 음악은 삶에 직접적인 영향을 주지 않고 슬픈 감정을 체험하게 해준다고 합니다. 이어 슬픈 음악을 들으면 상실감이나 고통의 감정으로 이어지지 않고 오히려 긍정적인 기분을 만들어 즈는 데 좋은 영향을 준다고 발표했습니다.

　감정노동자들은 전문적인 기술이 필요한 업무가 아닌 특정한 상황에서의 적절한 응대가 주요 업무입니다. 이 때문에 예측할 수 없는 상황이 발생하기도 하며, 심지어 스스로의 힘만으로 조절이 불가능한 경우도 종종 일어납니다. 이때 생기는 스트레스는 우울증과 여러 합병증을 유발시키기 때문에 더더욱 적절한 휴식을 통한 재충전이 필요합니다. 더 적은 노력으로 건강해지고 삶에 활력소를 채워 주는 방법은 단지 휴식의 방법을 조금 바꿔 주는 것만으로도 이뤄 낼 수 있습니다.

Part 5

감정노동을 다스리라

'갑질러'의 정신적 폭력에 대처하기

우리는 살아가는 데 있어 크고 작은 일에 끊임없이 상처를 받기도 하지만, 역으로 타인에게 의도하건 의도하지 않건 크고 작은 상처를 주기도 합니다. 이는 우리의 공감 능력이나 상식이 떨어져서가 아니라, 감정을 가진 동물이기도 하고 환경에 직간접적인 지배를 받는 인간이기 때문입니다.

대부분의 사람들은 사회화라는 과정을 통해 상식이라는 것을 학습하기 때문에 대부분 사회가 용인하는 범위 내에서 생각하고 행동합니다. 그런데 우리 주변에는 인간으로서 기본적으로 가지고 있어야 할 최소한의 양심이나 상식 또는 공감 능력이 떨어지는 좀비와 같은 인간들이 있습니다. 몰상식이 상식인 인간들입니다. 이런 인간들을 우리는 '블랙컨슈머'라고 부르기도 하며 '비이성적인 또는 비합리적 소비자'라는 용어로 정의하기도 합니다.

우리 삶을 돌아보면 원래부터 타인에 대한 공감 능력이 부족해서 상대방의 아픔을 느끼지 못하는 사람들이 일정 비율 존재합니다. 그렇지만 의도하건 의도하지 않건 간에 정신적인 폭력을 저지르는 사람도 소수 존재하는 것을 보면, 이들과 끊임없이 접촉해야 하는 감정노동자 입장에서는 답답함을 느끼기에 충분합니다. 그나마 다행인 것은 대부분의 고객들은 지극히 선량하고 상식적인 사람들이라는 점입니다. 정신적인 폭력을 휘두르는 사람들은 어디까지나 예외적인 사항에 해당한다고 보는 것이 옳습니다.

전문가들에 의하면, 정신적인 폭력의 가해자들은 대부분 공감 능력은 있으나 상황에 따라서 적지 않은 사람들이 마치 '공감 능력이 없는 것처럼 행동한다'고 합니다. 이들의 심리 기저에는 "내가 당신을 공감할 정도로 당신이 그럴 만한 가치가 있는 사람이 아니다."라는 생각이나 "내가 왜 당신을 걱정하고 염려해야 하나?"라는 생각이 있다는 것입니다. 이러한 이들의 심리를 역으로 뒤집어 보면 결국 "내가 당신보다는 우월한 존재야."라는 자기애가 내포되어 있습니다. 그리고 자신이 우월하고 더 나은 존재이므로 당연히 '욕을 하거나 폭력을 저질러도 참아야 한다'는 자기만의 기괴한 논리가 형성되는 것입니다.

기본적으로 이러한 생각을 가진 사람들에게는 논리적으로 설명하거나 합리적인 태도를 보인다고 해도 정상적으로 응대하기가 쉽지 않습니다. 이들은 스스로 자신과 감정노동자를 상하관계로 설정해 놓고서 상대방이 그 관계를 깨드리려고 하거나 해당 규칙을 어기려고 하면, 오히려 욕설이나 폭력 또는 성희롱 등을 통해 신체적 또는 정신적 폭력을 휘두르기도 합니다.

우리나라에는 '무심코 던진 돌에 개구리 맞아 죽는다.'라는 속담이 있습니다. 비록 그럴 의도가 없었다고 하더라도 무심코 뱉은 말에 사람의 마음은 상처를 입는다는 말로 해석됩니다. 흔히 정신적인 폭력은 사람의 영혼을 파괴시키는 중대한 행위라고 합니다. 이렇게 정신적인 폭력은 중대한 사안임에도 불구하고, 개인적인 차원에서는 이들 정신적인 폭력의 가해자들이 저질러 놓은 폭력으로 인해 고통받는 경우가 많습니다. 이럴 때 개인이 취할 수 있는 몇 가지 방법을 공유하고자 합니다.

먼저 '글쓰기' 또는 '메모 남기기'를 시도해 볼 것을 권합니다. 글을 쓴다는 것은 절대 거창한 일이 아닙니다. 자신이 느끼고 있는 감정을 그대로 적어 보는 것입니다. 타인에 의한 욕설이나 성희롱으로 인해 기분이 나쁘고 감정이 소용돌이 친다면 감정을 중립 상태로 빨리 이완시키는 것이 중요한데, 이때 글쓰기는 감정을 중립 상태로 전환하는 데 도움을 줍니다.

글을 쓴다는 것은 자신이 느끼고 경험한 상황을 객관화하는 작업이라고 할 수 있습니다. 따라서 자신이 적은 글을 다시 한 번 읽어 보는 작업을 통해 자신의 상황을 객관적으로 인식하는 것입니다. 감정을 객관화한다는 것은 결국 감정과 사실을 정리함으로써 자신이 스스로 만들어 놓은 불안이나 감정 앞에서 자신의 상황을 차분하게 받아들일 수 있도록 해 줍니다.

또 다른 방법은 호흡하는 방법인데, 이는 실제 블랙컨슈머를 상대할 때 많이 쓰는 방법이기도 합니다. 대부분의 정신적인 폭력 가해자들은 감정노동자의 감정을 흔들어 놓는 방법을 통해 자신이 목적하는 바를 얻어 내는 경우가 많습니다. 이때 이들이 자주 활용하는 것들이 바로 인격 무시, 욕설, 성희롱, 말꼬리 잡기 등입니다. 모두 정신적인 폭력 행위에 해당하는 것들입니다.

이렇게 정신적인 폭력이 자극을 하면 우리의 교감신경은 과민하게 활성화되어 호흡이 가빠지고 체내 산소는 부족하며 혈관이 수축됩니다. 결국 심신은 극도의 긴장 상태로 전환되는 것이지요. 이렇게 되면 감정이 흔들려 시야는 좁아지고 의사결정을 하기가 힘들어 제대로 일할 수 없게 됩니다.

이때 효과적인 방법으로 많이 활용되는 것이 바로 호흡입니다. 호흡은 교감신경 우위에 있는 우리의 심신을 부교감신경이 지배할 수 있도록 도와줍니다. 부교감 신경이 활성화되면 느리고 깊은 호흡이 가능해져 우리 몸에 다량의 산소가 유입될 수 있도록 합니다. 그 결과로 인해 혈관은 확장되고 심신은 긴장 상태가 아닌 휴식 상태로 전환됩니다. 이렇게 부교감 신경이 우위가 되면 시야가 넓어지고 마음이 안정되어 효과적으로 업무를 처리할 수 있도록 해 줍니다.

마지막으로, 사고의 전환입니다. 정신적인 폭력은 우리의 의지에 의한 것이 아닙니다. 따라서 미치광이들이 저지르는 정신적인 폭력에 대해서 평가하거나 반응하는 것은 그들의 행동에 대해서 스스로를 자학하는 행위와도 같습니다. 자신이 하고 있는 일에 대한 소중함과 함께 자신이 정말 소중한 존재라는 사실을 인식하는 것이 중요합니다. 정신적인 폭력을 저지르는 사람에 의해서 자신의 존재가 쓰레기로 변한다거나 또는 자신이 정말 쓸모없는 일을 하고 있다고 생각하는 것은 잘못된 일입니다.

그 어느 누가 우리에게 욕을 하고 성희롱을 한다고 해도 우리가 가진 인간으로서의 존엄성이 훼손되거나 우리 존재가 무너지는 일은 없을 것입니다. 만약 정신적인 폭력 가해자의 폭력에 의해 우리가 무너지고 상처를 입어 괴로워하고 고통스러워 한다면, 그것이 우리가 정말 원하는 것일까요? 아니면 그들에게 똑같이 상처를 주는 복수를 하면 우리의 속이 풀리고 고통이 사라질까요? 그렇지 않습니다. 왜 그럴까요?

몇 년 전 "아들을 죽인 사형수를 용서한 어머니"라는 제목의 뉴스를 보았습니다. 이란에 사는 어떤 여인이 자신의 아들을 흉기로 찔러 죽인 20대 사형수가 마지막 교수대에 오른 것을 보고 같이 교수대에 올랐습니다. 이란 율법에 의하면, 피해 가족이 직접 교수대의 의자를 빼게 되어 있습니다. 그러나 정작 교수대에 오른 피해자 어머니는 의자를 빼는 대신 사형수의 뺨을 한 대 때리고 나서 "용서하겠다."고 말했습니다. 그래서 사형수는 사형을 면하게 되었습니다. 그 피해자의 어머니는 "용서하지 않으려고 했으나 그렇게 하지 않으면 더 괴롭고 고통스러울 것 같다."라고 말했고, 실제로 피해자 어머니는 용서를 통해 마음의 평화를 얻었다고 합니다.

작년에 발생한 '크림빵 사건'의 피해자 아버지도 피의자를 용서했습니다. 그러면서 "원망은 처음부터 하지 않았으며 그 사람도 한 가정의 가장이고……. 우리 애는 땅속에 있지만, 그 사람은 이제 고통의 시작일 것입니다."라고 말했다고 합니다.

우리가 정신적인 폭력 가해자들의 행동에 맞서 똑같이 욕을 하고 성희롱을 저지른다고 해서 우리의 불만이나 스트레스가 해소되지 않는다는 점을 명심해야 합니다. 그리고 스스로를 귀중한 존재로 여기고 인간답게 살아가야만 하는 자신만의 삶의 방식을 고수해야 합니다. 제정신이 아닌 미치광이가 한 말에 반응하며 스스로를 지옥의 구렁텅이로 집어넣거나 자학하는 행위는 절대 바람직하지 않습니다.

미치광이들이 아무 생각 없이 내뱉는 쓰레기 폭탄을 내버리지 못하고 오히려 소중하게 가슴 가득히 끌어안고 맹렬히 폭탄과 함께 전사하는 루저로 살 것인지, 아니면 미치광이들이 행하는 다양한 쓰레기 폭탄이 떨어지는 방향만을 확인하고 관조할 것인지를 고민해 봅시다. 이와 더불어 우리가 수행하고 있는 업무와 함께 우리 자신의 소중함을 지키려는 노력을 어떤 방식으로 할 것인지 곰곰이 생각해 보세요.

과연 그 미치광이들이 우리에게 조준하여 발사한 쓰레기 폭탄을 온몸으로 받아내어 스스로를 자책하며 괴로워하다가 산화했다는 소식을 듣는다면, 그 미치광이들이 우리의 모습을 상상하며 진심으로 애도해 줄까요? 아니면 일말의 잘못을 느끼고 스스로 뉘우치며 후회라도 할까요?

학습된 무력감에서 벗어나기

감정노동에 노출되어 있는 사람이 안고 있는 문제점 중 하나가 바로 학습된 무력감(Learned helplessness)입니다. 학습된 무력감이란 피할 수 없는 부정적인 자극에 반복적으로 노출될 경우 나중에 부정적이거나 혐오스러운 자극에도 피하지 않고 그대로 받아들이는 상태라고 할 수 있습니다. 말 그대로 부정적인 자극에 대해 반복적으로 노출되다 보면 무기력에 빠지게 되고, 심해지면 우울증으로 확대될 수 있습니다.

긍정심리학의 대가인 마틴 셀리그만과 스티브 마이어(1967)는 개를 이용해 매우 인상적인 실험을 진행했습니다. 24마리의 개를 3개의 집단으로 나누고 각각 다른 환경에서 전기충격을 주는 실험이었습니다. A집단에서는 전기충격이 가해지는 상황에서 자신의 신체를 이용해 조작기를 누르면 전기충격이 멈추게 하였습니다. B집단의 경우, A집단과는 달리 조작기를 눌러도 전기충격은 지속적으로 유지되는 환경이었습니다. 즉, B집단의 경우 전기충격 자체를 회피할 수 없는 환경으로 만들어 놓은 것입니다.

A집단이나 B집단의 경우 전기충격 시간과 시행 횟수는 동일하였으며 A집단의 개가 전기충격을 피하고자 조작기를 누르면 B집단의 개에 대해서도 동일하게 전기충격이 꺼지도록 하였습니다. 다만 다른 점은 A집단과 B집단의 개들이 전기충격에 대해서 대응할 수 있는 역할이었습니다. 마지막으로 C집단은 아무런 전기충격을 주지 않는 비조작 집단으로, 그들을 가둬 둔 공간 안에 아무런 전기충격도 주지 않은 채 일정 시간 경과 후 풀어 줬는데, 이는 전기충격에 대한 어떠한 선행학습이나 경험이 없는 상태라고 할 수 있습니다.

이러한 실험 후 24시간이 경과한 시점에 이들 3개 집단을 각기 다른 공간에 격리시켜 놓고 다시 전기충격을 주었습니다. 이때 매우 흥미로운 결과가 나타났는데, A집단과 C집단의 개들은 전기충격이 가해지자 장애물을 뛰어넘어 전기충격을 피하거나 나중에는 아예 전기충격이 있기도 전에 장애물을 뛰어넘는 등 전기충격에 대한 환경이나 상황을 적극적으로 피했습니다. 반면에 전기충격에 어떠한 대응도 할 수 없었던 B집단의 개들의 경우, 초기에는 다른 개들과 동일하게 전기충격에 반응하였으나 곧 상황에 순응했습니다. B집단의 개들은 낑낑거리거나 전기충격을 그대로 받아들이는 행동을 취하는 등 부정적인 환경에서 회피하고자 하는 노력을 하지 않았습니다.

이 실험이 시사하는 바는 도피가 가능한 전기충격을 경험한 집단의 개들은 그 상황이 닥치면 곧바로 도피하는 것을 학습하여 상황에 능동적으로 대처하는 반면, 그 이전에 도피가 불가능한 상황에 노출되거나 학습화가 진행된 개들은 동일한 상황이 닥치면 도피나 탈피를 하지 않고 단순히 수동적으로 상황을 받아들인다는 것입니다. 이렇듯 통제 불가능한 환경이나 자극이 인간에게 학습된 무력감을 제공한다는 연구 결과에 대해서는 많은 반론이 제기되고 있지만, 중요한 것은 학습된 무력감은 감정노동에도 그대로 적용된다는 사실입니다.

예를 들어, 욕설이나 폭력과 같은 부당한 고객의 행동에 대해서 어떠한 업무 재량권이나 문제를 해결할 수 있는 권한이 주어지지 않거나 제한적으로 주어지는 감정노동자의 경우 이러한 무력감을 경험할 수밖에 없습니다. 문제는 어떤 상황에서 불만이 발생했을 경우, 해당 고객이 폭언이나 폭행 또는 지속적인 괴롭힘을 행동으로 옮기는지에 대한 예측 불가능한 상황을 반복적으로 경험하게 되면 이른바 학습된 무력감 상태에 놓이게 된다는 점입니다.

이러한 상황이 반복되면 감정노동자의 입장에서는 자신이 하는 일에 대해서 의미를 찾기 쉽지 않고 자포자기 상태에 놓이게 되며, 심하면 우울증으로 발전해 극단적인 상황으로 치닫는 경우까지 발생합니다. 감정노동자가 이러한 상황에 놓이게 되면 단순히 개인적인 차원에서 멈추는 것이 아니라 집단적으로 학습된 무력감에 빠질 가능성이 높기 때문에 조직에서는 이러한 학습된 무력감을 극복하기 위해 노력해야 합니다.

감정노동으로 인해 학습된 무력감을 경험하게 된 사람들은 대부분 자신이나 상황에 대해서 항상 부정적인 암시나 습관적으로 비관하는 태도를 보입니다. 부정적인 자기 암시가 잠재의식을 지배하게 되면 충분히 극복할 수 있는 상황이나 환경에 놓여 있음에도 불구하고 쉽게 포기합니다. 이렇게 되면 자신이 가치 있는 존재이며 어떤 목표나 업무를 충분히 수행할 수 있다는 생각보다는 자신을 존중하지 못하고 스스로를 비난하거나 질책합니다. 예를 들어, 자기 비하는 물론 실망 또는 포기 및 무관심이 대표적인 행동이라고 할 수 있습니다. 또한 자신이 좋아하는 일이나 즐거운 일에 대해서 주도적이지 못하게 되며 작은 일에 쉽게 화를 내고 분노를 참지 못합니다.

그렇다면 학습된 무력감에서 벗어나기 위해서는 어떠한 노력이 필요할까요? 제일 중요한 것은 어떤 상황을 스스로 극복할 수 있고 자신에게 주어진 업무나 과제를 효과적으로 수행할 수 있다는 기대와 신념이라고 할 수 있습니다. 이를 보통 '자기 효능감(Self-efficacy)'이라고 하는데, 실제로 학습된 무력감을 극복하는 데 가장 중요한 키워드라고 할 수 있습니다. 학습된 무력감에서 벗어나기 위한 방향성은 크게 세 가지로 나뉩니다.

먼저 긍정적인 자기 암시입니다. 가장 기본적이지만 그만큼 무력감에서 벗어나기 위해 반드시 필요한 것이 바로 부정적인 자기 암시에서 벗어나는 일입니다. 고객을 응대하다 보면 어쩔 수 없이 맞닥뜨리는 불쾌한 상황 또는 불가항력적인 상황이 발생할 수박에 없습니다.

○

"나는 이러한 상황에서 아무것도 할 수 없어."
"이러한 상황을 원치 않지만 내가 할 수 있는 것이라고는 아무것
 도 없어."
"나는 일을 제대로 처리하지 못할 거야."

"이 문제를 제대로 해결하지 못할 것 같아서 불안해."

위와 같은 부정적인 자기 암시를 자신의 의식 속에 지속적으로 주입시키다 보면, 자신이 충분히 극복할 수 있는 상황에서도 쉽게 자포자기합니다. 이미 습관적으로 부정적인 자기 암시에 익숙해 있기 때문에 자존감은 저하되고 쉽게 무너져 포기하고 맙니다. 이럴 때 필요한 것이 긍정적인 자기 암시인데, 이를 위해서는 자신의 강점과 장점을 나열하고 인식해 보기를 권합니다.

자신이 생각하는 강점이나 장점을 글로 써도 괜찮고, 녹음해서 들어 보는 것도 괜찮습니다. 또한 아침이나 저녁에 또는 특정한 상황에 거울을 보며 자신의 긍정적인 면을 찾아 스스로 무력감에서 벗어나는 방법을 취하는 것도 도움이 됩니다. 이는 자신이 객관적으로 자신의 강점과 장점을 인식함으로써 부정적인 자기 암시에서 벗어나는 방법이라고 할 수 있습니다. 이외에도 타인으로부터 긍정적인 평가를 받는 방법과 타인의 성공담을 통해 자기 스스로 자극을 받아 무력감에서 벗어나는 방법이 있습니다.

긍정적인 자기 암시 외에도 상황 또는 환경에 대한 긍정적인 사고 인식을 가져야 합니다. 긍정적인 인식이라는 것은 말 그대로 자신의 감정이나 기분을 긍정적인 상태로 끌어올리는 것을 의미하는데, 이를 위해 자신이 가지고 있는 자원에 좀 더 세밀하게 초점을 맞추어야 합니다.

현장에서 고객으로부터 상처를 입을 말한 말을 들었다면 제일 먼저 자신의 상황을 객관화해 보는 것도 좋습니다. 예를 들어 자신이 겪고 있는 상황은 누구나 겪는 일이며 충분히 이를 극복할 수 있다고 생각해 보는 것입니다. 흔히 전문가들은 업무 수행 중 발생한 불합리한 일이나 행위로 인해 고통받는다면 업무 수행 중 발생한 일이지, 자신 때문에 발생한 문제가 아니라고 생각하거나 불만이나 불평의 대상이 자신이 아닌 상품이나 서비스라고 분리하여 생각할 것을 권유합니다.

이외에 감정노동으로 인해 영향을 받을 수밖에 없는 신체적 또는 감정적인 반응들을 긍정적으로 받아들이는 것이 중요합니다. 감정을 이해하고 스스로 상황이나 환경을 긍정적으로 전환하려는 노력이 필요합니다. 만약 고객이 욕을 한다거나 상황에 맞지도 않는 행동을 한다면 속으로 이렇게 말해 보는 것입니다.

○
"아이고, 이 사람이 오늘 컨디션이 안 좋은가 보네. 뭔가 일이 잘 풀리지 않으니 내게 화풀이를 하는 것이잖아. 그래도 어쩌겠나? 그냥 참고 내버려 두자. 시간이 지나면 좀 나아지겠지. 심호흡이나 한번 해 보자."

별것 아닌 것 같지만 이렇게 반응함으로써 평온함과 차분함을 느낄 수 있고 신체적·감정적으로도 편안함을 느낄 수 있습니다. 어차피 부정적으로 반응한다고 해서 문제 해결이 되지도 않을 것이며, 오히려 신체적·감정적으로 문제를 심화시키므로 차라리 감정을 이해하고 전환하는 방법이 현명합니다. 물론 위에서 설명한 것처럼 반응하는 것은 절대 쉽지 않은 것이 사실입니다. 그러나 이러한 노력조차도 없으면 계속해서 악순환을 경험할 수밖에 없습니다.

　이외에 거창하지는 않아도 자신에게 주어진 상황 속에서 느껴지는 다양한 행복에 대해 인식하는 것도 긍정적인 사고를 하는 데 도움을 줍니다. 예를 들어 자신에게 따듯한 말 한마디 건네줄 사람들이 있고, 어렵다고 하는 상황에서도 다닐 회사가 있어서 너무 행복하다거나 힘든 몸을 누일 수 있는 집이 있다는 사실을 인식하거나 혹은 오늘 아침 자신이 너무도 좋아하는 음악을 다운로드 받아 쉴 때마다 들을 수 있는 음악이 있다는 사실에 행복해하는 것입니다. 며칠 전 산에 오르면서 흘렸던 땀과 함께 정상에 올랐을 때의 희열을 만끽했던 자신의 모습을 떠올려 보는 것도 좋습니다.

　이러한 긍정적인 사고 인식이 중요한 이유는 감정노동으로 인해 발생하는 스트레스를 감소시킬 뿐만 아니라 문제 중심적인 사고방식에서 벗어나도록 도와주기 때문입니다. 즉, 기분 좋은 상상이나 행복감을 주는 일을 떠올리고 인식하면서 무력감을 극복할 수 있는 것입니다. 상황이나 환경에 대한 긍정적인 사고 인식만으로도 무력감을 극복하는 데 큰 도움이 됩니다. 물론 학습된 무기력에 빠지지 않는 상황을 만드는 것이 가장 좋은 방법이지만, 현실적으로 불가능하므로 생활 속에서 조그만 성취나 성공을 꾸준하게 맛보는 것입니다. 이러한 성취나 성공을 통해 '자신도 할 수 있습니다'는 자신감을 갖는 것이 중요합니다.

　마지막으로, 자신이 스스로 상황이나 환경을 통제하는 것입니다. 이것은 자신이 스스로 할 수 있는 일들을 생각해 내고 그중에서 바람직하다고 생각되는 행동을 선택하는 것입니다. 예를 들어 현재 상황을 인식하고 현재 느끼고 있는 감정을 솔직하게 인정함으로써 감정을 속에서 이끌어 내는 것입니다.

다음으로 자신이 느끼는 감정을 글로 표현해 보거나 타인에게 표현해 보는 것입니다. 자신의 감정을 표현할 때는 반드시 자신 (I-Message)을 주어로 해서 표현하는 것이 좋은데, 이는 표현함으로써 죄책감을 최소화하고 타인에게 표현을 할 때는 타인과 연결되어 있다는 감정을 느끼게 할 수 있기 때문입니다. 감정을 표현할 때는 원인이 된 행위나 행동, 그로 인해 느끼는 감정과 이유의 세 가지 부분을 염두에 두고 표현해야 합니다. 예를 들어 아래와 같이 표현하는 것이지요.

- "나는 고객이 아무런 이유 없이 내게 욕설을 퍼붓는 것이 마치 나를 무시하고 벌레 취급하는 것 같아 엄청 기분이 나쁘고 분노가 치밀어!"

위와 같은 방법 외에도 자신의 행동에 대해서 스스로 칭찬이나 보상을 하는 것도 좋은 방법이라고 할 수 있습니다. 이를 전문 용어로는 '긍정적인 자기 강화'라고 하는데 부정적인 상황과 환경 속에서도 이를 잘 극복하거나 긍정적인 태도를 유지할 경우 스스로에게 상징적인 보상이나 칭찬을 하면, 우리의 뇌는 내면적으로 긍정적인 감정을 느끼려고 노력합니다. 이러한 방법을 지속적으로 시행하다 보면 스스로 긍정적인 사고를 유지하는 데 실질적인 도움을 줍니다.

자신이 스스로 상황이나 환경을 통제하는 데 있어서 주의할 것은 술, 담배, 카페인 등을 탐닉하는 것을 피해야 한다는 점입니다. 이러한 방법으로 인해 일시적으로 상황이 나아지는 느낌이 들지는 모르지만, 장기적으로는 건강에 치명적인 결과를 초래할 수도 있고 해당 물질에 의존적이 될 수 있습니다. 차라리 자신만의 취미생활을 가지는 것이 바람직합니다. 자기 감정으로 인해 술, 담배, 카페인 등에 탐닉함으로써 스스로를 망치는 행동을 하지 않도록 하는 것이 중요하며, 스스로 통제하거나 조절하기 어렵다면 전문가의 도움을 받는 것이 바람직합니다.

나를 지키는 선택

작년에 독일 저가 항공사의 부기장이 프랑스 남부 알프스 산맥에 충돌하여 149명의 무고한 탑승자를 죽음으로 몰아넣은 사건이 있었습니다. 수사 결과 부기장이 의도적으로 자살 행위를 하였던 것으로 밝혀지면서 충격의 파장은 상당히 컸던 것으로 기억합니다. 순항고도에 다다른 것을 확인하고 기장이 잠시 자리를 비운 사이에 루비츠라는 부기장은 조종실 문을 잠그고 관제탑과의 교신도 끊은 채 8분가량 급강하를 하여 수많은 사상자를 냈습니다. 나중에 밝혀진 것이지만, 해당 부기장은 사고가 나기 6년 전 훈련을 받던 중 우울증으로 인해 여섯 달가량 휴직한 전력이 있었다는 것입니다.

이 끔찍한 사건을 통해 우리는 정신건강이 얼마나 중요한 것인지 새삼 느끼게 됩니다. 한 사람의 정신건강은 결국 자신뿐만 아니라 타인에게도 영향을 미친다는 사실입니다. 국내에서도 이와 같은 사건이 발생치 않으리라는 보장은 없습니다. 정신이 건강해야 제대로 된 서비스를 제공할 수 있음에도 불구하고 국내 감정노동의 현실을 보면 너무 극한으로 치닫는 것 같아 정말로 두렵습니다. 다양한 업종에 종사하는 사람들이 감정노동으로 인해 직무 스트레스가 가중되고 있으며 심할 경우 우울증, 불안장애로 발전해 극단적인 선택을 하는 경우도 점차 늘고 있는 추세입니다.

접점에서 근무하는 직원들은 감정노동이 심할 때, 대부분 부정적인 정서나 감정을 느낌에도 불구하고 참거나 억압하는 경우가 대부분입니다. 그래야만 직업을 유지할 수 있다는 절박함 내지는 절실함이 있기 때문입니다. 그렇지만 부정적인 정서나 감정을 억누르거나 참는 것에는 분명 한계가 있을 수밖에 없습니다. 이렇게 감정노동으로 인한 부정적인 정서를 방치하게 되면 신체상의 문제는 물론 심리적인 문제까지 발생하는데, 원인을 찾기도 힘들뿐더러 치료한다고 해도 효과를 기대하기 어렵다고 전문가들은 말합니다.

또한 부정적인 감정을 해소시키지 않고 단순히 억압하기만 하면 결국에는 감정을 제대로 표현할 수 없는 감정 불능 상태에 이르게 됩니다. 일반적으로 감정 불능 상태에 이르게 되면 결국 적군과 아군을 구별할 수 없게 되는 상황이 발생합니다. 또한 진상 고객을 응대하거나 무조건 참기를 강요하는 상사에 대항하기 어려워져 다시 참는 상황이 반복되고, 결국에는 자기 자신을 자해하려는 충동이 강해질 수밖에 없습니다.

심리학자들에 의하면, 이러한 현상을 '약자의 수동공격심리'라고 합니다. 때려 죽이고 싶은 사람은 진상 고객이나 아무런 힘도 되어주지 못하고 오히려 참기를 강요하는 상사인데, 자신이 처한 상황이나 직위상 그럴 수 없으니 오히려 자신을 해쳐서라도 자신이 처한 상황에서 벗어나려고 하거나 자신이 고통을 받고 있다는 메시지를 전달하려고 한다는 것입니다. 감정노동자가 이러한 상황에까지 이르면 매우 위험한 상황에 처해 있다고 봐야 합니다.

그렇다면 이렇게 극단적인 상황에서 우리들은 어떤 선택을 하는 것이 바람직할까요? 너무도 당연한 얘기겠지만, 먼저 진상 고객 때문에 내 소중한 삶이 짓밟혀서는 안 되며 무엇보다 하나밖에 없는 내 생명에 상처를 내는 것은 매우 어리석은 짓이라고 할 수 있습니다. 또한 이렇게 자해를 통한 표현은 결국 자신이 졌다는 것을 보여 주는 것인데, 이러한 상황에서는 어떤 선택을 하는 것이 바람직한지 고민해야 합니다.

이러한 상황에서 감정노동자들은 이렇게 생각합니다. "잘못은 진상 고객이 했는데 왜 내가 상처 입고 억울함을 당해야 하는 거지?" 또는 "지금까지도 잘 참아 왔는데 내가 여기서 그만두면 더 억울할 것 같아." 결국 계속해서 참아 내야 한다는 결론과 왜 계속해서 참아 내야 하는가에 대한 상반된 모순 속에 빠지게 되는데, 이러한 모순 속에서 감정노동자들은 무기력, 불안, 우울증, 자해 또는 약물 중독에 빠질 위험성이 있습니다.

그렇다면 위에서 말한 것처럼 어찌할 수 없는 모순된 상황 속에서 스스로를 방치하여 부정적인 상황에 자신을 몰아넣어야만 할까요? 아니면 당장 사회적으로 또는 제도적으로 개선될 가능성이 없다고 하더라도 계속 억울함 속에서 참고 살아야만 할까요? 이러한 상황에서 우리는 자신에게 유리한 상황을 선택해야 하는데, 아래와 같은 선택들이 있을 수 있습니다.

선택 A: 감정노동으로 인해 매일 우울과 불안, 무기력에 빠져 살아야 하는 선택

선택 B: 감정노동으로 인해 겪는 고통적인 상황에서 명상, 호흡법 및 억울한 감정을 토로할 수 있는 지인을 확보하는 등의 노력을 경주하는 선택

선택 C: 감정노동을 유발하는 고객이나 상사에게 단호하게 자신의 감정이나 의지를 표현했을 경우 인사고과 및 평가에서 불이익을 받을 수 있으나 우울, 불안, 무기력에서 벗어날 수 있는 선택

선택 D: 감정 표현을 시원하게 했더니 회사에서 퇴사 통지를 받았고 새로운 직장을 알아봐야 하는 선택

여러분이라면 과연 어떤 선택을 할 것인가요? 사람마다 각기 다른 선택을 하거나 위의 모든 선택을 부정할 수도 있습니다. 물론 위에서 제시한 것 이외에도 다양한 선택이 있을 수 있으나, 무엇보다 중요한 것은 여러 선택 중 소중한 것에 대한 우선순위를 정하는 것입니다. 자신에게 유리하거나 여러 선택 중 가치 있다고 생각하는 것을 지켜 낼 수 있어야 합니다.

어떤 것도 내 생명과 건강과 맞바꿀 수 없다는 생각을 한다면, 가장 최적화된 선택을 해야 합니다. 비단 감정노동뿐만이 아닙니다. 이 세상을 살아가다 보면 어쩔 수 없이 부딪히게 되는 억울함과 부당함으로

인해 힘이 들 수밖에 없습니다. 그렇다고 무조건 과음이나 약물중독, 우울증, 불안으로 연결되는 것은 바람직하지 않습니다. 최선이 아니면 차선의 선택을 해서라도 자신을 지켜 낼 수 있어야 합니다.

감정노동에 맞설 용기

헥터는 안정적인 삶을 영위하고 있는 정신과 의사입니다. 자신만을 위하는 마음씨 곱고 예쁘고 아름다운 여자 친구 클라라가 있고, 사회적으로도 많은 사람들에게 인정받는 위치에 있으며 정해진 틀대로 사는 자신에 대해 만족해합니다. 그러나 헥터는 한 치의 흐트러짐 없이 매번 반복되는 삶 속에 염증을 느끼게 됩니다. 그래서 일상을 벗어나 과연 진정한 행복이란 무엇인지를 알기 위해 여행을 떠납니다. 헥터는 여행지에서 다양한 사람들과의 만남을 통해 행복이란 무엇인지를 목록화합니다. 영화 〈꾸뻬 씨의 행복 여행〉의 주요 내용입니다.

 헥터는 정신적으로 또는 육체적으로 힘들어하는 수많은 환자를 만나는 정신과 의사이지만, 자신도 이미 정형화된 삶에 치여 결국 번아웃 상태에 빠져 있습니다. 어느 날 끊임없이 자신의 고민을 털어놓는 환자들의 말을 듣다가 결국 헥터는 폭발하고 말지요. 찾아오는 환자가 모두 다 힘들다고 하소연하는 가운데 환자 제인의 "난 밧줄 끝에

매달려 있어요."라는 말에 순간 화를 참지 못하고 그간 참고 있던 분노를 쏟아냅니다. 환자에게 사과했지만 이미 엎질러진 물이었습니다.

그뿐만 아니라 RC 조종을 하는 친구들과의 모임에서도 화를 내고 심지어 싸우기까지 합니다. 그러던 어느 날, 여자 친구에게 편한 의자에 앉아 뻔한 충고나 해 주며 먹고사는 자신의 인생을 한탄하며 행복이 무엇인지를 알아보고 싶다고 하면서 떠나게 됩니다. 행복이 뭔지 알기 위해서…….

영화를 보면서 필자가 느낀 것은 어떤 좋은 조건이 마련되고 만족스러운 환경에서 평화로운 삶을 사는 사람들에게도 감정노동은 물론 번아웃(Burn-out)이 발생한다는 것입니다. 즉, 어떤 업무를 하든 감정을 소비하지 않고는 살 수 없으며, 누구나 감정노동으로부터 자유로울 수 없습니다. 만약 당신이 직접 고객과 직접 대면하지 않는다고 하더라도 직장 상사와 동료 간에 감정노동은 발생합니다. 사실 우리 삶 자체가 감정과는 괴리되어 살 수 없기 때문에 감정노동은 우리의 삶과 같이한다고 해도 과언은 아닙니다.

여기서 한번 생각해 볼까요? 고객이 우리를 욕하거나 말도 안 되는 억지를 부려서 우리가 상처를 입었다고 해서 하던 일을 멈추고 고객과 맞짱을 뜬다면 당신에게 억눌려 있던 분노나 화가 풀어질까요? 또는 우리의 인격을 모독하는 고객에 맞서서 같이 감정적으로 대응한다고 해서 구겨졌던 우리의 존엄성이나 자존심이 회복될까요?

우리 자신의 존엄성은 누가 나를 욕했다고 또는 도욕을 줬다고 해서 무너지거나 훼손되는 것이 아닙니다. 우리 자신의 존엄성이라는 것은 스스로가 지키는 것이라는 사실을 잊어서는 안 됩니다. 아우슈

비츠에서 죽음 일보 직전까지 갔다가 살아남은 『죽음의 수용소에서』의 저자 빅터 프랭클은 아래와 같이 말했습니다.

○ "한 인간에게서 모든 것을 빼앗아 갈 수는 있지만, 한 가지 자유는 빼앗아 갈 수 없다. 바로 어떠한 상황에 놓이더라도 삶에 대한 태도만큼은 자신이 선택할 수 있는 자유이다."

우리가 감정노동을 수행하면서 겪는 다양한 경험들은 사실 우리가 택한 것이 아닌 일방적으로 주어지는 상황의 연속이지만, 그 상황을 어떻게 받아들이고 행동해야 하는지에 대한 프레임은 철저히 우리 자신의 몫이란 사실은 잊지 않으셨으면 좋겠습니다.

결국 우리가 해야 할 것은 스스로 자신이 하는 일의 본질과 노동의 가치를 찾는 것입니다. 내가 하고 있는 일의 본질과 노동의 가치를 찾지 못하면 고객을 포함한 타인의 말에 쉽게 상처받고 무너집니다. 내가 하고 있는 일이 하찮은 일이라고 생각하기보다는 이 일은 내가 아니면 대체 불가하다는 생각을 해야 합니다. 어차피 어떤 분야의 전문가가 되기 위해서는 산전수전에 공중전까지 모두 거쳐야 합니다. 모두가 전문가가 될 필요는 없지만 적어도 자신이 하고 있는 업무의 본질을 정확히 이해하고 있다면, 전혀 상관도 없는 제3자의 억지스러운 주장이나 쓰레기 같은 행동에 분노할 필요는 없습니다.

우리가 세상을 바라보는 프레임이 바뀌어야 할 이유가 여기에 있습니다. 단순히 생면부지의 사람들에게 갖은 모욕과 수치를 당하는 감정노동에 종사하고 있다고 해서 세상이 온통 지옥 같고 자신의 삶은 완전히 망가졌다고 생각하거나 단순히 목구멍이 포도청이니 먹고 살기 위한 돈벌이 수단으로 일한다고 생각한다면 얼마나 비극적일까요? 차라리 감정노동을 하고 있는 비극적인 상황 중심의 프레임보다는 훨씬 이상적이고 의미 중심적인 프레임으로 업무를 바라보는 것이 바람직합니다.

감정노동으로 인한 부정적인 결과나 폐해는 기업의 프로세스나 시스템 또는 경영 전략의 변화, 사회적인 인식의 변화와 정부기관의 법적인 제도의 변화를 통해 최소화되거나 완화될 수는 있지만 궁극적으로 감정노동으로 인한 고통을 치유할 수 있는 것은 바로 '나' 자신이라는 사실을 잊지 않았으면 합니다. 순간순간 다가오는 고통이나 불편함, 그리고 짜증과 분노를 이겨 내야 하는 것은 남이 아닌 바로 자기 자신이라는 것입니다.

어느 누구도 '나' 자신을 지옥으로 떨어뜨릴 수 없습니다. 10만 원짜리 자기앞수표를 구겨도 10만 원의 가치가 사라지는 것이 아닌 것처럼 우리 자신이 수행하고 있는 일의 본질이나 노동의 가치가 일부 몰지각한 인간들의 돼먹지 못한 행동으로 인해 훼손되거나 손상되지 않는다는 점을 기억해야 합니다.

사실 우리가 감정노동으로 인해 고통받고 시달리는 것은 우리의 문제가 아니라 사회의 문제이고 조직의 문제입니다. 인정하고 싶지 않지만 힘의 논리가 용납되고 그러한 힘의 논리를 아무런 비판 없이 수용하는 사회 분위기에서는 아무리 몇몇이 발버둥친다고 세상이 변하지 않습니다. 사회 전체의 의식이 변화해야만 합니다.

최근 일부 단체와 기업의 노력 덕분에 감정노동에 대한 사회적 환기는 물론, 고단하고 힘든 감정노동자의 일상이 조명받으면서 진상 짓하는 고객들에 대한 공분과 함께 감정노동에 대한 법제화가 이루어지기도 하였습니다. 세상은 점점 변해 가고 있습니다. 서서히 변해 가고 있을 뿐, 결코 변화가 멈춘 게 아니라는 점은 확실합니다. 감정노동에 대한 사회적인 프레임이 변하고 있다면 그것을 가만히 보고 있을 것이 아니라, 우리 자신의 프레임 또한 바뀌어야 합니다. 헥터가 수많은 죽음의 위험과 고통을 통해 결국 행복의 본질을 알아낸 것처럼……. 그리고 그 행복의 본질이라는 것이 결국 세상을 바라보는 자신의 프레임만이 바뀐 것임을…….

그렇다면 감정노동자인 우리도 자신만의 프레임을 가지고 감정노동에 맞설 용기를 저마다 가슴 한편에 품고 있어야 하지 않을까요? 우리에게 감정노동에 맞설 용기가 생겨날 이유는 충분합니다. 고객을 위해서가 아닙니다. 밥벌이를 위해서도 아닙니다. 우리가 고객들의 욕설과 항의, 호통에도 떳떳하게 맞서야 하는 이유는 내 자신이 수행하는 업무가 적어도 내 인생에 있어 중요한 일부이며 전문가로 거듭나기 위해서 거쳐야 할 다양한 시행착오 중 하나라고 생각하기 때문입니다. 전문가가 아니더라도 숙련된 업무에 필요한 경험의 가치를 인정하기 위해 어차피 겪어야 할 과정이라고 생각한다면 오히려 마음이 편해집니다.

따라서 감정노동을 수행하면서도 절대 내 자신에 대한 소중함을 잊어서는 안 됩니다. 자신으로부터 결국 일의 본질이, 노동의 가치가 발생하기 때문입니다. 스스로가 행복해야 진정 행복한 것입니다. 가 수 강산에의 노래 〈넌 할 수 있어〉 가사 중에 아래와 같은 내용이 있습니다.

> 너를 둘러싼 그 모든 이유가 견딜 수 없이 너무 힘들다 해도 너라면 할 수 있을 거야 할 수가 있어 그게 바로 너야 굴하지 않는 보석 같은 마음 있으니

감정노동자로 살아간다는 것이 정말 견딜 수 없이 힘들고 때로는 상처를 받는 일이겠지만, 위에서 얘기한 것처럼 궁극적으로 감정노동으로 인한 고통을 치유할 수 있는 것은 바로 '나' 자신이라는 사실을 잊지 않았으면 합니다. 그것이 바로 우리가 감정노동에 맞서야 하는 이유이기도 합니다.

감정노동의 주도권을 확보하라

필자에게 삶을 살아가는 데 있어서 중요한 것을 꼽으라고 한다면 자기 삶의 주도권을 스스로 확보하는 것이라고 할 것입니다. 주도권이 없는 삶이란 빈껍데기에 불과하기 때문입니다. 주도권이라는 것은 주동적인 위치에서 이끌거나 지도할 수 있는 권리를 뜻하며, 타인에 맞서 자신의 의견이나 주장을 지키고 타인을 유도할 수 있도록 도와주는 역할을 의미합니다.

주도권을 확보한다는 것은 '타인에게 휘둘리지 않는다'는 것을 의미합니다. 따라서 우리가 흔히 주도권을 빼앗긴다는 것은 나의 가치나 태도 그리고 생각을 남들이 재단하도록 내버려 둔다는 것과 같습니다. 소중한 우리 자신의 생각과 행동에 대해서 누군가 평가하거나 나의 가치를 정하도록 내버려 두는 행위 또한 주도권을 스스로 남에게 내주는 행위라고 할 수 있습니다. 우리가 타인에게 주도권을 빼앗기면 어떤 일이 일어날까요?

가장 먼저 감정이 상대방이나 환경, 상황에 따라 변하게 됩니다. 주도권을 쥐고 있지 않으니 소리 지르는 고객이나 외부 상황의 변화에 아무런 저항도 없이 속수무책으로 당하게 됩니다. 주도권이 타인에게 넘어갔으니 문제를 해결하는 데 있어서도 아무런 힘을 발휘하지 못하고 문제를 회피하거나 상대방(고객)의 페이스에 말려 수동적인 상태로 일관해 자포자기 상태에 놓이게 됩니다.

이렇게 되면 문제 해결을 위해 정면으로 맞서기보다는 소극적인 대응으로 일관하거나 문제를 정당화할 수 있는 핑계 또는 변명 찾기에 골몰하게 됩니다. 그러한 행동의 결과로 인해 일이 잘못되거나 꼬이면 항상 환경이나 상황 또는 타인을 탓하는 악순환이 반복되는 것이지요.

그렇다면 타인에게 휘둘리지 않고 스스로 주도권을 쥐고 살아가려면 어떻게 해야 할까요? 어차피 감정노동이라는 업무를 수행하다 보면 누구나 상처받기 마련입니다. 상처를 받는다고 하더라도 스스로 자신만의 기준을 세워 보는 것은 어떨까요? 막연하게 나를 힘들게 하고 있는 고객과 상황에 대해서 분노하고 화를 내기보다 과연 자신이 해당 고객과 상황에 많은 시간과 에너지를 쏟아부을 정도로 가치가 있는 대상인지 생각해 보는 것입니다.

아니라고 생각한다면, 본인이 가지고 있는 역할과 책임 범위에 대해서만 생각하고 절차대로 대응하는 것이 바람직합니다. 자신만의 기준이라는 것은 회사가 세워 주는 것이 아니라 자신이 직접 세워 놓은 기준에 입각해 업무를 수행하는 것을 말합니다. 이렇게 자신만의 기준을 세우는 것만으로도 감정적으로 힘들게 하는 고객과 상황으로부터 주도권을 가지는 것이라고 할 수 있습니다.

두 번째는 감정의 모든 결정과 선택의 주체는 바로 '자신'이라는 것을 인식하는 것입니다. 사실 감정노동을 수행하면서 중요한 것이 있다면 그것은 바로 주도권을 확보하는 것입니다. 감정노동을 수행하는 과정에서 어떤 고객이 말도 안 되는 억지 주장이나 욕설을 퍼부어 감정의 상처를 입었다면, 이때 화를 낼 것인지 아니면 분노할 것인지 평정을 유지할 것인지를 결정하는 주체는 바로 '자신'입니다. 감정을 선택할 수 있는 권리 또한 우리에게 있습니다.

사람들은 자기 자신이 선택한 삶을 살아갑니다. 그렇다면 감정노동을 수행하면서 경험하게 되는 감정에 대해서도 우리의 선택권을 발휘하는 것입니다. 감정의 노예가 되지 말고 감정을 지배자가 되어야 한다는 말은 바로 이러한 상황에서 쓰는 것입니다. 분명 우리에게는 우리 자신의 감정을 선택할 수 있는 선택권이 있습니다.

이러한 선택권이 빛을 발하려면 우리 자신의 생각은 물론 상황에 대한 인식 자체도 바뀌어야 합니다. 예를 들면 감정노동을 수동적으로 받아들이기보다는 스스로가 주도권을 가지고 움직이는 것입니다. 어떤 사람이 불만을 토로하거나 무례한 행동을 보인다면, 아래와 같이 생각하는 것입니다.

○

"나는 이 사람이 ~ 하는 것을 허락하겠다."

"나는 현 상황을 있는 그대로 내버려 두겠다." (함의: 더 이상 희생양이 되지 않겠다.)

"누구도 자신을 망칠 수 없으며 설령 그렇다 치더라도 평정을 잃지 않겠다."

"당신이 뭐라고 하든 나는 상처받지 않을 것이며 내가 해 줄 수 있는 범위에서만 해 주고 말 테다."

"당신은 떠들어라. 상처받지도 않을뿐더러 더 이상은 해 줄 수가 없다."

위와 같이 감정노동을 받아들이더라도 상대방이 아닌 자신이 선택하고 직접 주도권을 가지고 움직이는 것입니다. 상황은 그렇다 치더라도, 상황에 대한 우리의 생각이 감정을 결정한다는 사실을 꼭 인식하여야 합니다.

세 번째는 감정적으로 대응하고자 할 때 다시 한 번 생각해 보는 것입니다. 고객이 억지 주장을 하거나 욕을 하는 등 무례한 행동을 한다면 어떻게 대응해야 할까를 다시 한 번 고민해야 합니다. 만약 우리가 감정적으로 그 사람들과 똑같이 대응하게 되면 주도권은 우리 것이 아닌 그 몹쓸 고객에게 넘어가게 됩니다. 우리 자신이 이성을 잃으면 오히려 무례한 행동을 한 고객에게 힘이 실리게 된다는 의미인 것이지요.

다른 장에서 이미 다뤘던 내용인데, 요즘은 자신이 원하는 것을 얻기 위해서 일부러 타인의 감정을 흔들라고 합니다. 우리가 업무를 수행하는 데 있어 감정적으로 대하는 것을 가장 반가워 할 사람은 누구일까요? 그렇습니다. 우리를 괴롭히는 고객인 것입니다. 따라서 우리가 주도권을 뺏기지 않기 위해서는 이들이 우리 감정을 흔들 때 위에서 언급한 몇 가지 방법을 행동으로 옮겨 보는 것이 바람직합니다.

예를 들어, 부교감 신경을 활성화시키거나 감정을 완화시켜 주는 호흡법 또는 1분 즉석 명상법도 좋습니다. 아니면 그 상황에서 빨리 벗어나는 것도 한 가지 방법입니다. 예를 들어, 비대면일 경우 해당 사항에 대해서 좀 더 자세히 알아보고 잠시 후 다시 전화하겠다고 하거나, 대면일 경우 잠시 양해를 구하고 물을 마시러 가거나 잠시 숨을 돌리는 것도 한 가지 방법입니다. 이렇게 잠시라도 환기를 하면 마음이 안정되면서 이성적으로 판단하고 생각할 수 있습니다.

네 번째, 자신에게 주어진 선택과 결정을 인정하는 것입니다. 우리는 살아오면서 수많은 선택을 합니다. 학교뿐만 아니라 결혼, 직장, 집은 물론 점심 또는 저녁은 무엇을 먹을지 매번 수많은 선택 앞에 고민합니다. 그러나 이미 어떤 것을 선택하였다면 그것은 최선의 선택이고 결정인 것입니다. 우리는 어떤 선택을 하고 난 다음 "나는 하필이면 왜 이런 선택을 했을까?", "차라리 기존대로 할걸. 대체 난 왜 이럴까?"라고 생각해 본 적이 있을 것입니다.

그러나 자신이 취한 선택과 결정으로 인해 나타난 결과가 좋게 나오건 아니면 자신을 곤란하게 하건, 자신은 최선을 다한 선택과 결정이므로 이에 대해 걱정할 필요가 없습니다. 적어도 자신의 의지에 의한 선택이 아닌 외부의 힘에 의해서 또는 타인에 의해 강요된 힘이나 행동으로 인한 과오보다 내가 스스로 결정한 선택과 결정으로 인한 과오가 훨씬 더 자신을 단련시키는 원동력이기 때문입니다.

또한 자신에게 주어진 권한과 책임질 수 있는 범위 내에서 이루어지는 업무에 대해서만 집중하는 것이 바람직합니다. 무슨 오지랖이 그리 넓은지 국내 감정노동자들은 자신에게 주어진 권한 밖의 일까지 고민하고 해결하려고 합니다. 자신에게 주어진 권한과 책임이 없어도 최선을 다하는 것입니다. 그리고 해결되지 않으면 그것은 당신의 책임이 아니라 회사의 전략이나 시스템 또는 프로세스나 지침이 문제인 것입니다. 그것에 너무 죄책감을 느낄 필요도 없습니다. 왜냐하면 우리 스스로가 주어진 상황에서 최선의 선택과 결정을 한 것이기 때문입니다.

감정노동을 수행하고 있는 우리 자신이 스스로 전문가로 성장하려면 사고의 전환뿐만 아니라 생각과 행동 또한 주도적으로 해야 합니다. 누군가 고객이라는 가면을 쓰고 악다구니를 쓰거나 억지 주장을 해서 우리의 속을 뒤집어 놓는다고 해도 그와 같은 행동에 이끌려다닐 필요는 없습니다. 흔히 '멘탈갑'이라고 하는 사람들은 타인에게 절대 휘둘리지 않습니다. 현재 하고 있는 일이 서비스를 제공해야 하는 위치에 있기 때문에 고객보다는 상대적으로 수세적인 입장에 있다고 하더라도 우리 자신의 인격조차 '을'은 아니라는 생각을 하기 때문입니다.

감정노동자로 사는 우리들이 일이나 삶을 살아가는 방식이나 태도에 있어 주도권 없이 살아가는 것은 우리가 가진 최소한의 자존심조차 버리고 사는 것과 같습니다. 자기 자존심마저 버리고 수동적으로 휘둘리는 삶은 결코 주체적이지 않고, 실제 감정노동을 해결하는 데 있어서도 별로 도움이 되지 않는다는 것을 명심하시기 바랍니다.

긍정과 자기 암시

사람은 감정의 동물이라고 합니다. 감정의 동물인 만큼 행동이나 태도, 성격은 자신이 느끼는 것과 불가피하게 연결되어 있으며, 이러한 요소들이 종합적으로 작용하여 한 사람의 감정을 형성하기도 합니다. 우리 자신이 살아가면서 느끼는 열정, 행복, 사랑, 분노, 짜증 또한 우리가 살아온 과정에서 발생하는 부산물이라고 해도 과언이 아닙니다.

이렇게 감정의 종합체라고 할 수 있는 개인이 어떤 조직에 속한다는 것은 또 다른 차원의 감정을 경험하게 됨을 의미합니다. 단순히 조직뿐만이 아니라 고객이라는 대상을 만나면서 발생하는 감정 또한 다양할 수밖에 없습니다. 따라서 조직 입장에서는 조직의 일원인 직원의 감정을 건강한 상태로 유지하는 것이 중요합니다.

적어도 감정노동에 종사하는 사람이라면 감정이 발생하는 메커니즘을 이해할 필요가 있습니다. 그래야 감정을 통제하거나 관리할 수 있기 때문입니다. 일상을 살아가는 우리 주변에는 의식적이든 무의식적이든 항상 생각이라는 것이 그림자처럼 따라다닙니다. 그러다가 어떤 사건이나 상황이 발생하면 개인마다 각기 다르지만 자신에게 너무도 익숙한 생각을 떠올리기 마련입니다. 즉, 생각이라는 것이 특정한 감정을 떠올리게 하는데 이는 자신이 살아오면서 느끼고 경험한 것을 계속해서 뇌에 축적했기 때문입니다.

여기서 중요한 것은 우리의 생각이 감정을 유발하고 그 감정은 우리 자신의 행동을 형성한다는 사실입니다. 이러한 감정의 메커니즘을 아는 것이 중요한 이유는 결국 생각이라는 것이 익숙한 감정을 유발한다는 사실 때문입니다. 생각이라는 것은 소멸하는 것이 아니라 지속적으로 뇌를 자극해 특정 감정을 유발하는데, 이러한 특정한 감정은 해당 상황이나 조건이 충족되면 반복됩니다.

만약 자신이 어렸을 때 개에게 물린 경험이 있다면 '개는 무서운 동물이고 언제나 나를 물 수 있어!'라고 생각할 것이고, 개가 반갑다고 꼬리를 흔들며 다가오기만 해도 몸이 얼어붙거나 호흡이 가빠지고 불편함과 동시에 불안, 두려움 같은 부정적인 감정이 발생합니다. 이는 뇌에서 개에게 물렸던 사실이나 경험을 기억하고 그와 동시에 감정 에너지를 모두 저장했기 때문입니다.

이러한 상황은 감정노동자가 수행하는 업무에도 동일하게 적용됩니다. 예를 들어 어떤 고객이 자신이 잘못했음에도 불구하고 잘못을 인정하지 않고 오히려 직원에게 욕을 한다거나 폭력을 행사하였다고 가정해 볼까요? 그러면 그 직원의 뇌 속에는 자신이 당했던 사실이나 경험을 기억하고 동시에 그 당시에 느꼈던 감정을 차곡차곡 저장하게

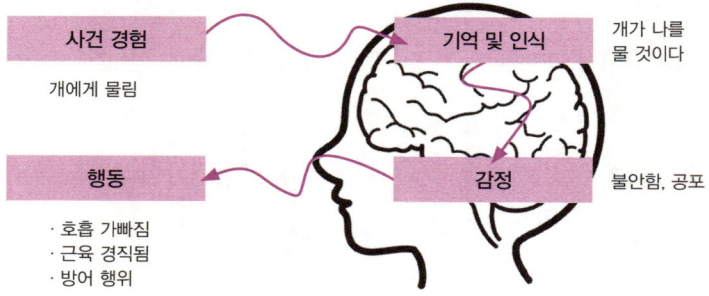

됩니다.

그러다가 동일한 상황이나 사건이 발생하게 되면 뇌에 축적된 기억과 함께 감정을 떠올리며 속으로 이렇게 생각하게 됩니다. "저 고객은 나에게 괜한 트집을 잡아 나를 곤경에 빠뜨리고 욕을 하거나 폭력을 휘두를 거야." 이와 함께 분노, 짜증, 불안과 같은 부정적인 감정을 유발하게 됩니다. 부정적인 감정이 발생한다고 해서 매번 표출하기는 어렵기 때문에 주변 사람들에게 이유 없이 화를 내거나 고객에게 직간접적으로 불친절한 행동을 유발할 가능성이 높습니다.

여기서 부정적인 감정을 멈춰야 할 이유는 부정적인 감정이 자신에게만 영향을 미치는 것이 아니라 업무 자체에도 부정적인 영향을 미치기 때문입니다. 보통 우리가 업무를 수행하는 과정 중에서 부정적인 감정을 가지게 되면 교감신경이 우세해지고 시야 자체가 좁아져 실질적인 문제를 바로 보게 하는 능력을 저하시킵니다. 그 결과, 문제 해결 능력이나 창의력을 방해하여 업무를 수행하는 데 있어 실력을 제대로 발휘하지 못합니다. 또한 자신에 대한 통제력을 상실하게 함으로써 되돌릴 수 없는 결과를 초래하거나 무엇보다 상대방(고객)

을 자극함으로써 더 큰 문제를 유발할 수 있기 때문에 부정적인 감정을 빨리 중립 또는 진정시켜야 합니다.

그렇다면 이러한 부정적인 감정이 자신을 지배한다면 어떻게 하는 것이 좋을까요? 물론 제일 좋은 방법은 자신이 느끼는 감정이나 정서를 그대로 인정하고 표출하는 것이겠지만 현실은 그렇지 못하다는 것이 함정입니다. 오래전 프랑스 의사이자 심리학자인 에밀 쿠에(Emile Coué)는 무의식의 힘을 강조한 사람이었습니다. 단순히 "나는 날마다 모든 면에서 점점 더 좋아지고 있다."라는 자기 암시를 통해서 자신이 삶에 변화를 일으킬 수 있다는 것입니다. 오늘날 나온 대부분의 자기계발 서적은 대부분 에밀 쿠에의 『자기 암시』라는 책을 바탕으로 쓰였다고 해도 과언이 아닙니다.

고객의 비이성적이고 비합리적인 행동으로 인해 상처를 입어 부정적인 감정이 우리를 지배하고 있다면, 자기 암시를 통해 어느 정도 극복할 수 있습니다. 물론 부정적인 감정이 지나치다면 단순한 자기 암시로는 해결될 수 없고 상담이나 의료적인 방법을 통해 치료해야 합니다. 그러나 일상에서 매일 감정을 소모해야 하는 사람들 입장에서는 자기 암시를 통해 자신의 환경이나 상황을 긍정적인 방향으로 변화시켜 나가려는 노력을 멈춰서는 안 됩니다.

이러한 자기 암시는 업무 전이나 업무를 수행할 때 또는 일상 업무를 마치고 난 후에 조용히 자신과 대화하듯 눈을 감고 말하는 것이 효과적입니다. 자기 암시는 교감 신경이 활성화되었을 때보다는 부교감이 활성화된 차분한 상태에서 효과를 발휘할 수 있습니다. 따라서 감정노동을 수행하는 과정에서 발생할 수 있는 일들에 대해서 조용히 글로 정리해 보는 것도 좋으며, 글로 정리하는 것이 힘들면 감정노동에 대한 자신의 태도나 생각에 대한 주요 골자와 단어를 머릿속에 떠올리며 명상하듯이 정리해 보는 것도 좋습니다.

아래는 국내에서 상담심리학자로 활동 중인 설기문 씨가 작성한 '분노를 다스리는 자기 암시'라는 문장을 참고하여 필자가 직접 작성한 글입니다. 감정노동으로 인해 부정적인 감정이 자신을 지배할 때 스스로 암시를 걸어 부정적인 감정에서 탈피해 보세요.

○

"나는 내 몸과 정신을 통제하고 제어할 수 있는 유일한 인격체이다. 나는 스스로 나의 생각과 느낌 그리고 감정을 제어할 수 있다. 나는 충분히 분노를 느낄 수 있는 상황에서도 화를 내거나 분노를 통해 부정적인 마음을 가지지 않을 것이다. 나는 내 자신의 주인이며 나를 통제할 수 있는 사람은 오직 나뿐이라는 사실을 인식하고 외부 환경이나 어떤 요소에 의해서 나 자신이 통제되거나 반응하는 것을 단호히 거절할 것이다.

업무를 수행하는 데 있어서 이견이 발생할 수 있음을 인식하며 업무 수행 중 상대방(고객)의 의견이나 행동은 충분히 존중하지만 그것은 단순히 그들의 입장일 뿐 사실이 아니라는 것을 명확히 인식할 것이다. 다만 그들 스스로도 그러한 의견이나 행동을 표출할 수 있는 권한이 있으므로 나는 그들이 스스로 그들의 권한을 표출할 수 있도록 허용할 것이다.

또한 그들이 그들의 의견이나 생각을 주장하면서 비이성적인 행동으로 나를 위협한다면 나는 화를 내지 않고 이해하고 인정할 것이다. 왜냐하면 나 자신 스스로 감정을 제어하고 통제하고 있으므로 더 이상은 내 감정을 부정적인 상황으로 몰아넣지 않을 것이기 때문이다.

나 스스로 이러한 자세와 태도로 자신을 관리하고 있음을 자랑스럽게 여기며 스스로의 감정을 제어하는 나 자신은 정말 행복한 사람이라는 것을 느낀다.

내 마음속에는 부정적인 감정을 제거할 수 있는 강력한 에너지가 넘쳐 흐르며 이렇게 강력하고 밝은 에너지는 지속적으로 내 마음속으로 흘러 들어와 편안하고 행복한 감정으로 채우고 활력과 건강한 삶을 유지할 수 있도록 해 준다.

아무리 상대방이 나를 부정적인 상황으로 빠뜨리더라도 나는 절대 내 자신을 그러한 상황에 처하지 않도록 할 것이며 내 마음속에 화, 분노와 같은 부정적인 감정이 지배할 수 없도록 할 것이다. 나는 내 자신이 이러한 사실을 인식하고 있고 스스로 행동으로 옮길 수 있다는 사실을 알기에 행복하고 나 자신을 끊임없이 사랑할 것이다."

자기 암시를 통한 부정적인 감정의 해소는 결국 자기 긍정이라고 할 수 있습니다. 자신의 감정과 생각을 조절하는 힘만이 어려운 상황 속에서 희망을 갖게 하고 절망과 좌절을 이겨 낼 수 있도록 도와줍니다. 어차피 우리들이 겪는 감정노동이라는 것은 결국 피해 갈 수 없는 것입니다. 그렇다면 이를 부정적으로 받아들이기보다는 긍정적으로 받아들이고 이를 극복할 수 있는 힘을 기르는 것이 바람직하지 않을까요? 긍정과 자기 암시는 단순히 감정노동을 수행하는 사람들뿐만 아니라 모든 사람들의 삶에 큰 변화를 일으킬 수 있는 강력한 무기이자 수단입니다.

부정적인 정서를
극복하라

'회복탄력성'이라는 말이 최근 들어 많이 회자되고 있습니다. 이 단어를 인터넷에서 찾아보니 말 그대로 "자신에게 닥치는 다양한 역경과 어려움을 딛고 일어서는 힘"이라고 정의하고 있습니다. 흔히 탄력성이란 물리학적인 용어로 힘이 가해질 때 원래의 상태로 되돌아오는 성질로 물질의 탄성을 의미합니다. 그러나 최근에는 이러한 본래의 의미보다는 상황 변화에 쉽게 적응하고 회복할 수 있는 개인의 능력이란 의미로 쓰이기도 합니다.

국내에서 최초로 회복탄력성이라는 개념을 도입한 연세대 김주환 교수는 회복탄력성을 "어려움이나 스트레스 상황에서 적응적 상황으로 다시 돌아오는 회복과 정신적 저항력의 향상, 즉 성장을 나타내는 탄력성의 합성어"라고 정의합니다. 루더(Luthar)의 경우, "스트레스가 급격히 상승하는 상황에서 스트레스를 거의 받지 않거나 효능감을 발휘하여 스트레스에 잘 대처하거나 스트레스 지수를 낮출 수 있는 능력"으로 정의하기도 하였습니다.

  이와 함께 최근에 심리학자들은 심각한 역경이나 어려움에 직면했을 때 이러한 상황을 긍정적으로 받아들이고 이를 극복하려는 패턴인 '자아탄력성'에 주목하고 있습니다. 자아탄력성은 개인이 처한 상황을 객관적으로 인지하며 개방적이고 긍정적인 생각과 감정으로 생산적이고 자율적인 자기 행동을 통해 본인의 문제를 스스로 해결하려는 성격적 특성을 의미합니다. 감정노동으로 인한 스트레스 및 긴장 상태를 유지할 수밖에 없는 상황에서 긴장, 불안, 초조, 분노, 화에 대해 효과적으로 대응할 수 있는 능력도 회복탄력성 또는 자아탄력성이라고 할 수 있습니다.

  이미 잘 알려진 사실이지만, 서비스 업종의 다양화는 물론 일반화에 힘입어 더욱더 고객 중심적으로 집중화되고 있는 현상이 두드러지면서 감정노동자들 대부분이 기업과 고객이 기대하는 수준의 서비스를 제공하기 위해 노력하고 있습니다. 이로 인해 접점에서 일하는 감정노동자들의 감정노동 강도는 갈수록 강해지고 있으며 감정부조화로 인한 스트레스는 물론 우울증, 불안장애, 대인 기피, 일상 생활의 어려움 등 다양한 부작용을 양산하고 있습니다.

  문제는 감정노동으로 인한 부정적인 정서를 극복하지 못하고 결국 이직이나 퇴직으로 이어지는 사례가 빈번히 일어나고 있다는 사실입니다. 그러나 모든 감정노동자들이 위에서 설명한 부작용이나 부정적인 정서를 극복하지 못해서 극단의 선택을 하지는 않습니다. 고객 만족을 위한 조직의 규범과 규칙 그리고 고객의 높은 기대수준에 맞추기 위해 자신의 감정을 소모하면서도 스스로 안정적인 자세와 태도를 유지하거나 자신만의 패턴을 유지함으로써 직무 스트레스에 효과적으로 대처하는 직원들도 있습니다.

일반적으로 회복탄력성이 높은 사람들은 자신의 실수나 잘못된 상황에 대해서 긍정적인 태도를 보이거나 모니터링하는 습관을 들입니다. 또한 상황 자체를 이해하고 그것을 인정하며 그 상황을 개선 또는 완화시키려는 긍정적인 태도를 보입니다. 반면 회복탄력성이 낮은 사람들의 경우, 자신의 실수 또는 잘못된 상황에 대해서 회피적이고 소심하며 상황을 객관적으로 받아들이기보다는 그 문제에 집착하여 걱정과 불안, 괴로움 속에 자신을 가둬 두는 경향을 보여 오히려 상황을 더 악화시킵니다.

그렇다면 일상적인 폭언이나 인격 모독에 가까운 감정을 무시한 고객의 비이성적인 행위에 쉽게 노출된 감정노동자들을 대상으로 어떻게 회복탄력성을 향상시킬 수 있을까요? 회복탄력성을 향상시키기 위해서는 자기 조절, 대인 관계, 그리고 긍정성을 가져야 한다고 요약할 수 있습니다. 자기 조절이란 감정노동의 발생으로 인해 본인이 겪는 어려운 상황 속에서 자신의 감정을 조절하거나 평온함을 유지하는 것을 의미합니다. 자신 스스로 부정적인 감정을 통제하고 긍정적인 감정을 유발하려는 노력이 필요하며, 상황에 따라 기분에 휩쓸리는 충동적인 반응을 최소화하는 행위 또한 자기조절능력이라고 할 수 있습니다.

감정노동으로 인한 부정적인 정서는 대인 관계를 통해 해소 또는 완화되는 경우가 많은데, 이를 위해서는 소통이나 공감하려는 노력이 필요합니다. 예를 들어 자신뿐만 아니라 타인의 심리나 감정 상태를 잘 읽어 내거나 자신이 직장 동료, 친구, 지인과 연결되어 있음을 깨닫고 타인과의 관계 속에서 자신을 이해하려는 노력이 필요합니다. 마지막으로 긍정성이라는 것은 지금의 부정적인 정서나 감정 상태에서 벗어날 수 있는 성질이며, 자신이 원하는 방향으로 상황을 이끌어 나갈 수 있다는 자신감을 회복하는 것이 중요합니다.

사실 회복탄력성이라는 것이 거창해 보이지만 실제로 개인이 일상 속에서 훈련을 통해 얼마든지 향상시킬 수 있습니다. 생활 속에서 또는 업무를 수행하는 과정에서 부정적인 정서에 머물러 있기보다는 감사 일기를 쓰거나 규칙적인 운동을 하는 것만으로도 회복탄력성을 향상시키는 데 도움을 줄 수 있습니다. 최근에는 심리적·정신적으로 안정을 위한 방법으로 하루를 정리하는 저녁 시간에 세 줄로 자신의 마음을 정리하는 방법이 주목받고 있습니다. 일본 최고의 자율신경계 의사가 고안한 이 방법은 잠자기 전 아래와 같이 매일 세 가지 주제로 하루를 정리하는 것입니다.

○
오늘 가장 안 좋았던 일(기분, 컨디션 저조, 싫은 일)
오늘 가장 좋았던 일(행복, 감동, 기쁨)
내일 목표(관심 가는 일, 중요한 일)

필자의 경우 위 3가지 외에 '오늘 가장 감사한 일'을 추가로 하루를 정리하고 있습니다. 이러한 활동이 부교감신경을 활성화해서 스트레스를 해소하고 심리적·정신적으로 안정을 주며 자율신경의 균형 유지에 탁월한 효과를 발휘합니다. 흔히 불안이나 컨디션 저하 및 스트레스는 자율신경이 보내오는 이상신호라고 할 수 있습니다. 『하루 세 줄, 마음 정리법』을 집필한 고바야시 히로유키 박사는 스트레스나 긴장감으로 교감신경이 우위에 있게 되면 혈관이 수축되거나 굳어지고 혈압이 상승하여 우리 몸에 혈액이 제대로 돌지 못해서 많은 문제를 일으킨다고 합니다.

이외에 규칙적인 운동을 통해 회복탄력성을 향상시킬 수 있는데, 몸을 많이 움직여 주는 것만으로도 뇌가 건강해진다는 연구 결과가 있습니다. 주 3회 40분간 운동을 하면 숫자나 단어에 대한 기억력이 향상되며, 불안이나 우울한 기분에서 벗어날 수 있다고 합니다. 운동을 꾸준히 하면 뇌가 긍정적으로 변하고 긍정적인 감정이 강화됩니다. 몸이 건강하다는 것은 결국 정신적으로도 건강하다는 것을 의미합니다. 감정노동에 시달려 정신적·신체적으로 억눌려 있는 사람들이라면 회복탄력성을 위해서라도 규칙적인 운동과 함께 위에서 소개한 하루를 정리할 수 있는 주제를 정해 간단히 글로 정리해 보는 것을 시도해 보기 바랍니다.

모두가 감정노동을 수행하면서 직면할 수밖에 없는 신체적·정신적 위험 상황이나 어려움을 극복하고 성공적으로 환경에 적응하려는 노력이 필요한 시점입니다. 이때 개인의 노력과 훈련을 통해 긍정성 향상 및 대인관계능력을 활성화하고, 자기조절능력을 통해 자신의 감정을 이해하고, 그것을 조절하는 능력을 통해 회복탄력성을 회복하는 것이 우선시되어야 합니다.

분노를 참기
어려울 때

분노라는 것은 긍정도 부정도 아닌 인간 자신이 느끼는 자연스러운 감정이라고 강조한 바 있습니다. 다만 분노 또는 화라는 것은 부정적으로 표출하느냐 또는 긍정적으로 표출하느냐에 따라 완전히 다른 결과를 초래하므로 유의하여야 합니다. 대부분의 사람들이 화를 다루는 방법을 보면 스스로 억누르거나 주변 사람에게 죄의식을 느끼면서 혹은 의식하지 못한 채로 계속해서 분노나 화를 표출합니다. 결과야 불을 보듯이 뻔하겠지만 말입니다.

그렇다면 감정노동으로 인해 분노가 밀려오고 화가 나서 참을 수가 없다면 어떻게 해야 할까요? 몇 가지 분노를 해결하는 방법에 대해서 알아보겠습니다. 먼저 화가 나는 이유가 무엇인지를 파악하는 것이 중요합니다. 분노의 원인이 무엇인지를 파악하면 분노의 문제를 해결할 가능성이 그만큼 높습니다. 자기 자신에게 자문해 보세요.

○
"무엇 때문에 화가 나는가?"
"내가 진정으로 화를 내는 이유는 무엇인가?"

아무런 이유 없이 화가 나는 사람은 없습니다. 분명히 자신이 분노하거나 화를 내는 데는 분명히 이유가 있을 것입니다. 자신이 공정하게 대우받지 못하거나 자신의 권리를 침해받거나 또는 어떤 사람으로부터 무시를 당해서 발생하는 경우도 있으며, 자신이 원하는 대로 일이 진행되지 않을 때도 분노가 발생합니다.

스위스의 심리학자 쉐러(K. R. Scherer)와 독일의 심리학자인 월보트(H. G. Wallbott)가 1994년부터 5대륙 37개 나라 약 3,000명의 대학생을 대상으로 다양한 감정을 느끼는 상황을 연구·조사하였습니다. 그 결과 분노의 경우 대부분 고의적으로 유발된 불쾌함과 공정하게 대우받지 못할 때 발생한다고 합니다. 일반적으로 타인의 말이나 행동이 의도적인지 아닌지에 따라 분노의 강도에도 많은 영향을 미친다고 합니다.

실제로 국내 감정노동자들이 감정노동을 수행하면서 느끼는 분노의 원인을 보면, 고객에 의한 욕설이나 무시가 주요 원인이고 광의에서 보면 대부분 자신이 공정하게 대우받지 못하거나 존중받지 못하고 무시당하는 것에 기인한다고 합니다. 그렇다면 분노를 현명하게 다스릴 수 있는 방법에 대해 알아보겠습니다.

_____ 분노 또는 화를 기록하고 분석하기

여러분들이 만약 자신이 어떤 상황에 화가 나는지 궁금하다면 '분노일기(ANGRize)'라는 앱을 사용해 보길 권합니다. 분노 또는 화라는 것은 작은 울분들이 모여서 생기는 것이라고 할 수 있습니다. 아무리 작은 화 또는 울분이라도 반드시 기록해 보는 것입니다. '분노일기'라는 앱은 자신이 어떤 상황에서 화를 내고 분노하는지를 기록하고 보여 주는 앱입니다.

이 분노일기 앱은 '분노'와 '좌절'의 일상을 기록하는 무료 일기 응용 프로그램입니다. 좋은 삶을 위해 자신의 '화난 패턴'을 학습하고 이를 통해 효과적으로 분노 관리를 할 수 있도록 도와 줍니다.

분노 관리(Anger management)를 통해서 분노하는 패턴을 인식하고 효과적으로 대응할 수 있도록 해주며 무엇보다 일기형식으로 작성함으로써 객관적인 관찰은 물론 이를 통해 분노가 진정되는 효과를 누릴 수 있습니다.

분노일기는 분노에 대한 평가, 우선 순위 정하기, 일기 작성으로 구성이 되어 있습니다. 자신의 감정을 객관화하고 분노의 패턴을 알고 싶으신 분들은 참고하시면 좋을 것 같습니다.

_____ 분노 유발 요인을 제거하기 위한 최적의 대안 찾기

다양한 분노의 원인을 파악한 후 스스로 분노를 치유하는 방법을 고

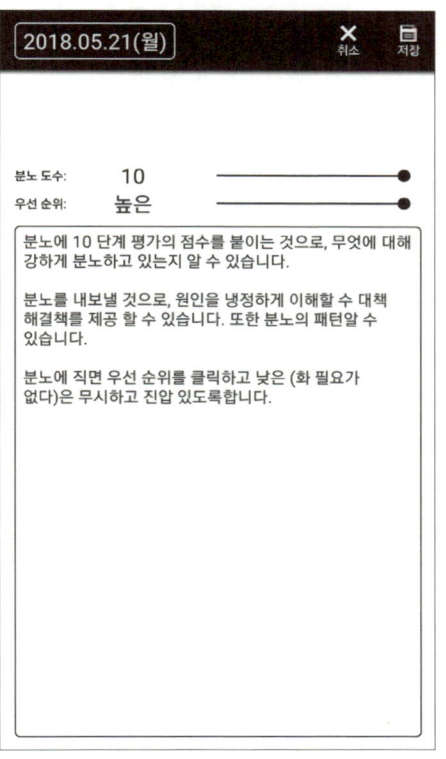

분노일기 앱

민해야 합니다. 이와 관련해서 2012년에 〈SBS 스페셜〉 제작팀이 펴낸 책에는 우리가 분노하고 있는 것에 대한 몇 가지 현명한 해결 방법이 제시되어 있습니다. 여러 해결 방법 가운데 가장 기억에 남는 것은 분노를 유발하는 대상에 대해서 해 줄 수 있는 모든 복수 및 화풀이 방법을 떠올리고 그중 하나를 택하라는 조언이었습니다.

예를 들어 어떤 고객이 우리에게 욕을 하거나 모욕을 줬다고 생각해 봅시다. 그렇다면 해당 고객에게 보복 또는 화풀이할 수 있는 모든 방법을 생각해 보는 것입니다. 면전에서 직접 주먹을 날릴 수도 있고, 같이 욕을 하거나 똑같이 모욕을 줄 수도 있습니다. 이것이 어렵다면 메모하는 척하면서 메모에 욕을 적어 놓거나 아니면 차를 타고 왔다면 타이어를 펑크 내거나 날카로운 것으로 차의 옆면을 몰래 긁어 놓을 수도 있습니다. 또는 업무 처리를 일부러 늦게 해 준다든지 무시하는 것도 한 가지 방법이고, 아니면 녹취 또는 녹화를 통해 고소 고발하는 방법도 생각해 볼 수 있습니다. 하여튼 분노를 유발한 고객에게 고통을 주거나 또는 화풀이할 수 있는 모든 방법을 적어 보는 것입니다.

  모든 방법을 적어 놓은 다음 실제 할 수 있는 일들은 무엇인지를 생각해 보고 실제 실행으로 옮겼을 경우 예측되는 결과를 평가해 봅니다. 여러 가지 방법 중에서 자신에게 해가 되지도 않고 불리하지도 않으며 안전한 방법을 선택하는 것입니다. 여기서 중요한 것은 제한적인 상황이나 조건이 있기는 하지만 화가 나거나 분노했을 때 스스로 대처하는 방법을 배우고 화나 분노를 표현할 수 있다는 것입니다.

  이러한 방법은 미국의 임상심리학자인 하워드 카시노프가 제안한 것으로, 실제 행동으로 옮기기에는 힘든 측면이 있다고 할지라도 화를 현명하게 또는 긍정적으로 표출할 수 있도록 도와주는 방법이라고 할 수 있습니다. 카시노프 박사는 보통 화를 포함한 감정이라는 것은 '자동모드(Auto mode)'여서 해당 감정이 어떤 상황에 노출되면 자동적으로 표출되는데, 이러한 자동모드로 설정된 분노(감정)를 '수동모드(Manual mode)'로 전환하려는 노력이 필요하다고 강조합니다.

분노에 대한 4가지 질문에 대해 스스로 답하기

이와 같은 방법 외에도 분노하거나 화를 낼 때 그와 관련된 4개의 질문을 던지는 방법이 있습니다. 미국 듀크대학교 행동의학연구센터 레드포드 윌리엄스 교수가 제시한 4개 질문을 통해 자신의 분노를 제대로 표현해 볼 것을 권합니다. 4개 질문은 바로 분노나 화에 대해서 자신이 느끼는 중요성 정도, 분노에 대한 적절성과 정당성, 상황 변화의 가능성, 분노에 대한 가치 등입니다.

무조건 분노하고 화를 내기보다는 그 상황이나 조건에 대해서 4개 질문을 던져 보고 4가지 질문에 모두 '그렇다'라는 반응이 나오면 해당 상황이나 조건에 대해서 적극적으로 대처하거나 반응합니다. 그러나 하나라도 '아니다'라는 반응이 나왔다면, 자신의 반응이나 대처하는 방법에 대해서 다시 한 번 생각해 봐야 합니다. 위에서 말한 4가지 질문이란 아래와 같습니다.

먼저 화를 낼 때 "이것이 정말 나에게 중요한 일인가?"라고 물어보는 것입니다. 분노가 유발된 상태에서 이러한 질문을 던져 본 후 본인이 생각하기에도 사소한 문제라면 그냥 흘려버리는 것이 바람직합니다. 그렇지 않다면 두 번째 질문으로 넘어갑니다.

두 번째 질문은 분노에 대한 적절성 내지는 정당성입니다. 분노가 느껴진다면 "내가 느끼는 분노와 생각이 정말 적절하고 정당한 것인가?"라고 물어보는 것입니다. 예를 들어 어떤 고객이 욕을 했다고 칩시다. 그럴 때 내가 내는 화가 다른 사람들도 똑같이 느끼는 분노인지를 생각해 보는 것입니다. 물론 생면부지의 고객이 나에게 화를 내거나 욕을 하는데 기분이 좋은 사람은 없습니다. 그렇지만 처음 대하는 고객이 욕을 한다면 그 사람이 정상적인 사람일 리 없습니다. 술 취한 사람 또는 미친 사람이 우리에게 욕한다고 해서 반응하는 것은 바람직하지 않습니다. 그렇게 생각하지 않는다면 세 번째 질문으로 넘어갑니다.

세 번째 질문은 좀 더 현실적인데, 이렇게 질문해 보는 것입니다. "과연 내가 이 상황을 변화시킬 수 있을 것인가?" 예를 들어 '어떤 고객이 흥분해서 욕을 하고 있습니다'고 가정하는 것이지요. 이때 나는 기분이 몹시 상하지만 그렇다고 '같이 맞대응할 수 없다'라고 한다면 그냥 참거나 화를 내는 고객을 진정시킬 수 있는 응대 기술을 통해 고객의 화를 누그러뜨릴 수 있습니다.

이와 같이 지금 벌어지고 있는 상황을 자신이 통제할 수 없거나 아무런 영향력을 발휘할 수 없다면 그냥 참는 것입니다. 그러나 고객의 이런 부당한 대우에 대해서 화를 표출하거나 감정적으로 대응했을 때 고객이 진심으로 "내가 생각해 보니 정말 잘못했군요. 다시는 이러한 일이 발생하지 않도록 내가 좀 조심할게요."라는 식으로 태도가 변할 것 같으면 그때 네 번째 질문으로 넘어갑니다.

네 번째 질문은 "과연 내가 이 상황에 대해서 행동을 취할 만한 가치가 있는 것인가?"라고 생각해 보는 것입니다. 여러 가지 이유와 상황을 고려해 보니 내 자신 스스로 '분노할 가치가 없다'라고 한다면 분노를 표출하지 않는 것이 바람직합니다.

그러나 위에서 말했듯이 "내가 내는 분노가 정말 중요한 일이고 정당하고 적절하며 충분히 상황을 변화시킬 수 있을 때 마지막으로 내 자신 스스로 행동을 취할 만한 가치가 충분히 있습니다."는 확신이 선다면, 그때는 화를 내야 합니다. 4가지 질문에 대해서 순차적으로 질문한 뒤 모든 질문에 대해서 '예'라는 반응이 나오면 그러한 상황에 충분히 대처할 수 있는 권리나 이유가 존재하는 것이기 때문에 이때 분노를 표출하는 것은 올바른 결과 또는 생산적인 결과를 가져올 수 있습니다.

그러나 네 가지 질문에 한 가지라도 '아니오'가 나온다면 분노를 표출하지 않는 것이 바람직합니다. 스스로 생각할 때 지금 마주친 상황이 중요하지도 않고 부정적인 결과를 낼 것이 뻔하다면 분노를 표출하는 것은 오히려 독이 될 것이 분명하기 때문입니다.

레드포드 윌리엄스 교수의 4가지 질문법은 무조건 분노를 표출하거나 억누르는 것이 아니라, 분노하는 상황을 제대로 올바르게 판단해서 행동하라는 것입니다. 이것이 바로 우리 일터에서 발생하는 분노를 현명하게 다스리는 방법입니다.

마음속 깊은 곳의
부정적인 감정 정리하기

고객과 응대를 하다 보면 어쩔 수 없이 부정적인 생각이나 감정이 똬리를 틀고 있다가 어느 순간 자신도 모르게 발현되기 마련입니다. 정상적인 고객을 응대해도 스트레스인데 고객의 탈을 쓴 몰지각한 사람들의 비이성적인 행동이나 말을 듣고 있노라면 강도가 더해져 부정적인 감정이 그대로 우리들 의식 속에 차곡차곡 쌓입니다.

본래 감정이라는 것은 솔직히 표현해야 정상인데 업무상 제대로 감정을 표현할 수 없으니 스스로 불쾌감이 쌓일 수밖에 없고, 마음에 여유를 잃게 만들어 불안은 물론 자신감을 상실하도록 합니다. 이렇게 부정적인 감정은 지속적으로 우리 자신의 삶을 부정적인 프레임에 가두기도 하고 지속적으로 우리 일상에 뿌리내려 삶 자체를 부정적으로 만들기도 합니다. 일반적으로 감정이라는 것은 슬프건 기쁘건 또는 화가 나건 즐겁든 간에 모두 표출을 해야 쌓이지 않는 법입니다.

그런데 중요한 것은 감정을 모두 표출해도 좋지만, 좋지 않은 감정이 쌓였을 경우 그것을 말로 표현하는 것 또한 자제해야 한다는 점입니다. 말로 표현하는 순간 또 따른 차원의 부정적인 감정을 불러일으키기 때문인데, 참지 못한 자신에게는 후회를 안겨 주고 타인에게는 더 큰 불만과 불편을 초래해 오히려 상황을 악화시킵니다. 아무리 말하고 싶어도 스스로에게 타이르듯이 부정적인 감정을 표출하려는 스위치를 작동하지 않도록 해야 합니다.

감정노동에 종사하는 사람들은 특히 감정 정리가 중요합니다. 감정이 정리되지 않은 상태는 불안정한 상태이고, 불안정하다는 얘기는 마음에 여유가 없음을 의미합니다. 마음에 여유가 없는 상태에서는 제대로 업무를 수행하기 힘들고 집중력을 발휘하기 힘들어 올바른 의사결정을 내리기 어렵기 때문입니다. 문제는 불안정한 상태의 감정은 자신뿐만이 아니라 고객은 물론 다른 직원들에게도 적잖은 영향을 미친다는 사실입니다.

콜센터에서 가끔 민원을 처리하다 보면, 고객의 반응에 흥분해 소리를 지르는 직원이 있을 경우 옆에 위치한 직원들의 목소리톤도 같이 올라가는 것을 쉽게 볼 수 있습니다. 이렇듯 같은 직장에서 근무하는 직원들의 감정은 따로 떨어져 격리되어 있는 것이 아니라, 서로가 '감정 유발자'로서 자신의 감정을 다른 동료들에게 지속적으로 퍼뜨리며 상호 간에 감정적으로 영향을 받게 됩니다.

따라서 감정 정리는 자신을 위해서만이 아니라 직장 동료를 위해서도 필요합니다. 감정의 찌꺼기가 우리의 감정을 지배한다면 우린 평생 감정의 노예로 살 수밖에 없습니다. 일반적으로 이성이라는 것이 의식의 영역이라고 한다면, 감정은 무의식의 영역이라고 할 수 있습니다. 이렇게 무의식의 영역이라고 할 수 있는 감정을 스스로 조절하고 통제하기란 절대 쉽지 않습니다. 그렇기 때문에 많은 사람들이 자신의 감정을 스스로 조절하고 통제할 수 있다면 자신이 원하는 삶을 살아갈 수 있다고 생각하는 것입니다.

감정을 정리하기 위해서는 스스로 감정 일기를 써 보길 권합니다. 특히 오늘 벌어진 일 때문에 나의 감정이 어떻게 변했는지, 어떤 상황에서 어떤 감정이 발생하였는지를 스스로 관찰하고 기록해 보는 것입니다. 이렇게 자신의 감정을 객관적으로 바라보고 인식함으로써 어느 상황에서 어떤 감정을 느끼고 감정이 변하는지를 알면, 환경을 바꾸든 생각을 전환하든 해결을 위한 답을 스스로 찾을 수 있습니다. 감정 일기를 작성함으로써 얻을 수 있는 것은 우리가 생각한 것보다 훨씬 많습니다. 예를 들어 자신도 몰랐던 잠재적인 감정의 실체를 알게 되고, 명확하지 않던 부정적인 감정의 유발 요인이 무엇인지를 파악할 수 있으며, 감정에 대한 자신의 반응이나 대응이 적절했는지 여부를 쉽게 파악할 수 있고, 감정 변화에 따라 자신의 신체적인 증상을 관찰할 수 있도록 해 줍니다.

감정 일기는 시간에 제약받지 않고 쓸 수 있으나 가급적 혼자 있는 시간을 이용해 거짓없이 작성하는 것이 좋습니다. 구체적으로 시기, 장소는 물론 그 당시 상황과 그로 인해 발생한 감정의 변화와 겉으로 드러난 신체적인 증상을 작성하는 것도 좋고, 그 당시 감정의 변화가 있었다면 주요 원인은 무엇인지를 작성하는 것도 좋습니다. 이와 함께 감정 일기에 적은 내용에 대한 현재 자신의 생각과 향후 계획이나 마음가짐을 적어 보는 것도 좋은 작성 방법이라고 할 수 있습니다.

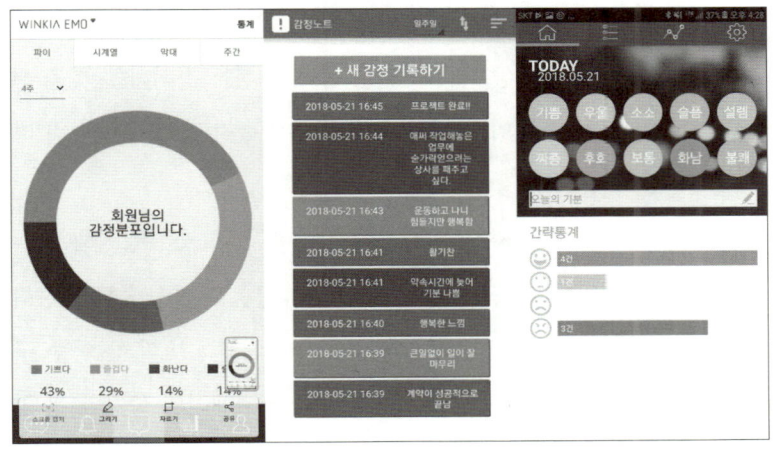

WINKIA EMO   감정노트   기분 다이어리

   최근에는 스마트폰에서도 감정 일기를 적을 수 있도록 해 줌은 물론 자신의 감정 상태를 분석해 주고 관리해 주는 애플리케이션이 나왔습니다. 말 그대로 자신의 감정을 측정하고 기록함으로써 자신의 감정을 객관적으로 분석하고 감정의 분포와 변화를 한눈에 확인할 수 있도록 도와줍니다.

   또한 감정 일기와 함께 자존감 노트를 작성하고 활용해 보는 것을 추천합니다. 자존감이 높은 사람들은 누가 심하게 감정적으로 공격해 온다고 해도 쉽게 무너지지 않습니다. 자신을 견고하게 지지하는 자존감이 높기 때문입니다. 그뿐만 아니라 자신의 소중한 삶과 감정을 다른 사람에게 빼앗길 수 없으며, 감정의 선택권 또한 자신에게 있다는 사실을 강하게 인식하기 때문입니다. 직업에 대한 자존감뿐만 아니라 개인 스스로도 자존감이 높은 사람들은 고객들의 감정적인 자극에도 쉽게 웃어넘기는 의연한 태도를 보입니다.

감정 정리를 하는 데 있어 다양한 기법이 소개되고 있으나, 필자의 경우는 주로 산책과 명상 그리고 글을 통해 감정을 정리하는 것을 선호하는 편입니다. 사람마다 다양한 방법이 있겠지만 필자에게 위 방법보다 좋은 것은 아직 찾지 못했습니다.

자존감 회복을 위해 자신의 장점과 강점을 목록으로 정리해 보는 것도 좋은 방법입니다. 단, 목록화하려는 내용은 두루뭉술하게 정리하는 것이 아니라 장소, 시기, 상황, 당시의 감정과 느낌 등 아주 구체적이고 명확해야 합니다. 예를 들어 당시의 구체적인 상황과 그 일을 처리했을 때 느꼈던 감정들을 떠올리면서 그 당시 상황 속에 자신을 투영해 보는 것입니다. 거창하지 않아도 본인 스스로 만족할 만한 상황이라면 어떤 것이든 좋습니다.

이렇게 자신이 작성해 놓은 장점과 강점 목록을 정리하여 자주 보는 노트나 장소에 노출될 수 있도록 함으로써 자존감을 유지하도록 하는 것입니다. 마치 부적과 같은 느낌이긴 하지만, 이러한 노력을 통해 남에게 맞추기 위해 자기 자신을 잃어버리는 불행과 불편은 만들지 않도록 해야 합니다.

내 안의 분노가
독이 되지 않으려면

예전에 체로키라는 인디언 부족의 지혜가 담긴 글을 읽은 적이 있습니다. 글의 내용은 이렇습니다.

어느 인디언 할아버지가 손자에게 따뜻한 미소를 보내며 말했습니다.

"얘야, 우리 마음속에는 늑대 2마리가 살고 있단다. 한 마리는 분노, 화, 미움, 질투, 시기, 거짓으로 휩싸인 늑대이고 또 다른 한 마리는 사랑, 행복, 기쁨, 진실, 희망으로 가득한 늑대란다. 이 2마리의 늑대는 우리 마음속에서 매일매일 싸우며 살고 있지."

그러자 손자는 궁금한 듯 할아버지에게 물었습니다.

"그러면 할아버지, 2마리의 늑대 중 어떤 늑대가 이겨요?"

그러자 할아버지는 자상한 미소를 지으면 대답했습니다.

"얘야, 그건 내가 날마다 먹이를 주고 키우는 늑대가 이긴단다."
잠시 침묵 후, 할아버지는 손자의 가슴을 가리키며 한마디를 덧붙입니다.
"자연이 모든 생명을 자연스럽고 평화로우며 아름답게 키우듯이 네 마음속에 있는 모든 것들도 그렇게 키워야 한단다."

인디언 부족이 전해 주는 작지만 울림이 큰 얘기는 우리가 삶을 살아가는 데 있어 꼭 필요한 지침이 되는 좋은 글이라고 생각합니다. 사람이 어떻게 살아가야 할 것인가를 고민한다면, 마음속 어떤 늑대에게 먹이를 많이 주느냐에 따라 긍정적으로 살 수도 있고 그와 반대로 살 수도 있습니다.

우리 자신의 문제에 의해서 발생하건 아니면 다른 외부적인 자극에 의해서 발생하건 간에 분노나 화 같은 감정을 항상 나쁘다고 생각하는 것은 옳지 않습니다. 왜냐하면 화나 분노, 슬픔이라는 감정은 기쁨이나 행복과 마찬가지로 가장 기본적이고 자연스러운 우리 감정의 일부이며 극히 정상적인 반응이기 때문입니다. 문제는 이러한 분노나 화가 매우 공격적이고 자기파괴적인 형태로 표출되는 경우와, 이와는 반대로 극단의 분노나 화를 표출함으로써 오는 결과가 타인은 물론 자신에게도 너무도 위협적이고 위험하다는 생각에 스스로 해당 감정을 억압하는 경우에 발생합니다.

분노와 화 같은 감정을 표출하지 않고 마음속 깊은 곳에 가둬 두고 억압하게 되면, 결국 신체적으로 정신적으로 많은 병을 유발합니다. 대표적인 예가 바로 우리나라에만 존재한다는 '화병'입니다. 적절히 분노나 화를 조절하면 문제가 없을 텐데 분노를 적절하게 조절하지 못해서 많은 문제가 발생하는 것입니다. 따라서 이러한 분노와 화 같은 감정을 어떻게 다스리고 적절하게 표현하느냐가 중요하다고 할 수 있습니다.

『기분 다스리기』의 저자인 데니스 그린버그와 페데스키는 분노라는 것을 '우리 삶에 뭔가 주의를 기울여야 할 대상이 생겼다는 신호'로 받아들일 것을 권고하였습니다. 그러면서 분노를 긍정적인 방향으로 표현하는 사람들이 공통적으로 가지는 생각은 아래와 같다고 정리하였습니다. 흔히 '건강하게 분노하기 위한 7개의 지침'이라고도 합니다.

O

1. 분노라는 것은 우리 삶에 있어 지극히 정상적인 부분이다.
2. 분노라는 것은 우리 삶 속에서 뭔가 주목해야 할 진지한 문제가 발생했다는 신호이다.
3. 일상생활 속에서 화가 나는 경우가 많은데, 문제는 화가 났을 때 자신이 어떠한 행동을 선택하느냐가 중요하며 그럴 만한 상황이나 위치에 있다고 무조건 화를 낼 필요는 없다.
4. 분노라는 것은 적당히 표현할 수 있으며, 그렇게 함으로써 통제력을 상실하는 일이 없다.
5. 건강한 분노라는 것은 감정 표현이 아닌 문제 해결에 초점을 맞춰야 한다.
6. 분노가 발생하였다면 상대방이 이해할 수 있도록 명확하게 기술할 수 있어야 한다.

7. 분노는 일시적인 것이며, 문제가 해결되면 분노 자체를 버릴 수 있어야 한다.

보통 분노를 유발하는 것은 내부적인 요인보다는 외부적인 요인에 의해서 촉발되는 경우가 많습니다. 물론 외부적인 자극이 있다고 해서 무조건 분노 또는 화로 이어지는 것은 아닙니다. 오히려 분노나 화가 일어나는 경우는 자극이라기보다는 그 자극에 대한 우리 내부의 평가라고 하는 것이 옳습니다. 예를 들어 어떤 고객이 나에게 이렇게 말했다고 합시다.

○
"이 따위로 일을 처리해 놓고 최선을 다했다고……. 이게 정말 최선을 다한 거라고 생각합니까?"

잘 생각해 보면 우리가 화를 내거나 분노하는 것은 몰상식한 고객이 우리에게 던진 말이 아닙니다. 사실은 그렇게 말한 것에 대한 평가라고 할 수 있습니다. 이 말을 들었을 때 이 말이 사실이 아님에도 불구하고, 이렇게 내뱉은 고객의 말을 모욕 또는 빈정거림으로 받아들이면 이때부터 분노와 화로 변하는 것입니다. 그렇다고 아래와 같이 되받아치면 일은 걷잡을 수 없이 커집니다.

○
"그래요! 왜요! 당신이 보태 준 것 있어요? 아무것도 아닌 것 가지고 야단입니까?!!"

　고객에 의해서 촉발된 폭력적인 대화가 결국 우리를 자극하고 그 자극에 대한 평가를 통해 분노가 유발되며, 결국 신체적인 반응으로 나타나는 것입니다. 그런데 잘 알고 있다시피 과도한 분노나 화는 오히려 신체는 물론 정신까지 악화시킵니다. 보통 감정노동에 노출된 사람들이 고객과의 대면을 통해 분노가 축적되면 이를 가족이나 주변 사람에게 화풀이하는 경우가 많습니다.

　충분히 참을 수 있는 일임에도 불구하고 이러한 자극과 평가가 지속적으로 반복되면 말 그대로 별것도 아닌 일에 무작정 화를 내거나 상식을 벗어난 행동을 하기도 합니다. 이러한 과정이 지나고 나면 지인이나 가족과의 관계도 악화되고 신경이 예민해집니다. 말 그대로 '종로에서 뺨 맞고 한강 가서 화풀이'하는 식으로 감정을 표출하는 것입니다. 억울하고 화가 나는데 이를 적절하게 표출하지 못하면 감정은 무뎌지고 무기력해지는데, 이는 감정이 해소되지 않아 발생하는 일입니다. 그렇다 보니 이러한 상황에서 벗어나기 위해 주위 사람들에게 화풀이를 하고 파괴적인 행동을 하게 되어 상호 간의 관계만 힘들어지는 것입니다.

　문제는 또 있습니다. 자극과 평가에 의한 분노나 화는 보통 우울증이나 불안장애로 이어지고, 분노를 과도하게 표출함으로써 혈압상승으로 인한 동맥벽 손상은 물론 심장질환을 유발합니다. 반대로 분노나 화를 억누르기만 하면 흔히 암세포를 없앤다고 하는 자연살해세포의 활동을 억제시켜 암 발병률을 증가시킵니다. 영국의 시인 윌리엄

블레이크(William Blake)의 「독나무(Poison tree)」라는 시에는 아래와 같은 내용이 있습니다.

○

나는 친구에게 화가 났네
내가 친구에게 화를 내자, 분노가 정말로 사라졌네
나는 적에게 화가 났네
내가 적에게 화를 숨기자, 분노는 더욱 자라났네

나는 두려움 속에 나의 분노에 물을 주었으며
아침저녁으로 눈물을 흘렸네
그리고 나는 나의 웃음으로 빛나게 했으며,
부드러운 속임수로 그것을 빛나게 했네

그러자 그 분노는 밤낮으로 자라나서,
빛나는 사과 열매를 맺더니
나의 적이 그 빛나는 것을 보고는
그것이 내 것임을 알았네

그리고 밤이 북극성을 덮었을 때
그는 나의 정원에 몰래 숨어 들어왔지
아침에 나의 적이 그 나무 밑에서
쭉 뻗어 있는 것을 보고 나는 기뻤네

이 시를 읽어 보면 은유적인 표현이 많지만, 실제로 분노가 독을 품은 열매가 되어 극단적인 상황으로까지 번지는 경우를 우리 주변에서 쉽게 볼 수 있습니다. 분노나 화를 내면 복어나 독사의 독과 맞먹을 정도로 강한 노르아드레날린이 분비됩니다. 자신의 마음속에 분노가 자리 잡고 있다면 자신이 몸에 스스로 자해를 하고 있는 것이나 마찬가지라고 할 수 있습니다.

불계에서는 어떤 유형의 화나 분노일지라도 그로 인한 행위의 결과는 반드시 불행으로 이어진다고 가르칩니다. 화라는 것은 맹독과 같아서 스스로 제어하지 못하면 자신에게 큰 해를 입힙니다. 따라서 쉽지 않은 일이겠지만 화를 조절하고 멈추어야 합니다. 분노나 화는 이해함으로써 없어지는 것이지, 싸운다거나 억제한다고 해서 없어지는 것이 아님을 명심하시기 바랍니다.

한 걸음 뒤에서 바라보기

 승무원은 친절과 미소는 물론 올바른 자세와 인성까지 겸비해야 하는 직업입니다. 어느 날 승무원 A씨는 고객으로부터 "과한 친절 때문에 부담스럽고 가식적으로 보인다."라는 말을 듣게 되었습니다. 고된 하루 일과를 마치고 잠자리에 들기 전, A씨의 머릿속에는 자꾸만 고객의 말이 맴돕니다. 이 때문에 오늘 있었던 일과 비슷했던 과거의 기억들을 헤집어 꺼내 보기도 하고, 앞으로 어떻게 하면 같은 소리를 듣지 않을 수 있을지 고민하느라 답답하고 괴로운 밤을 보냅니다.
 이때 방 벽에 붙어 있는 파리 한 마리를 보게 됩니다. 만약 파리가 사람처럼 사고를 할 수 있다면 A씨를 보면서 무슨 생각을 했을까요? "고객이 괜한 트집 잡은 것이 아닌가?", "쓸데없는 고민하네.", "잠이나 자라."와 같은 생각을 하진 않을까요? 물론 상상이기는 합니다만, 이러한 생각을 해 볼 수 있지 않을까요? 물론 파리의 시각에서 본 것이지만 자신의 감정을 객관화할 수 있게 될 겁니다.

이와 같이 어떤 일에 대해 실패와 상실감을 경험하게 되었을 때, 본인의 상황을 제3자의 입장에서 객관적으로 바라보면 부정적인 정서가 경감되는 현상을 '벽에 붙은 파리 효과(Fly-on-the-Wall Effect)'라고 합니다. 이러한 현상이 일어나는 이유는 본인의 일은 보다 감정적으로 와 닿아 비교적 과하게 받아들이게 되지만, 제3자의 입장에서 보면 이성적이고 초연하게 바라볼 수 있기 때문이라고 합니다.

감정노동 종사자들의 업무는 사람과 사람이 만나는 대면 활동이 주를 이루기 때문에 타인으로부터 평가를 받는 일이 굉장히 잦습니다. 또 사람마다 평가 기준이 매우 다르기 때문에 개개인의 입맛에 맞게 서비스를 제공하기란 쉽지 않습니다. 이러한 이유 때문에 많은 감정노동자들은 크고 작은 고민과 고통에 휩싸이기도 합니다.

때로는 한 마리의 파리가 되어 자신의 상황을 이성적이고 냉철하게 판단할 수 있어야 쓸데없는 고민의 굴레로부터 벗어날 수 있습니다. 법정 스님의 저서 『일기일회』에는 이런 글귀가 있습니다.

○

"때때로 자신의 삶을 바라보십시오.
자신이 겪고 있는 행복이나 불행을 남의 일처럼
객관적으로 받아들일 수 있어야 합니다.
자신의 삶을 순간순간 맑은 정신으로 지켜보아야 합니다.
그렇게 하면 행복과 불행에 휩쓸리지 않고 물들지 않습니다."

하지만 남의 일처럼 생각해 보려는 노력에도 불구하고, 자꾸만 고개를 내미는 '감정' 때문에 마음처럼 잘 실행되지 않을 수 있습니다. 감정을 배제하고 스스로의 상황을 보다 객관적으로 바라보기 위한 4가지 기준을 제시하고 살펴보고자 합니다.

첫 번째, 상대방의 말이나 행동에 대한 '악의와 선의 구별하기'입니다. 앞서 이야기한 승무원 A씨가 들은 "과잉 친절이 부담스럽고 가식적이다."라는 말은 본인이 받고 있는 정당한 고통에 대해 항의한 것이 아닌, 단지 승무원의 기분을 상하게 만들기 위한 의도적이고 악의적인 발언입니다. 이에 넘어가 자신을 질책하는 것은 상대방의 상처 주려는 의도에 넘어가는 행동일 뿐입니다. 오히려 "조심하겠습니다."라고 말하며 태연한 모습을 보이면 맥이 풀리는 것은 상대방일 것입니다.

순전히 악의로 하는 말에 일일이 신경 쓰고 고통받기엔 생각해야 할 것들이 너무나도 많은 치열한 세상입니다. 건전한 감정 관리를 위해 악의가 담긴 말이라면 크게 의미를 두지 말고 가볍게 넘기는 것이 좋습니다.

두 번째, 해결 가능한 일인지 생각해 봅니다. 사람은 부정적 피드백을 들었을 때 느끼게 되는 불쾌한 감정을 해소시키기 위해 '해결'하려는 경향이 있습니다. 해결되지 않는 일임에도 불구하고 그 감정에 사로잡혀 결론이 날 때까지 고민하려 하기도 합니다.

오로지 어떤 문제에 집중해 고민을 했음에도 불구하고 10분 내에 결과가 나오지 않는다면, 그건 본인이 해결할 수 있는 문제가 아닐 확률이 높습니다. 스스로의 노력으로 답을 찾을 수 없는 일이라 판단했다면 더 이상 자신을 괴롭히지 말고 그냥 흘려 넘기는 것이 좋습니다. 반면에 해결책이 나오는 일이라면 적극적으로 해결 방법을 모색해 보고 행동으로 옮기는 것이 좋지 않은 감정을 해소시키는 가장 좋은 방법입니다.

세 번째, 단정 지은 사실이 없는지 확인합니다. 본인과 직접적으로 관련된 일에는 감성적 측면이 이성을 앞서 나가 판단이 흐려지게 됩니다. 그래서 어떠한 단서만 집중해 그 밖의 것은 무시하는 경향을 보이게 됩니다.

이를테면 고객의 "대기 시간이 길어 기다리느라 힘들었다."라는 말은 대기 시간이 긴 것을 꾸짖기 위함이 아니라 단지 자신의 경험을 호소하기 위해 뱉은 말이었을지도 모릅니다. "저렇게 생각할 수도 있겠구나."라고 생각해 보는 습관은 좋지 않은 방향으로 확신하는 것을 막아 줍니다. 잘못된 판단으로 굳이 고통받을 필요는 없습니다. 본인의 표현 방식과 타인의 표현 방식이 다를 수 있음을 인정하고 상황을 전체적으로 바라보며 잘못 단정 지은 사실이 없는지 재차 확인해야 합니다.

마지막으로, 사소한 일에 과하게 고민하고 있는지 생각해 봅니다. 막상 본인에게 닥친 일이라면, 꽤나 특별한 일인 것만 같아 사소한 일도 사소하지 않은 일이라고 생각하게 됩니다. 이때 비교적 이성적으로 구별하기 위한 방법이 있습니다. "보편적으로 일어나는 일인가"에 대해 생각해 보는 방법인데요. 지인에게 고민 상담을 할 때 흔히 듣는 말이 있죠. "누구나 겪는 일이야". 사실 이런 조언을 들으면 자신의 마음에 제대로 공감을 못 해 주는 것 같아 섭섭한 마음이 들기도 합니다.

하지만 스스로에게 '나만이 겪는 일이 아니므로 내게 큰 문제가 있는 것이 아니야. 너무 격하게 받아들일 필요는 없어.'와 같은 생각을 주입하는 것은 사소한 문제에 사로잡혀 고민하는 것을 막아 주고 이성적인 판단을 하는 데 도움이 됩니다. 만약 누구나 겪는 일에 과하게 고민하고 있다면 본인의 문제만은 아니니 크게 자책하지 않아도 됩니다.

드라마나 영화를 볼 때 영상 속 인물이 판단에 어려움을 겪어 허둥대거나 잘못된 결론을 낼 때 시청자는 답답함을 느낍니다.

○
"왜 저렇게 가만히 있어. 차라리 도망가거나 맞서 싸워!"
"저렇게까지 우울해 할 필요는 없는데……."
"아이고, 주인공이 오해했네. 그만 오해하고 화해해라."

이는 인물들의 상황과 모습을 전체적으로 파악하고 있기 때문에 인물의 감정 변화와 판단이 어떤 결말로 이어질지 예상이 되기 때문입니다. 본인이 겪고 있는 상황을 이렇게 영상 속 인물들을 관찰하듯 멀리서 지켜보는 것만으로도 불쾌한 감정으로부터 자신을 지켜 낼 수 있을 것입니다.